地域計画情報論

土方正夫［編著］

成 文 堂

はじめに

　本書は地域計画とはそもそも何であるのか、地域計画の主体とは誰なの
か、地域計画はどの様に形成されてゆくのか、地域計画における価値の問題
はどの様に扱われているのか、地域計画の方法はどうあったら良いのか等々
地域計画を巡る基本問題を現代情報社会の中で論じ、同時に今課題とすべき
ことは何であるのかを考察したものである。

　過去10年余り HijiBar の名の下に地域計画に関する研究会が開催されてき
たが、本書はこれまでの活発な議論の集大成として位置づけられるものであ
る。メンバーは都市・地域計画の研究者、現場で活躍するプランナー、大学
院生であるが、若手、ベテランを問わず、自由な立場で国内外における都市
や地域での人々の営みから地域計画の在り方まで、時代状況も視野に取り込
みながら地域計画の現場と計画理論について自由な議論を継続してきた。こ
の研究会が始まった当時の大学院生も今では現場第一線の研究者として活躍
している。議論の内容は多岐に渡り、その総てを纏め挙げることは編集者の
手に余る作業であるが、本書はそれぞれのメンバーの視点や考え方を尊重し
つつ、長年の議論で培われ、醸成された義論を通して自ずと浮かび上がって
きた共通の問題意識を基盤としてそれぞれの論が展開されている。

　共通の問題意識は以下の通りである。地域計画の主体は、地域と呼ばれる
それぞれに固有の特性を持つ生活環境と日常的に関わりを持ちながら、主体
的に、或いは自律的に意思決定を行い、日々を過ごしている住民である。住
民は特定の時代背景の下で様々な価値意識を持ち、課題を抱えながら日々の
生活を送っている。一方で地域の計画とは基本的に人々の社会生活の中で生
じてくる課題の問題解決の仕組みであり、政治機構から行政機構までが関わ
ると同時に、子供、孫世代までに影響を及ぼす長期的視野が求められる複雑
で壮大な内容を包含している。しかしながら地域計画の主体はあくまでも住
民であり、いうならば様々な課題を抱えながらも普通の生活を普通に過ごし
ている住民である。更に住民は地理的に限定された場所で生活を営んでいる
が、閉鎖された世界に住んでいるわけではない。他の地域との開かれた様々

な関係の中で、住んでいる場所の意味を日々問い、発見し、開かれたコミュニケーション環境の中で生活している。従って本書では“場所（Place）”とは地域の文化に根ざした概念であり、“空間（Space）”は地理的な概念であり、地域計画とは場所性と空間性の相互関係を内包するものであるという考え方を基本としている。

　この様に考えると、地域計画とは次のように纏めることができるであろう。

　地域計画とは特定の地理的な場所を対象にした、文化を基盤とする人々の生活環境の認知から出発し、社会的意思決定のメカニズムを通して多様なコミュニケーションに基づく価値観の相克から現出する文化の組み替え行為である。

　近年、地方創生、まちづくりの名の下に、政府も地域も地域の計画について様々な試行錯誤を展開しているが、本書はあくまでも住民を主体として位置づけ、地域計画の基本課題に関する考察をそれぞれの視点から展開し、論述している。また、生活主体である住民も情報社会の中で、地域を越えた多主体と多様な関係を構築しながら、日々の意思決定を行っている。今日的問題として、情報社会と地域計画の接点は何処にあるのか、という課題も見過ごすことはできない大きな課題であるという点も筆者達の共通認識である。更に言うならば、情報は二次的にネットやコンピュータやマスコミを介在して一瞬にして拡散されることはあっても、情報は基本的に住民の環境認識の内容の中に在り、二次的情報を採り入れることはあっても主体的に意思決定を行い、情報を創り挙げているのは住民である。その意味で一次情報は住民の環境認識の中に在るが、地域の日常生活の中では断片化しており、公的に顕在化することはそうそうあることではない。まちづくりの基本は、潜在化している住民の環境認識の内容を紡ぎ出し、これを基礎に新たな地域の文化的文脈を再構成し、時代の状況を見据えながら継続的に見直してゆくところに大きな意味があるのではないかということも筆者達の共通の認識でもある。

はじめに　iii

　本書の構成は以下の図に示す通りである。本書はそれぞれが独立した論文なので、どの章から読まれても差し支えないが、そこに共通の問題意識の底流があることを読み解いて頂けるなら、筆者達の望外の悦びである。

　本書は10章から構成されているが、大きくは4つの大きなテーマが相互関連を持ちながら論じられている。第一は適応的自律型地域形成の論理である。第二は地域文化とも深く関わる生活環境の意味の探求であり、第三は場所（Place）と空間（Space）の関係論理であり、第四は場所（Place）の形成に関わる計画論理である。

　本書の執筆者はいずれもまちづくりや地域計画の実践に長年関わり、現場を良く知る実践者であり、研究者でもある。現場にアタッチし、地域計画や情報社会により深く関われば関わるほど、現場をより深く理解し、実際に起こる様々なことがらを全体としてとらえるデタッチ思考が求められる。本書

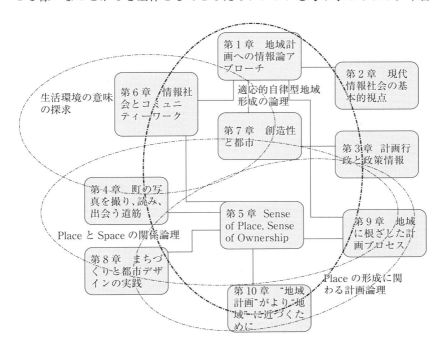

図1　本書の構成

iv

の執筆にあたり、執筆者はより現場に近い距離からの、あるいは豊かな経験から大きくジャンプした理論を目指した論考を取りまとめており、現場と理論の距離をどう定めるかはそれぞれの現在のスタンスに立っている。今後も現場を見定めた地域づくりへの論考を継続して、更に進めてゆけたらと思う。

　末筆ながら本書が陽の目をみることができたのは、この間、編集作業を忍耐強く、かつ暖かく見守って下さった成文堂編集部の篠崎雄彦氏のご尽力とHijiBar に関わった地域計画を専門とする院生や研究者の有益な議論によるものである。ここに改めて感謝する次第である。

　2018年4月1日

土　方　正　夫

目　　次

はじめに

第1章　地域計画への情報論アプローチ …………………………… 1
　　１　はじめに（1）
　　２　"場所" と "空間" の関係について（9）
　　３　計画主体と地域計画（10）
　　４　気仙沼市大谷地区・階上地区の復興まちづくり組織（12）
　　５　気仙沼市の事例にみる情報論アプローチ（23）
　　６　結　語（28）

第2章　現代情報社会の基本的視点 ………………………………31
　　　　──情報化社会の展開と価値の創造──
　　１　情報と社会（31）
　　２　社会の自律的な創造活動の考え方（34）
　　３　情報化社会の新たな特性（48）
　　４　情報化社会に求められること―自己変革と価値の創造（58）

第3章　計画行政と政策情報………………………………………63
　　　　──地域計画における「計画」と「情報」
　　１　はじめに（63）
　　２　先行研究（63）
　　３　「計画」と「情報」（65）
　　４　行政計画の種類と変遷（68）
　　５　政策システムにおける行政計画の機能（71）
　　６　地域計画における「計画」と「情報」（74）
　　７　政策システムの改善に向けて（80）
　　８　結　語（82）

vi

第4章　町の写真を撮り、読み、出会う道筋 ……………………85
　　　　　──地域資源としての写真──
　　　1　はじめに（85）
　　　2　地域と写真をめぐるリテラシー（89）
　　　　　──自分で写真を撮り、見て、選び、使う──
　　　3　過去の写真を読む（94）
　　　4　写真に出会うこと（101）

第5章　Sense of Place, Sense of Ownership ……………… 107
　　　　　──ベネズエラの災害復興議論から学ぶ地域づくりの普遍的視点──
　　　1　はじめに（107）
　　　2　ベネズエラの災害復興に学ぶ（110）
　　　3　おわりに（127）

第6章　情報社会とコミュニティワーク ………………………… 131
　　　1　はじめに（131）
　　　2　コミュニティの情報論からの定義（131）
　　　3　情報社会におけるコミュニティの構造（133）
　　　4　ネットワークコミュニティと知識（136）
　　　5　コミュニティワーク（138）
　　　6　拡張コミュニティワーク（142）
　　　7　対話的コミュニティワークの計画情報モデル（147）
　　　8　小　括（150）

第7章　創造性と都市 ……………………………………………… 151
　　　　　──イノベーションを促進する都市計画理論の構築に向けて──
　　　1　はじめに（151）
　　　2　都市計画理論の系譜（151）
　　　3　ソーシャル・イノベーション（159）

目　次　vii

　　　④　創造性（163）
　　　⑤　イノベーションを促進する都市計画理論の構築に向けて（168）

第8章　まちづくりと都市デザインの実践 …………………… 181
　　　①　「都市計画」と「まちづくり」（181）
　　　②　まちづくりセンターとまちづくりファンド（186）
　　　③　市民まちづくりが切り開く新しい世界（194）
　　　④　都市デザインとワークショップの実践（201）

第9章　地域に根ざした計画プロセス ……………………… 211
　　　──宮城県気仙沼市階上地区の復興まちづくり現場から──
　　　①　はじめに─気仙沼市、および、階上地区の概要─（211）
　　　②　復興まちづくりの経緯（213）
　　　③　大きな山場（226）
　　　④　おわりに─現場目線からの評価と課題─（240）

第10章　'地域計画'がより'地域'に近づくために ………… 245
　　　①　はじめに（245）
　　　②　'地域の主語性'と'計画への負荷'を考える（247）
　　　③　'地域計画'に働く'磁力の働き'を見極める（248）
　　　④　'地域の存在感'を確かめつつ「地域づくり」の途を探る（249）
　　　⑤　おわりに（251）

　　事項索引 ……………………………………………………… 253

第**1**章
地域計画への情報論アプローチ

　本章では生活の"場"を創り出す基本構造について分析し、更に現代情報社会における新たな地域計画の在り方を考察してゆく。

1　はじめに

1　地域計画とまちづくりへの情報論アプローチ

　我々が日々生活を営む"場"の光景は年々歳々変化してゆく。慣れ親しんだ商店街が次第に歯抜けになり、シャッター通り商店街になってゆくかと思えば、駅前に大きなビルが建ち、あたかも街が生まれ変わったかの様に整備され、雨風も気にすることなくショッピングを楽しむことができるように変わってゆくこともある。地震、台風といった自然災害によって街が一夜にしてその姿を変えてしまうということを除けば、眼に見える街の姿はゆっくりとした時の流れの中でその様相を変えてゆく。

　眼に見える街の姿が変化を引き起こす背後には、そこで仕事をする人々や生活を営む人々の街に対する想いがあり、より良い場所が形成された時に街は活気を帯び持続的な力を持つことが出来る。人々の想いは街の計画によって具体的に纏められてゆく。街の計画は誰によって作られてゆくのであろうか。街は、家を建てる、事業所を作るといった個人の生活の営みによるものもあれば、道路や公園など公共団体によって計画されるものもある。だが、それぞれの計画主体が勝手にそれぞれの計画を実現しようとすれば、街は纏まりを失い、より良い生活の場所の形成は困難であろう。

　そのために法律に基づく場所作りに関する諸制度が作られ、秩序ある公的な場所を創り上げるために、それぞれの個別計画に制約条件を課している。しかしながら、法律に基づく諸制度は何処でも通用する公的な制約条件である。一方、地域は自然特性や社会特性といった固有性を持つ地域文化を出発

点とし、それによって支えられている。地域計画といった公的な場所を作るために課される制約条件は、共有資産の形成を目的とする具体的な日常生活の場所を創り上げることを意図した街の計画と必ずしも馴染むわけではない。

1960年代から勃興した“まちづくり”は文化的固有性を持つ地域の特性を活かした地域づくりを目指していたということができる。国や地方公共団体による官の地域計画と、街の共有資産の形成を目指す“まちづくり”の共通する目的は、共により良い生活の場所と空間の形成であるが、この二つはどの様に関係しているのであろうか。また、両者の関係を巡ってどの様な問題や課題があるのであろうか。

本章では地域計画作りは社会的な価値選択の意思決定であるという見方に立って、自律的な地域形成の在り方を情報論の立場からとらえ直し、同時に東日本大震災の事例を基に現代的課題について考察してみる。

ここでいう情報論によるアプローチとは、地域が形成され、変化を遂げてゆく現象の背後には、必ず人間の意思決定と組織と情報が関わり合っており、それらの関係性に着目することを意味する。街で生じる現象を単に政治、経済、法といった専門的立場から切り取り、説明し、問題解決の方策を見いだすというよりは、地域の将来の在り方を総合的に決定する地域デザインへの課題を組織と意思決定と情報の相互関係に着目し、情報システム論の立場から、問題解決の糸口を見いだすアプローチである。ここでの〈システム〉とは対象を関係概念で理解するということであって、具現化された対象を意味するわけではない[1]。

2　計画と意思決定

何故街の計画が必要なのだろうか。先ず一般的に計画を作るというのはどういうことなのか考えてみよう。日々の生活においては個人的レベルでも、夕食に何を食べようか、週末は何処の店で買い物をしようか、或いは友人の家に遊びに行く際も、車か電車のどちらを選ぶかといった様に、日々意思決

1　松田正一　システムの話　日経文庫　1973

第1章　地域計画への情報論アプローチ　3

定を行い、行動を決めている。事業所でも生産計画、販売計画、資金計画といった事業所の行動を決める意思決定が行われる。我々が何かを計画するという時には、近未来、遠い未来を問わず、何を実現したいのかといった目的や目標を設定し、そのための意思決定を行い、価値の選択が行なわれている。各主体の意思決定は、結果として社会活動の一翼を担っており、それが社会の文化を形成してゆく。また、意思決定と行動の選択は近未来であれ、遠い未来であれ将来を意識した行為である。しかしながら我々にとって将来はどの様なことがらが起こるか確実なことは誰にも分からない。分からないままに各主体が行動すれば、混乱が生じ人間社会は成り立たない。そこで、我々は将来に対して予測を行う。駅の雑踏で人がお互いにぶつかり合わずに済むのは瞬時の行動でさえ、他人の動きを予測し、自分の進むべき進路を決定し、次の一歩を踏み出しているからである。人間の行動には必ず背後に予測をし、一連の意思決定を行うといったプロセスがあるといっても差し支えない。

　この何が起こるかわからない不確定な未来に対して、意識的であれ無意識的であれ、我々は何らかの方法で予測をし、自らの価値意識に照らし、その時点で良いと思われる意思決定を行い、行動を選択しているともいえる。つまり、意思決定とは不確実な未来に対処するための人間の営為であるといえるであろう。更により良い行動を選択するには、将来の状況に関する不確定性を少しでも減じた方が価値選択には有利である。そのために人はデータを収集し、個人の内部で情報の処理を行い、これを組み立て、知識として未来の予測に活かしている。この行動を選択するまでの一連のプロセスが計画行為といえる。これを図式化すると図1の様になる。

　環境そのものは誰にとっても未知の存在である。また、環境の範囲を何処まで設定するかは人により異なる。人は時々刻々環境からの刺激を受け取り、それぞれの感覚器官の特性に依って、この刺激をデータとして受け止め、これを脳で処理し、環境の像を作り上げてゆく。感覚器官は環境からの無限ともいえる刺激を選択するフィルターの役割を果たしており、フィルターの特性は人により差がある。ここでは作り上げられた環境の像を"環境のモデル"と呼ぶことにするが、その内容は人により千差万別である。更に漠

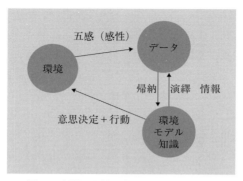

図1　人間の環境認識と意思決定と情報

としたものであっても、ひとたび環境のモデルが個々人の中に形成されると、脳の中で情報処理が行われ、環境に対して論理関係を満たすデータを探索する。つまり我々の環境認知は環境からの刺激を基にデータによって環境のモデルを形成する帰納的方法と、環境のモデルからデータの探索を行う演繹的方法の両者を同時に行いながら個人の内部で生成される情報により環境の学習を行い、個人的知識として環境のモデルを構築し、時々刻々塗り替えているといえる。更に意思決定はそれぞれの個人の中に形成された環境のモデルから、未知の存在である環境への適応を意図して行動の選択肢が形成され、選択が行われる行為である。そして環境に対する行動の結果は、再び環境からの刺激として、個人に立ち戻り、環境のモデル形成に関わってくる。

　意思決定は個人の中だけで閉じているものと、他人との関わりの中で行われるいわゆる社会的意思決定に分けることができるが、我々が日々行っている意思決定は全くの個人だけで閉じていることは少ない。社会的場面では何らかの形で、他の人々の環境のモデルとの関わりの中で、コミュニケーションを通して共通の環境のモデルを形成し、意思決定が行われることが殆どといっても差し支えないであろう。この様に人間の環境認知から見てゆくと、環境のモデルは主観的な内容から出発せざるを得ない。しかしながら、個人が社会的な決定を行うためには他人とのコミュニケーションを通して共通の環境モデルを形成し、その結果を共通の客観モデル（共同主観モデル）として自らの環境モデルにフィードバックし、環境を認識していることにもなる。

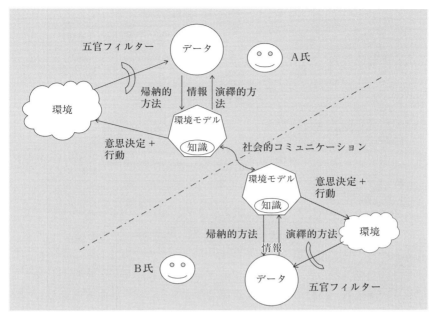

図2　コミュニケーションと共同主観（客観モデル）の形成

この共通の認識は多くの人に認められれば、客観モデルになり、社会的知識となる。形成された個人の環境モデルが正しいかどうかは、環境そのものを正確に認識するのは不可能であるから、行動を通して環境に働きかけ、その結果を受け止めることによって判断されることにならざるを得ない（図2参照）。

3　情報・データ・知識

ここで改めて情報について考えてみよう。情報とは余りにも当たり前に我々の生活の中にあるため、厳密な定義はなかなか難しいが本章では意思決定の素材ととらえておくことにする[2]。ここでは人の環境認知と意思決定という側面から改めて情報の位置づけを試みておくことにする。

さて、情報に似た概念としてデータ、知識という言葉を我々は使ってい

2　最も一般的な学術的な定義は吉田民人による「物質とエネルギーのパターン」

6

表1　データ・情報・知識の差異

	データ	情　報	知　識
説　明	主体の過去の行動記録	主体の意思決定の素材	コミュニケーションによって創り挙げられた主体間の共同主観
評価尺度	正確性	有用性	判断の基準
不確定性	ほぼ除去可能	常に含む	基本的には含まれないが陳腐化することもある

る。その違いは何処にあるのであろうか。その違いを表1に纏めておく。

　図1に立ち戻ってその違いを見てゆくと、環境からの刺激はデータであり、脳で形成された環境のモデルは個人にとっての知識であり、フィルタリングされた環境からの刺激から生ずるデータを基に環境のモデルを形成する過程で、帰納的、演繹的方法により環境モデルを形成する媒介となるものが情報というとらえ方が出来る。データは時々刻々、我々が環境から受け止めるものであり、量的に数値として纏められたものであれ、他人からの定性的な言説であってもこれらはデータとしてとらえることができる。定量的であっても、定性的であっても環境からの刺激はデータとなるのである。また、時間的にはデータを受け止めた個人にとってデータは過去に属するものであり、その意味でデータとは行動主体の過去の記録を意味する。データが意味することがらが、過去に生じたかどうかを検証することは可能である。従って、データが正しいかどうかの判断は可能である。つまり良いデータか、悪いデータかを判断する基準は「正確性」ということになる。従ってデータは客観性が問われることになる。それに対して情報は現在の時点で、環境のモデル形成過程で機能するものであり、推論の内容を含み、環境に働きかける意思決定に関わることになる。すなわち、情報は意思決定の素材であるという見方に立つと、時間的には将来のことがらを含むことになる。従って情報が正確であるかどうかは現時点では誰にも判断することはできない。となると良い情報であるかどうかの判断基準は唯一、「意思決定に役立つ」かどう

かが問われることになる。意思決定はそれぞれの人の価値観に依存するものであるから、情報は基本的に主観的なものであると言わざるを得ない。更に知識はコミュニケーションを通して人々の間で共有され、客観化された環境のモデルである。学術的あるいは実務といったそれぞれの領域で精査され蓄積され、組み替えられてゆく知識は必ずしも不変のものではない。環境に対する我々の認知が変化してゆけば、知識の内容も自ずと変わってゆく。知識は我々が意思決定を行う際の判断基準として用いるものであり、良い知識であるかどうかは環境の変化を適確に反映しているかどうか、人々にとって共通性、普遍性を有しているかどうかが問われる。

　この様に見てゆくと、インターネット社会は情報化社会というよりは、むしろデータ化社会として位置づけておいた方が良いのかも知れない。情報流通路を往来するデータは通信基盤の整備により急速に高速化し、増大したが、人間の情報処理が従前に較べて急速に高速化し、より大量のデータを処理し、情報として活用しているといえるであろうか。本来の情報社会は、インターネットからのデータを情報として加工し、知識を検索し、意思決定に役立て発信してゆく人の情報行動までを対象とし、人々が環境へのより良い適応行動をとることができてこそ始めて情報社会といえるのではないだろうか。インターネット社会はパソコンや通信機器が社会の生活基盤に埋め込まれた社会ではあるが、究極的には端末の先に人在りきという言葉に象徴される様に、人と人とのコミュニケーションを媒介にして、人々が意思決定を行ない、より良い環境への適応行動を可能にし、適応の幅を拡大してゆく可能性を持った社会ということではないだろうか。

　現在、人工知能分野の発展が目覚ましい。コンピュータはもともと人間の情報処理と同等な行為を行うことを目指した機械として発展してきた。

　図1の人間の情報処理に重ねてコンピュータによる情報処理を描いた情報社会の構図を図3に示しておく。

　情報社会については第2章で学術的に纏められているが、この構図で情報社会をとらえると、人々が産みだした社会的知識はデータベースや知識ベースとしてコンピュータに蓄積されてゆく。人間が日々、個々の情報処理に必要な知識を検索し、利用する技術や仕組みも社会的に長足の進歩を遂げてき

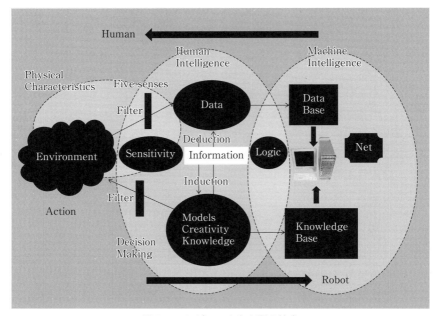

図3　コンピュータと人間の接点

た。また、近年は人間の論理的情報処理に留まらず、喜怒哀楽までを含めた人間の感性領域までコンピュータが浸透してきている。しかしながら人間の喜怒哀楽は、我々にとって共通の知識として、何処まで確実な知識として熟成しているのであろうか。どこまでの知識をコンピュータに搭載すべきかは、未だ検討の余地が残されているように思われる。

当に今問われているのは人間とコンピュータの接点を、どの様に将来の好ましい社会の実現に向けてデザインしてゆくかということである。コンピュータは日進月歩の勢いで益々人間化し、その中で人は情報化社会の中でコンピュータに歩み寄り、人間のコンピュータ化が進んでゆく。人が人であることの基盤を何処に求めるかは哲学的課題であり、今後の重要課題の一つといえる。学術的な議論は第2章に譲るとして、ここではこの様な情報化社会の展開を頭に置きつつ、地域計画の在り方を見てゆくことにする。

② "場所" と "空間" の関係について

　我々の生活の場所は、物理的な自然環境と人工的に創り上げられた物財によって出来上がっているかに見えるが、他方、場所とはこれらを人々が認識し、意味や価値を見いだし、日々意思決定を行い、生活行動を行う場と見ることも出来る。即ち、"場所" という言葉には物理的な空間と、人によって価値付けされた生活の場である環境の認知内容の両者が含まれる。更にいうならば空間的環境も人が認知することによって始めて立ち現れてくるものでもあり、情報論的立場から見ると究極的には "場所" とは生活者の環境に対する認知の内容と言い換えることもできる。そこで、ここでは空間とは物理的実態を表し、場所とは人々の環境に対する認知の内容を意味することと考えることにする[3]。この様に場所をとらえると、地域で生活する個々人の場所に関する認知内容は異なっているだけではなく、場所に関わる情報は断片化していることも重要な事実である。また、日常の生活の空間とは異なる空間や場所との関係性も、生活主体の政治的、経済的活動や文化活動を通して深く関わっていることになる。更に、場所には歴史的経緯の中で醸成された情報の蓄積が文化として定着している。文化は空間と場所が有する固有の特性を反映し、生活の中に埋め込まれた当たり前として共有されている知識であり、日々の意思決定の基盤だとするならば、文化といえども時の流れの中で変化を遂げてゆく。文化は生き物でもある。その総体が具体的な場所の特性を産みだし、空間も変えてゆく。自然のままの空間とは、人が存在しなくても、存在するものであり、かつ人が手を入れずに存在するものを指す。地域とは限定された地理的な空間の範囲を超えて、場所と空間の相互ダイナミックスから成る人々の生活環境ということになる。情報論の立場から見るならば、場所としての地域は、基本的に外部世界に対する様々な関係性が埋め込まれ、外の環境に対して開かれたオープンなシステムとして認識すべきものである。更に場所の特性を決定づける基本的な要素は、個人や組織等の主

3　パッツイー ヒーリー　Making Better Place p54〜p57

10

体の関係性と各主体による意思決定と情報の関わり方であり、その特性は動的に変化を遂げてゆくものでもある。

③　計画主体と地域計画

　地域計画を作る主体とは誰なのだろうか。国・県・市といった官による行政組織が地域計画を作る主体なのであろうか。地域計画の目的はダイナミックに変化する社会環境により良く適応できる"場所"と"空間"の価値創造であり、そこには価値選択のプロセスがある。最終的に計画の価値を受容するのは地域で生活する人々である。これまでは地域の価値選択は公の領域、私の領域と切り分けられてきたが、両者は相互に密接に関わっている。公的領域に属する道路敷設にしても私的領域の日常的な意思決定には大きな影響を与え、ひいては地域の場所性にも大きな影響を与える。近年まちづくりの名の下に改めて地域が問われるのは、この二つの領域が簡単には切り分けられないことを意味しているのではないだろうか。

　地域計画とは地域を取り巻く環境の絶えざる変化に対する持続的地域形成を目指した社会的行為であり、特定の地域で生活する人々にとって、より良い活動の場を目指した価値選択の問題だとするならば、地域計画の仕組みは社会的問題解決の装置であるといえる。また、価値選択は誰の手で行われるのかという疑問が生じる。これまでの地域計画における価値選択の仕組みを纏めると図4の様になる。

　先ず国と地方公共団体による地域計画の仕組みから見てゆこう。高度経済成長期に国によって策定された全国総合計画は国が主導し、経済開発を中心にし、地域の場所性と空間を対象として、時代に適った価値を導入しようとするものであった。第3章で論じられている様に時代の変化とともに、その内容と選択される価値意識は変わってゆく。しかしながら国レベルの計画はそれぞれの具体的な地域の個性を活かした価値観までを吸収することは難しいことから、経済成長、安全、福祉といった抽象的な価値の実現を意図した計画にならざるを得ない。国によって定められた経済発展、或は定住圏構想といった実現すべき、抽象化された価値は国、県、市と連なる縦割りの官僚

第1章　地域計画への情報論アプローチ　　11

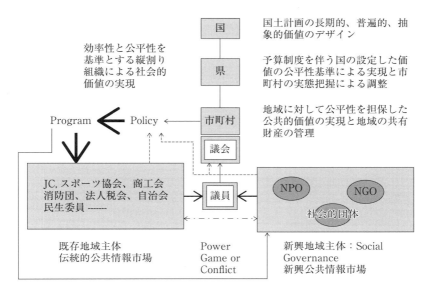

図4　地域計画における価値選択の構造

組織と制度を通して具体的目標に置き換えられ、財源の配分を伴ない、効率的な目標の機能展開が図られてきた。この行政組織と制度を通して機能展開される計画における価値の実現の有効性や効率性についてはこれまでも数多くの分析と課題が提起されているので、ここでは特にこの問題に触れることは控えることにする。(注：第3章参照) 一方、地域は具体的な場所と空間の中に埋め込まれた価値意識から成る意味の世界に生きている。この意味の世界は社会的、経済的、文化的価値の相互関係から成る固有性を持つ世界であり、行政組織によって機能展開された価値観とは必ずしも整合性を持ち得ない。近年"まちづくり"という言葉が社会的にも定着し、各地で様々な試みが行われている。しかしながら、未だまちづくりの意味や方法論が確立されている訳ではない。その理由としては幾つかのことが挙げられるが、まちづくりが目指す価値を具体的な地域の特性の中で総合的に見いだし、描き出そうとすると、空間的特性は比較的描き易いが、現地点での場所の特性を描き出すことは容易ではない。ましてはこれらの相互関係までを理解するというのは大変難しい。

場所の特性は地域で生活を営む人々の環境認識と将来の望ましい姿からなる情報によって描き出される。従って場所の特性は人々のコミュニケーションを通して立ち現れる多様な価値観を活かしつつ、これを具体的に集約し、描き出すという大変困難で厄介な情報集約の課題に直面することになる。また、地域の情報は上でも述べた様に断片化、偏在化しているのが一般的であり、その内容も時間とともに変化してゆく。更に地域は仮にまちづくりの計画が出来上がったとしても、必ずしも独自の財源を有している訳ではない。この問題と関連し、まちづくりの組織の問題が浮かび上がってくる。公共的課題に対して行政組織は諸制度を通して財源の裏付けを持ち、機能展開された価値の実現を図る官のシステムを有している。そこでは結果公平、機会公平を問わず公平性の原則が貫かれている。これは住民と直接コミュニケーションを図る市町村レベルの行政組織が地域に対して施策展開を行う場合でも同じことである。これに対応するには“まちづくり”の組織が問われることになる。まちづくり組織は地域の意味の世界の全体像を集約し、地域の計画情報を取りまとめ、行政組織、具体的には市町村レベルの官のシステムと継続的なコミュニケーションを可能にする窓口でもある。

　ここでは第９章で取り上げられる気仙沼市の復興計画の例を取り上げ、筆者が関わってきた気仙沼市の住民の手による大谷地区と階上地区の復興計画づくりの経験を基に、まちづくりの組織的側面について触れておく。因みに両地区は共に空間的には山と海岸を有する典型的な三陸海岸の特性を有する地区である。

④　気仙沼市大谷地区・階上地区の復興まちづくり組織

1　地域計画の主体と地域の認識

　ここでは地域計画の主体の問題を中心に、地域の環境認識の問題、価値選択の問題を情報論的視点に立って改めて考えてみよう。ここでは、筆者が５年間関わってきた気仙沼市の住民の手による大谷地区と階上地区の復興計画づくりの経験から、まちづくりの組織的側面を中心に考察する。

　気仙沼市は地域として気仙沼、鹿折、松岩、新月、面瀬、大島、階上、唐

図5　合併前後の気仙沼市の市町村

桑、本吉から成るが、唐桑地区は2006年に、本吉は2009年に市町村合併により、気仙沼市に編入された。旧本吉町大谷地区の人口は2016年10月末時点で3,688人である。

　気仙沼市の震災復興計画策定のプロセスの詳細は第9章で詳細にまとめられているが、気仙沼市は上記の各地域の具体的な復興施策を展開する中で、各地域からの行政に対する施策要望を集約する目的で、旧本吉町に対して2012年5月に地域連絡協議会へ市長による地域復興計画の諮問を行った。

2　大谷地区の復興計画づくり

　旧本吉町は震災以前から10年を計画期間とする本吉町総合計画の仕組みを

持っていた。これは1968年から始められ、震災に襲われた2011年は第四次計画の三年目であった。この計画づくりの特徴は、振興会と呼ばれる自治会を基本単位として地域課題を積み上げることにより、出来上がっていた。

　震災後もこの積み上げ型の計画組織を活用して、旧本吉町の震災復興計画案が作成された。旧本吉町は大谷地区、津谷地区、小泉地区から成るが、ここでは筆者が関わった大谷地区の復興計画を取り上げる。気仙沼市は2013年度の復興予算を睨みながら、市の復興計画に織り込むべき地域の要望を2012年10月までに纏め、来年度予算に反映することを目指していた。各地区は僅か二ヶ月足らずの間に、それぞれに復興計画へ盛り込むべき要望を中心にとりまとめた地区復興計画を作ることになった。

　大谷地区は大谷・三島、上郷、中郷、日門、前浜、髙の振興会からなり、地区振興会長を中心に地区単位の復興計画を作成することになった。これまでの地区計画と復興計画の大きな違いは、被災からの復旧と同時に地域復興への長期ビジョンを盛り込む必要があったこと、これまでの地区長期計画は地域の要望を文字ベースで集約した計画書であったため、離れた振興会にな

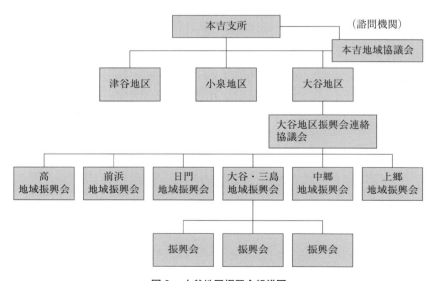

図6　大谷地区振興会組織図

ると場所の名称を特定することも定かではなかった。そこで地域振興連絡協議会は各地区振興会に対して復興計画図面を添えて提出することを求めた。大谷地区では2012年6月末に第一回目の会合を開き、地区復興計画策定へ向けて、地区復興計画の位置づけ、タイムスケジュール等に関する議論を行ない、その結果は振興会長により、取りまとめられた。

　大谷地区は、一方で被災し、人命、家屋の多くを失った海側の地区もあり、他方では山側故に津波による被災はまぬがれた地区もあった。被災状況の差異による温度差はあったものの、それぞれの振興会代表者による地域復興へ向けての議論は進行していった。

　この会議での一番の問題は大規模防潮堤を巡っての議論であった。大谷海岸は東北の有数の海水浴場であり、夏には多くの観光客で賑わう海岸である。国による堤防建設案は地区にとっては夏場の生業に直結する重要な課題でもあった。自然と共に生き、海を見て生活することの意味は誰もが理解してはいた。しかし、他方では国の復興予算を見れば、東北沿岸全体に堤防を建設することは不可能であるし、もし、堤防を要望する気があるなら、早めに手を挙げないと堤防の建設は実現しない。堤防を作ることで津波危険地域の範囲を少しでも狭めることが出来れば、将来のまちづくりの自由度を大きくできるという意見もあり、簡単に結論を出せない問題であることは誰もが認識していた。また、堤防問題が解決されなければ地域の復興計画を具体的には考えられないという意見もあり、堤防建設の意味を巡っての活発な討論が行われたが、各地区に持ち帰って議論を重ねることになった。この時点で地域の側も堤防問題に関する情報の交換と共有は活発に行われ、砂浜に堤防を建設することになれば、観光という点では生業の基盤さえも失うことになりかねないという危惧もあり、国道の嵩上げ案やセットバック案なども提案された。この時期に、この地域の堤防建設案を更に見直すことを市に求めた若手による署名活動も展開され、多数の署名を集め、その後、これを市長に手渡すことになる。しかしながら、この署名活動に地域振興会は協力はしたものの、地域振興会の活動とは一線を画す活動として進んでいった。結局、振興会の中でこの堤防問題は棚上げされたまま、堤防問題を除く復興計画案を地区毎に纏めることになったが、最終的にはセットバック案、国道の嵩上

図7-1　前浜震災復興計画づくりワークショップ風景

図7-2　前浜公民館

げ案、県の提案を受け入れる案の併記という形で地区復興案を取りまとめることになった。堤防以外にも老齢化による農業や漁業の課題、振興会の現状、避難路を巡っての議論や祭りの再編等多くの地域課題が議論の話題になった。

　前浜地区は、大谷地区の一つの振興会であるが、海に面し、各地区の中でも自律性が高い地区である。ここでは被災後津波によって流出した公民館の再建を目指し、地区の努力に外部の支援も加わり、幾つかの外部の復興支援金に応募し、財源を確保することで、使い勝手の良い公民館の建設計画に乗りだし、これを完成させた。市全体が被災した状況の下で、市役所への要望だけでは公平性の原則により、前浜地区の公民館の建設はいつ実現するのか覚束ないという判断があったからでもある。また、この地区は以前から山形県最上町との交流が活発であったが、公民館の柱として最上町から神社の神木が寄贈された。前浜地区振興会の復興計画作成は公式の会議形式では良いアイデアは出しにくいということで、庭先のパーティー形式のブレインストーミングによって、生まれた。

　その結果を取りまとめたものが、図8-3である。

　この様にして大谷の地区復興計画案は図面を中心に、住民の活発なコミュニケーションを基礎にし、纏められていった。議論の濃度は地区毎に異なるものの、それぞれの地区毎の復興計画案も図面として纏められた。しかしながら三陸道の建設計画や堤防問題等地区間の相互関係に関連する課題の吸収は最後の段階で取り纏められることになった。二ヶ月という短期間に大谷地

第1章 地域計画への情報論アプローチ　17

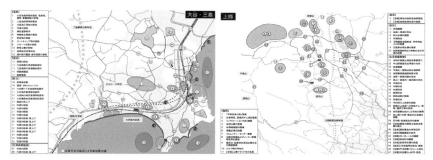

図 8-1　大谷・三島地区震災復興計画纏め図　　図 8-2　上郷地区震災復興纏め図

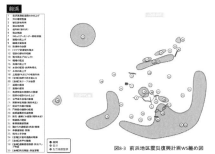

図 8-3　前浜地区震災復興計画 WS 纏め図

図 8-4　大谷地区全体復興計画纏め図

域の復興計画は纏められ、気仙沼市役所に提出された。市役所は地域の住民によって取りまとめられた復興計画図を意味あるデータとして、必要に応じてこれを参照しながら、その後市としての復興施策の展開を図っていった。

　ここで特筆すべきことは、復興計画づくりを巡っての議論を通して、日常的には意識してはいなかった他地区の状況や場所の特性を地区の住民がお互いに改めて認識したことである。地域生活にはそれぞれの生活圏があり、地

域の情報はそれぞれの生活圏のみならず、時間軸上でも断片化しているのが常態である。公共的な事業の基本単位は、行政的に空間を線引きした地域であるため、まちづくりを行う場合にはこの地域のデータと情報をシステマティックに集約する機能が必要になる。また旧本吉町の場合には、被災以前から総合計画策定の仕組みとして地区振興会という情報集約の組織形態が出来上がっていたことにより、住民のコミュニケーションによる積み上げ型の復興計画を短期間に作成することが出来たといえる。しかしながら地区を基本単位としたまちづくりは、空間（スペース）にとらわれがちになるため、ややもすると他地区や他地域との社会的関係を含む広域的な場所性（プレイス）の特性を反映しにくいことは否めない。

3　階上（はしかみ）地区の復興計画づくり

　次に気仙沼市階上地区における地域復興計画の事例を取り上げる。第9章でこの事例は詳述されているが、ここでは大谷地区との比較を中心にし、まちづくりの組織、情報、意思決定という三側面から考察を進めてゆく。

　階上地区は気仙沼市の中で津波による被災面積が最も広かった地区である。ちなみに人口は2016年10月末現在4263人、世帯数は1624世帯で気仙沼市の中央に位置する郊外型の地区である。

　復興まちづくりは2012年10月、未だ瓦礫の撤去が進む復旧段階の中から、復興後のまちのめざすべき姿を描き出そうと南三陸商工ネットが立ち上がった。南三陸商工ネットは商店主、住民から成る会員制の任意団体であり、会報を配布し、折々のまちの情報を発信する、地域では比較的新しい団体であった。また南三陸商工ネットは階上地区に基盤は有してはいるが、地域的には階上地区だけで閉じている組織ではなく、他地域とも情報によって繋がる開かれた組織となることを標榜していた。

　2012年12月には地域住民に声をかけ、地域の資源を見直すという目的を掲げ、約100名規模のまちづくりワークショップを自主的に実施した。その結果は地区の課題や過去の歴史エピソード、将来への夢などを地区の過去、現在、未来の時間軸上で整理され地図上に纏められた（図10）。一方、階上地区の組織構造は図11に見られるように、大谷地区と同じ振興会と呼ばれる自治

第1章 地域計画への情報論アプローチ　19

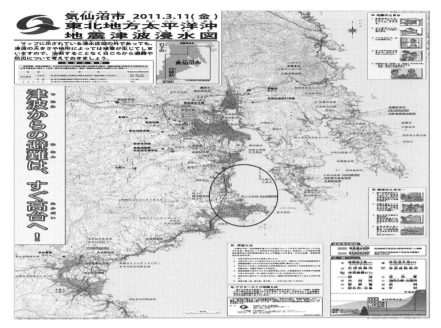

図9　階上地区

会組織の他に農協、漁協、観光協会、清掃組合、PTAといった生活と生業の機能を軸にした組織が並列に位置づけられ、階上振興協議会の名の下に一つに纏められていた。

　この振興協議会は、被災時には仮設住宅問題、住宅の高台移転、堤防問題等復旧問題にも積極的に取り組み、まちの復旧へ向けて活動を積極的に行っていた。そこで生じた問題は、任意団体である南三陸商工ネットのまちづくり計画と地域振興会が取り組んでいる復旧計画はそれぞれ独自に進んでいたため、一つの地域で二つの復旧、復興計画が同時に進行しているところにあった。そこで、両者は協議を行い、アイデア出しだけではなく事業の実施まで含めた地域の戦略的復興計画を一連の事業として推進する組織の在り方について協議を重ねた結果、階上のまちづくりを推進する母体として振興協議会が最終意思決定組織となり、南三陸商工ネットも振興協議会の構成組織の

図10-1　階上地区第一回ワークショップ（テーマ：地域資源の見直し）

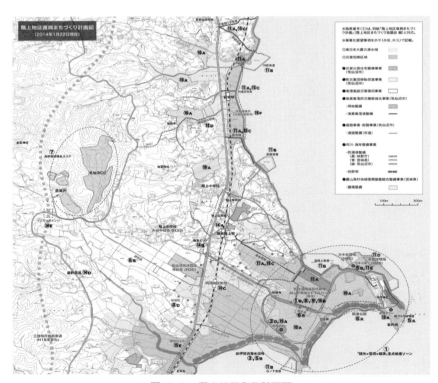

図10-2　階上地区復興計画図

第1章　地域計画への情報論アプローチ　　21

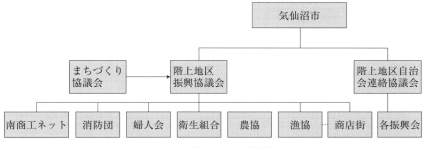

図11　階上地区住民組織

一つとして位置づけられることで落ち着いた。同時に震災後に立ち上がった新しい組織も振興協議会の中に位置づけられ、行政に対する窓口の一本化が図られた。また、振興協議会は意思決定機構であり、そのスタッフ機構として"階上まちづくり協議会"が発足した。協議会メンバーは自治会組織も含む振興協議会組織メンバーの代表者とこれを支援するサポーター、外部からのアドバイザーから構成され、市役所に対して主体的に復興計画を推進する役割を担うことになった。

その後の復興まちづくりがどの様に進展したかは第9章に詳述されているので、ここでは階上復興まちづくり計画の組織、意思決定、情報の相互関係についてみてゆくことにする。

この事例の特徴は、被災以前から市役所の組織に繋がる自治会や社会教育委員会等と、生業の機能組織である農協、漁協といった地域の個別組織が階上地域振興協議会の名のもとに一つの組織として纏められていたことである。大谷地区は基本的に地理的な地区を単位とする地区振興会がまちづくりの基本単位であったが、階上の場合には大谷地区と同じ自治会組織はありながらも生活と生業の基本単位である機能組織の組み合わせから振興協議会が成り立っていた。

復興まちづくりに関しては、南三陸商工ネットワークが自主的に立ち上がったことを契機に、組織的には階上地区地域振興協議会の見直し、最終的な地域課題に対する意思決定権限を振興協議会に置くことが再確認された。更

に地域の意思決定に関わるデータと地域情報の集約を担う"まちづくり協議会"を新たに立ち上げ、市役所とのコミュニケーションチャンネルの一元化を諮り、いわゆる縦割り事業として展開される公共的復旧・復興事業を地域として受け止めると同時に自主的にまちづくりの提言と要求を市に提案するコミュニケーションのパイプが出来上がったことは、まちづくりの組織的側面からみると画期的なことであるといえるであろう。震災を契機として新たに再編成された地域振興協議会は、"まちづくり協議会"を中心に戦略的地域復興計画作りを進め、その結果は2014年2月に振興協議会の承認を得て「階上まちづくり大綱」として結実し、今後の復興まちづくりの方向と内容を示すことが出来た。

　市役所に提出された「階上まちづくり大綱」は、市役所の施策展開の中では単なる要望の取りまとめを越え、地域住民による戦略的復興計画案として一定の評価がなされた。市役所は復興予算を睨みながら、「階上まちづくり大綱」に示された内容の細部にわたり検討を行ない国・県の施策展開も視野に入れ、市の施策として、どの様な施策が可能なのか、どの提案は不可能なのか、今後協議すべきことがらは何であるかを検討し、これを地域に提示する説明会が開催された。これにより、地域の生活の価値と意味を基盤とする地域情報と、国－県－市と連なる官が設定した価値の機能展開が図られるいわゆる公共施策の突き合わせが行われ、復興計画に対して地域と行政の間のコミュニケーションチャンネルが開かれ、官－民による公共的な地域デザインへの道が拓かれたといえる。

　その後も2016年4月に「階上まちづくり大綱」に謳われた旧向洋高校の校舎とその跡地が気仙沼市の震災遺構に決定され、市役所とまちづくり協議会のコミュニケーションを通して事業化の計画が進められている。また、今後も階上地区は階上地区全体が震災遺構であるというコンセプトを基に、地域の復興計画の更なる展開を図っている。しかしながらまちづくり協議会と振興協議会が連動し、継続的にまちづくりを維持してゆける一つの組織として成長するには、組織の担い手の問題や意思決定権限の問題など、まだ幾つかの課題が残されている。また、復興事業が進み、具体的な実施計画レベルまで進んでくると、官による法制度に基づく価値の展開と民の場所性を優先す

る価値の実現計画は、より綿密なコミュニケーションが必要となる。更に官と民の情報の交換とそれぞれの意思決定のタイミングは必ずしも同期するわけではない。この情報と決定のタイミングのずれは、まちづくり協議会組織のイニシアティブやモティベーションを巡る潜在的コンフリクト要因にもなりうる。民の立場であるまちづくり協議会も情報と決定の関連性をコントロールしてゆくことが求められると同時に、この問題は組織内でのコンフリクト要因にも関わり、まちづくり組織の持続性にも大きく関わってくることは確かである。

⑤　気仙沼市の事例にみる情報論アプローチ

1　まちづくりの方法

この二つの例からも分かるように本質的に地域計画は、地域で生活を営む住民や事業者等のコミュニケーションから生活の意味の世界が描き出され、計画の実施に対する予算や制度といった資源を有する自治体を始めとする官の組織との相互コミュニケーションの中から地域計画の文脈は立ち上がってくるものであり、特定の組織や個人がプランナーとして位置づけられるものではない。

このコミュニケーションプロセスはそれぞれの主体が地域でそれぞれの価値の実現を目指す意思決定を内包するものであり、当然コンフリクト状況を含むプロセスでもある。価値は一元的に地域の外部から与えられることもあるが、それは地域にとっては情報収集という意味での価値選択のための情報であって、本質的には住民間でのコミュニケーションあるいは行政と地域の絶えざるコミュニケーションの中からより良い地域の創造を目指した価値実現の文脈が社会的意思決定の仕組みを通して自ずと定まってゆくものであり、そこに参加の意味を見いだすことができる。その意味で、まちづくりは地域の問題を地域の特性を踏まえ、解決策を見いだしてゆく、コミュニケーションと集団の意思決定から成る問題解決の装置と見なすことが出来る。問題解決のプロセスは一般に、

　　a　データや情報収集のプロセスによる問題の定式化プロセス

b　問題の評価プロセス

　　c　問題の解決策の選択

の三段階に分けることができるが、それぞれのプロセスの中にまたこの三段階が埋め込まれている二重構造がある。問題は誰によって定式化されるのであろうか。問題解決の最終目的がより良い地域の創造にあり、そのために計画を作り上げ、これを実現し、更にその結果を享受すると共に、また新たな課題に向かって問題解決を図ってゆく主体は他ならぬその場所で生活を営む住民である。一般に問題解決というといわゆる PDSCA（Plan-Do-See-Check-Action）といった図式で説明されるが、まちづくりの場合には、それぞれの段階に等しく住民が関わるのであって、始めから階層組織が存在し、役割性によって各段階が切り分けられる訳ではない。どの段階であっても常に価値選択の問題が底流にあり、住民の間でも多様な価値が時にはぶつかりあい、合意に達しながら進むのがまちづくりの本質的部分でもある。次にこの価値の相克を巡るコンフリクトについて触れておくことにする。

2　コンフリクト状況の推移

　復興まちづくりに関わらず、まちづくりのプロセスでは住民間、住民と行政、住民と組織といった様々な主体の間でしばしば価値選択の意思決定を巡り、コンフリクトを伴うことになる。図12はコンフリクトの遷移状況を示している。

　特段のコンフリクト状況がない、均衡が保たれている地域であっても、外部環境の影響を受ける場合や、地域の側から自律的により良い地域の形成を目指す特定の主体が、社会的に関係する他の主体との間でコミュニケーションをとり、なんらかの関係性を積極的に切り結ぼうということになると、地域の生活環境の変化を予見する主体は緊張状態に置かれることになる。この状態は潜在的なコンフリクト状況と見なすことができる。地域の情報は何処かに総て集約されているものではない。個々人や組織の中に断片化して存在している方が一般的である。更に将来、地域が好むと好まざるに関わらず、変化を遂げてゆくであろうことが認識されると、地域の将来像を求め、各主体はコミュニケーションを図り、断片化した情報のシステム化が必要にな

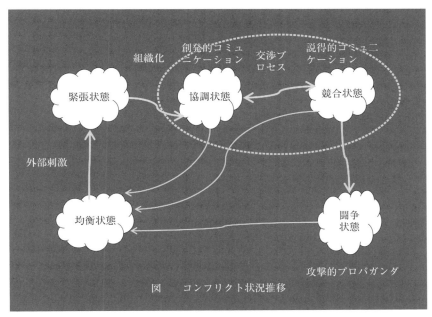

図12 コンフリクト状況の推移

る。将来像であるから、そこには多くの不確定な要素が潜んでいる。また、地域計画においては新たな問題が認識された場合には、国や地方公共団体といった官の組織との関わりは必然的に生まれてくる。そこで、上の例でもみたように地域の問題解決のプロセスを推進する地域主体の組織化という問題が生まれてくる。解決すべき公共的問題の定式化を行うにはこの組織化の問題は避けて通ることはできない。どの主体が問題解決のイニシアティブをとるかといった、組織的課題のコンフリクトも陰に陽に内包されることになる。しかしながら組織化がなされた後でその組織がなすべきことは、地域の断片化された情報をシステマティックに結びつけ、地域としての共通認識の基盤を提示することから出発することになる。従って、組織的な意味でのコンフリクトがあったとしても、地域で生活する多くの主体がコミュニケーションを図ることにより、地域の姿を描き出す協調的なコミュニケーション状況がなければ、地域課題の解決はおぼつかない。このコミュニケーションが

進展してくると、具体的な問題解決のアイデアを絞り込み、新たな地域の価値の実現へ向けての状況が生まれる。アイデアが具体的であればあるほど個々の主体の利害はより鮮明になるのが常であり、時には主体間の競合状況が生まれることにもなる。その時に解を見いだせるかどうかは、前段階での地域環境への共通認識基盤がどの程度確立されていたかに大きく依存する。と同時に地域環境の状況は時間により、変化を遂げてゆく。共通認識基盤は絶えざる主体間のフィードバックにより始めて活きたものになる。このコミュニケーションと断片化された地域の情報を繋ぎ、地域に課された制約条件を認識し、地域の文脈として集約してゆけるかどうかが、上記の組織化の意味でもある。

　競合状態が一方向に進んでしまうと、そこには対立の構図が生まれ、一元的価値の選択へと向かい、競合相手の排除を求めることでしか解を見いだせない闘争状態に陥ってしまう。

　地域の計画は多様な主体の多様な価値を尊重し、環境の変化に対して、より良い地域を形成するための適応的な価値を長期的に実現してゆくことであるとするならば、計画のプロセスでコンフリクトを内包するのは当然のことではあるが、価値の実現に伴う闘争状態には入ることは避けなければならない。ダイナミックな協調的な状況と競合的な状況の往復を可能にし、公共的な社会的決定に伴う、組織と情報と決定に関わる動的な情報マネジメントの在り方が求められているといえる。

3　気仙沼市の復興計画プロセスと情報論から見た地域計画の課題

　ここでは、気仙沼市の具体的事例から抽出した復興計画プロセスを情報論の立場から見直し、その課題を抽出する。

　大震災からの復興計画は通常のまちづくりとは幾つか異なる点がある。

　第一に大規模な自然災害による被災の場合には、被災した地域の人々が最低限の定常的な生活を取り戻すことを可能にする復旧段階があり、その後に、より良い地域をデザインし、これを実現する復興段階があるという段階に分けて考える必要がある。復旧段階では生存者の確認、避難所の確保、食糧や水の確保、仮設住宅の建設、心のケア等々人の生存に関わる基本要件を

満たすことが最優先課題である。復興へ向けての瓦礫の撤去、道路の整備、移転住宅の土地確保、土地の嵩上げ、産業の基盤整備等々がこれに続くが、この段階は明確な区切りがあるわけではなく、重なり合いながら進めてゆかざるを得ない。今回取り上げた気仙沼市の場合には、被災前から若年人口の流出、高齢化社会への対応、主要産業である漁業の低迷等々の課題を抱えており、被災前の状況に復元すれば復興が進むという状況ではなかった。従って"復興"が何を意味するのか手探りで探っていかなければならない状況にあったといえる。被災者も再度被災地での生活を目指すのか、他の地域に移り住むのかの厳しい決断をしなければならない。復興計画を考える立場から見ると、予測しがたい多くの不確定性に直面しつつも、復興計画を立ててゆかねばならない。被災地域は広範に亘り、経済主体も生活主体も同時に被災し、復旧、復興の道のりを否応なしに歩まなければならず、各主体は将来に対する厳しい意思決定を迫られていた。その意味でも気仙沼市役所が主導し、行政の復興計画とは距離を置いて、市民の手による復興のアイデアを纏めた復興市民会議による報告書のタイトル"海と生きる"は時宜を得たものであったといえる。これは気仙沼市全体を対象とした報告書であったが、その後、各地域毎にまちづくりの気運が高まった一因にもなっていると思われる。第二に東日本大震災の復興支援の名の下に、気仙沼市だけでも大学やNPO，NGO、公共や民間の支援団体等約300の外部からの団体が支援活動を展開した。瓦礫撤去作業支援、仮設住宅生活支援、子供の教育支援といった期間を限定しての支援から、まちづくり支援の様な期間の限定を設けない活動まで幅広い支援活動が行われ、地域の内部からも支援活動グループが幾つか立ち上がった。だが、外部からの支援活動と市内部の支援の必要性をどの様にマッチングしたら良いかという問題があった。そのための会議も市役所主導で開催され、これを引き続いだ自主組織として大学間ネットワーク、当初から自主組織として公共的な要望に取り組んだNPO,NGO連絡会等の会議体が設けられた。この様な活動を通して、内部情報と外部情報が地域の中で相互にやりとりされ、活発なコミュニケーションが生じたこともこれまでにはないことであった。その中から気仙沼市の場合には、各地区毎に地域まちづくり協議会が設置され、行政と住民の公式なコミュニケーションチャン

ネルが作られつつある。

　最後に国家規模の価値実現を目指した計画と地域における価値選択の仕組みという観点から改めて情報と組織と意思決定の関係を考察し、持続可能な地域の実現を目指す地域計画の課題について考察してみよう。

　国家規模の地域計画は、安全性、経済成長といった抽象化された政策目的を実現するために国－県－市といった階層構造により、財政的な裏付けを以て、効率的な施策を展開する。その意味では地域に対する抽象的な価値の実現を目指し、目標達成を目指すといえる。一方、東日本大震災によるまちづくりに見られる様な地域復興計画は、参加の方法により地域の個性を活かし、文化レベルから出発する生活主体のコミュニケーションを基礎に、地域の生活主体の意味の世界を積み上げ、地域の将来像を求めてゆく。この二つの価値実現の意思決定の結果は必ずしも一致するとは限らない。行政組織を通して展開される地域計画と、まちづくりによる地域の価値実現を目指した計画の継続的なオープン・コミュニケーション・チャンネルを開くことは、これまでの地域計画を一歩進め、自律的地域の形成に大きく貢献することが期待される。また、その結果が、それぞれの意思決定にフィードバックされる継続的なまちづくりを進めるためには、財政基盤に裏付けられたまちづくりの情報マネジメントを可能とする公式的組織を担保することも重要な課題である。

　この様に見てゆくと、地域計画は関連主体のコミュニケーションの結果から地域の文脈が立ち現れ、その中で特定の価値観が生活主体によって選択されてゆくものであって、プランナーと呼ばれる専門的知識を有する専門家の価値観を実現する行為とは必ずしもいえない。

⑥　結　語

　本章では「地域」とは人々の生活環境に対する認識の内容であり、必ずしも空間だけを意味するわけではないという視点に立ち、地域計画におけるまちづくりの課題を情報論的なアプローチにより改めて考察してみた。

　その様な立場から見ると、地域で生活を営む各主体は、内部だけで完結し

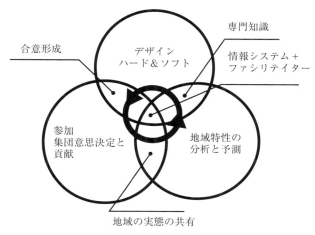

図13 地域問題解決の情報プロセス

ているわけではなく、外部世界との関係性を保ち、日々意思決定を行い、日常の活動を行っている。その意味で地域は情報という側面ではオープンなシステムであって、クローズドなシステムではない。また、情報は意思決定の素材であると考えるならば、地域の情報は一義的には人々の頭の中にあるものであって、必ずしも外在化され、存在するものではない。更に地域の情報は、それぞれの意思決定者の関心事によって、断片化して存在している。地域が変化を遂げる環境に適応してゆくには、コミュニケーションを通し、地域に生じる課題の解決を目指して、情報を集約し、地域計画という形にし、共有してゆく必要がある。このダイナミックな地域問題解決のプロセスにおける情報の機能を纏めたものが、図13である。

　地域計画のプロセスは情報プロセスであり、地域の固有性をオープンなシステムとして認識し、更に将来の姿を予測し、分析する機能と問題解決のための新たなアイデアを創造する機能と、参加という方法により情報の共有化を行い、集団としての意思決定を行う機能の三側面がある。地域計画の目的が、環境に適応的なより良い地域の文化を育む地域文脈の創出にあるとするならば、この三機能を連続的、継続的に運用する情報マネジメントの働きは欠かせない。特にデータや情報の蓄積と文脈への集約の方法及びこの三機能

が重なり合う部分である分析とデザイン、デザインと参加、参加と分析の接点におけるコミュニケーション環境のデザインとコミュニケーションの方法とこれを運用する組織の在り方は今後の研究課題として重要であるといえる。

参考文献

パツィー・ヒーリー（後藤春彦監訳・村上佳代訳）『メイキング・ベター・プレイス〜場所の質を問う』（鹿島出版界、2015年）

松田正一『システムと行動』（泉文堂、1983年）

スチュアート・カウフマン（米沢富美子監訳）『自己組織化と進化の論理』（日本経済新聞社、1999年）

仁科エミ・河合徳枝編・著『音楽・情報・脳』（放送大学教育振興会、2013年）

『階上地区まちづくり計画提言書』（階上地区振興協議会・階上まちづくり協議会、2014年2月）

第 **2** 章
現代情報社会の基本的視点
——情報化社会の展開と価値の創造——

1 情報と社会

　情報とはいったい何であろうか。

　自然環境の中に生物にとっての情報があるというとき、それは環境の中で生物が自らにとっての「意味」を主体的に読み取るということ、自分にとっての価値を主体的に環境の中に見出すことである。われわれ人間は現実社会に制約され、しばしば情報に予め意味（役割）を付与されてしまいがちであるが、本来は自らがそれに意味を見出していくべきものであろう。

　人間にとっての情報とは自分を取り巻く環境に見出す意味のことであり、自らの行動の変化に資するものである[1]。たとえば、科学は人間が自らを取り巻く環境の認識範囲を拡大してきた営為と言えるわけであるが、それは天から賦与されたものではなく、人間自らがそのときどきの科学・技術に従って自分を取り巻く世界に情報としての意味を見出し、それを理解することによってまた新たな科学・技術を生み出してきたのである。そして近代科学の発展の成果と言える情報技術（IT）は、今日われわれを取り巻く情報を指数関数的に増大させているのである。

　情報は客観的な実体として環境に存在しているのではない。主体内部で文字通り形作られ in-form されるものが情報であり、情報には何より意味を見出す主体がいなければならない。主体となる人間のいないシステム化のためのシステム化、情報化のための情報化は元来意味がないことを改めて認識しておこう。

1　基礎情報学を提唱する西垣通は、「情報とは生物にとっての『意味作用を起こすもの』であり、また『意味構造を形成するもの』である」と述べている（『続基礎情報学』（NTT 出版、2008年）p. 8）。

32

　さて、人間が放り込まれている環境が社会である。社会とは各主体が関係性を構築し、情報を交換することによって成り立っている。いわゆる情報化社会では情報処理技術の発展により関係性の構築機会が時間的に短縮し空間的に増大している訳であるが、その速度や多寡にかかわらず、あくまで情報は主体の側にある。それを処理する技術もまた人間に付随する。情報化社会の真の意義は、ITによって飛躍的に拡大した外部環境に慣らされ、情報の洪水に身を委ねて社会システムの一部になることでは決してなく、そのような環境社会にむしろ主体的、能動的に交わり、社会的な価値を構築していくことにある。

　自分（内部）が社会－他者（外部）との関係の中で情報を得て、主体的にそれに働きかけるとき、そして内部たる自分自身という主体が、外部たる自分を取り巻く環境社会の多様な主体それぞれと対等に向き合うとき、自分と対等なその他者とで社会を紡ぎ出していることに気が付くであろう。そして他なる主体から自身に関わる情報を得ているとき、社会－他者は自分自身でもある。われわれは他者と交わりながら、他ならぬ自分が社会を作り出しているともいえるのである。このとき社会に内包される自分（外部に内包される内部）という構造関係は消失し、内部と外部とは共約なものとなる。われわれは情報論から社会を見るとき、自分と他者お互いが、また自分と社会とが共約な関係にあることを認識するのである。

　そのような自己と社会の関係を見る時、社会の多様性の承認もまた導出されるであろう。個々人は固定化され構造化された一つの部品として社会内の地位を占めているのでは決してなく、常に変化する関係を社会－他者と結んでいる。現実にはたとえば、個人XはAという立場でコミュニティAと、Bという立場で個人Bと、Cという立場で企業Cと、Dという立場で地縁Dと、といったように複層的に交わる（図1）。個人の中には同時にいくつもの他者との交わりが存在しそれぞれの役割を担うであろう。各個人は主体的（能動的）にそれらの役割を移動し、またその役割を変化させるであろう。

　情報を交換しているお互いが共約であるこの視点に立つとき、不断に関係性が変化する社会の中で存在者AとBが矛盾していてもよいことがわかる。矛盾するものが現実に共存しており、個人Xの中にさえ矛盾するAと

図1　複数の主体の共存

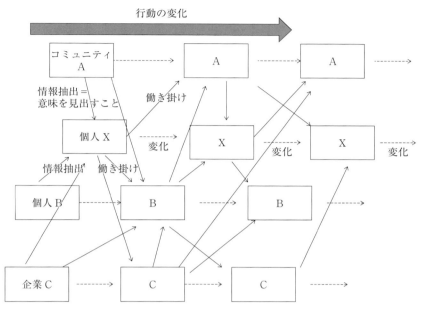

もともと情報とは他なる外部についての情報であるが、各主体は、他の主体から自身に関わる情報を得ていることになる。自分にとっての情報を能動的に抽出する状況にあるとき、インターネットワークにおいて外部は自分自身でもある。このような関係性を自覚するとき、対立する内部と外部という概念は消滅しお互いが共約であることがわかる。

Bもまた併存する。矛盾を矛盾として認めることで、矛盾するAとBを統一する必要はなくなり、それにより矛盾するAとBでコンフリクトを生じさせないでいることができるようになる[2]。情報の意味を真に理解した社会

2　仏教哲学ではAは非Aがあることにより存在しうる、という「即非律」という考え方がある。Aは非AがあるからこそAでありうる。たとえば全てがAというものであればそれが実体物であれ思想信条であれ、Aという概念は成立しないであろう。一切がAであれば、あるものがAであるという言説は"意味"をなさない（情報学的には情報量はゼロである）。Aが非Aを同化したり排除して存在を否定しようとすれば、それはA自らの存在を否定することになる。Aがあるためには非Aが必要である。現実の自然環境や社会環境においてAは無数の非Aと相互に関係しお互いがお互いの存在根拠となっている。このような実在のあり方を難波田春夫は「相互律」とした（『危機の哲学』）。科学技術をはじめ近代の諸課題へのこの視点からの社会哲学的考察は、田村正勝『新時代の社会哲学』〔新装版〕（早稲田大学出版部、2000年）特に第Ⅲ部参

では、お互いが対等であり、多様性を承認し合う相互に依存する関係の認識が生じるであろう。そこに共生がありうる。他者をコントロールして支配下に置こう（自らのシステムの一部にしよう）としない限りにおいて共生し得る。そのような共生社会、相互に依存しお互いを承認する関係性の中から、外部構造（中心ないし中央）からの指揮によらない多様な主体からなる社会の自律的生成の姿が見えてくる。それは高度に情報化した社会であるからこそ見えてくる現実である。

② 社会の自律的な創造活動の考え方

多様な主体が自律的[3]に創造活動を行っていくという情報化社会の具体的な諸相を見る前にここで、そのような考え方をもう少し掘り下げて整理しておこう。

インタラクティブ（interactive）な情報化社会は、相互の関係性がクローズアップされる社会でもある。情報は、社会の構成要素個々の間に関係性を築く。個々の構成要素は、情報が結ぶ関係性すなわちコミュニケーションにより、個々の状態を変化させる行動を起こす。そこに存在する多数の行動主体（社会の構成員）は相互に絡み合いながら新たな関係性を構築していく。個々の行動の変化は、ときに創発し、新たな全体の秩序を形成する可能性がある。そこに現れるであろう秩序は決して構造的に固定されたものではなく、普遍性・絶対性・固定性を要求しない常に変化し生成し続ける秩序である。そのような秩序をある特定の構造を与える秩序と区別するため生成秩序と呼ぶことにする。

照のこと。

3　ここで"自律的"とは、多様な社会主体の相互関係"それ自体によって"、という意味で使用している。本来"自律"とは"他律"と対をなす用語であり、"他によらず自身にのみ従う"という意味である。本稿では、複数のものが相互に関係することで新たな秩序を生成すること、より哲学的には対立する自−他を越えた関係について考えている。自律でも他律でもない前節脚注で示した相互律という見方である。この点に留意し以下本文では、相互律によりまた関係性それ自体から新たに生じる秩序や価値の創造について述べるとき"自生的"という語を用いる。

1　複雑系

　そのような生成秩序が形成しうることを説明するのが複雑系（Complex System）の理論である。

　複雑系は、「システム全体の文脈によって、構成要素の機能やルールが変化するシステム」であり、「構成要素によってシステム全体ができているため、構成要素の機能が変化すると全体の文脈も変化し、それによって構成要素の機能が変わるという不断の循環を持つ」[4]。系自体が複雑に変化するシステムである。また複雑系システムの中で、とくに「環境における情報を内部に圧縮して取り込み、それをもとに振る舞いを決めるシステム」[5]を複雑適応系（Complex Adaptive System）という。情報を主体的に判断し行動する構成要素は、群を構成する。その中でより自己強化的な群がより高次の大域的な秩序を生んでいく。社会全体および個々の社会集団は構成要素が情報をもとに主体的に行動する複雑適応系といえる。ITはその行動の触媒となるものである。

　複雑系においては「創発」という現象が見られることが知られている。創発とは多数の構成要素（agent）が局所的な相互作用をすることによって、全体として新たな性質・現象が生まれることであり、その新たな全体の成果はまた個々の構成要素に影響を与える。局所的な相互作用が影響し合うことで、センターの指示のない全体の大域的秩序（オーダーのないオーダー）が形成されていく現象である（図2）。

図2　創発の概念

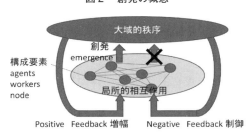

4　井庭崇＝福原義久『複雑系入門』（NTT出版、1998年）p.31。
5　前掲書　p.31。

〈オートマトンとカオスの縁〉

　全体を見渡すことのない局所的な各要素の個々のふるまいからどのように全体の生成秩序が形成されるであろうか。

　情報は個々の構成要素の間にコミュニケーションを結び、各構成要素の行動変化をもたらす。それによって個々の状態あるいは全体の状態が変化する。お互いがお互いの情報となる変化する相互依存の系として一次元オートマトンのシンプルな例を挙げ、生成秩序の形成を見てみることにする。

　以下ではウルフラムの研究[6]に従うことにするが、ここで示される各構成要素は、お互いに影響を与えるが、相手を自分のコントロール下に置き変化させるのではなく、お互いが相手から情報を得てそれぞれが自ら変わること、そして各構成要素それぞれは決して全体を俯瞰しているのではなく、せいぜい近傍で隣接し合う他者の状態から情報を得ていることに留意しておこう。

　一次元に並んだセルを考える。各セルのある単位時間における取りうる状態は、〈on〉か〈off〉かのいずれかの2通りとする。各セルは自分と自分に隣接する左右のセルの状態により、次の単位時間における自分の状態を変化させる。たとえば図3で示したように、自分がoffのとき隣接するどちらか片方のセルがonであれば、次の単位時間には自分がonになる、自分がoffで両隣がonのときは次の単位時間の状態はoffのままとする。このように自分と左右の3つのセルの組み合わせは各セルが2つの状態を取りうるので8通りあるが、それぞれの組み合わせに対して次の単位時間にどのような状態に遷移するかルールを設定しておく[7]。これにより真ん中のセル（自分）は、自分自身と左右の隣接するセルの状態の情報を得て次の時間の状態を決める。

　このセルを横に一列に並べ、時間の経過によりどのように状態が遷移するかをウルフラムは調べた。変化のパターンはウルフラムやラングトンが整理

6　Wolfram, S. *Cellular Automata And Complexity Collected Papers* Westview Press, 1994

7　状態の数を増やしたり、組み合わせの範囲を広げたりすることができる。たとえば2つの状態をとるときに、自分と左右2セルずつの5つのセルを考慮する場合は、$2^5 = 32$通りのルールを決めることによって次の状態に遷移することになる。

図3　一次元オートマトン遷移ルール例

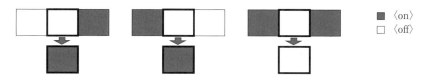

研究しているが、遷移ルールと初期値によって大きく図4のように4つのクラスに分類される[8]。ここで図の横軸は一列に並んだ各セルであり、縦軸は時間であり下に行くにつれ時間が経過していく。各セルが各時間においてonになったところが黒く表示される。

このセル・オートマトンの変化によるクラス分けは、情報の状態についての示唆を与えてくれる。ウルフラムに従えば、

　【クラスⅠ】時間とともにパターンが消える　空間的に一様な状態
　【クラスⅡ】固定した一定の大きさになる　一続きの単純で安定した一定の構造
　【クラスⅢ】一定のはやさで無限に続く　カオティックな非周期的ふるまい
　【クラスⅣ】不規則な成長と収縮をする複雑な局所的構造　伝搬

と分類される。

　パターンの図の横軸を空間的広がりとみなしてみよう。各セルはある地点を表し、白い状態を晴れ、黒い状態を雨と仮定する。このときクラスⅠは、どの地点でも常に晴れであり、天気予報という情報は意味をなさない。地域と天気の相互情報量（情報の価値）はゼロである。クラスⅡは、ある地点は常に雨が降っており、ほかの地点は晴れが続いている状態である。この時の情報量は小である。クラスⅢは天気と地域の相関はなく、まさに下駄を投げて出た天気と同じ状態である。予報はほぼできず情報量は小さいものとなる。クラスⅣは地域を雨が移動していく状態である。天気は地域を移動して推移

---

[8] ウルフラムのクラス分けについては、Wolfram, S. Universarity and complexity in cellular automata, *Physica* D, 10, 1984 pp.1-35. Cellular automata as models of complexity Nature Vol. 311, No.5985, 1984 pp.419-424 等参照。ウルフラムのクラス分類と複雑さの程度（＝相互情報量）についてはラングトンが整理している。Langton, C.G. Computation at the edge of chaos: Phase transitions and emergent computation, *Phisica D* 42 1990, pp.12-37

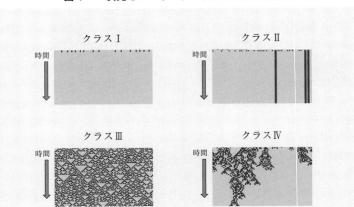

図4　一次元セル・オートマトンのクラス分類

一次元セル・オートマトンの代表的な状態の遷移パターンを図4に示す。クラスⅣに分類される生成変化する秩序の形成が、意味ある情報を浮かび上がらせる。
(作図協力：早稲田大学社会科学総合学術院　輪湖博教授)

する。このとき天気予報の情報量は大きいものとなる。

　on／offの状態をある知識を発信している、いないという状態とすると、クラスⅠは誰も何も知らないか、皆が周知している状態を表す。クラスⅡでは、ある状態に意味を見出し行動する人は決まっているという状態である。情報は伝搬せず、一定の人なり集団なりで保持継承される囲い込まれた知である。クラスⅢはノイズのような無秩序な知であり、知っている・知らないはランダムである。隣の人に知識が伝搬するかに決まりはない。アクセスした人が意味を見出すこともあるし見出さないこともある。これはささいな日常をランダムにアップする無秩序なツイッターやブログのつぶやきにたとえることができるであろう。クラスⅣは、秩序が生成している。知識・情報は、隣の人に伝搬していく。アクセスした人は情報を見出し、行動する。隣の人に伝えるという行動が伝搬していく。

　このクラスⅣの生成秩序の形成はカオスと固定された秩序との境界に当たるいわゆる「カオスの縁」でおこる。このとき必要な情報が必要とする各人

（agent）にもたらされていると見てよいであろう。クラスⅠのように全ての人に行きわたった情報はその時点で情報ではない。また、クラスⅢのように無秩序に情報が氾濫（＝カオス）している状態の中では、情報の価値は相対的に低いであろう。クラスⅡはいわゆる固定的な構造であり、時間の系が止まった状態である。

　複雑系のカオスの縁にあるクラスⅣの状態は、固定した秩序ではなく、常に転変する自生的に生成する秩序の形成を意味する。常に新たなネットワークが構築され，新たな秩序を形成し続けている[9]。これは必要な情報を必要な人々が見出しそれを「利用」している状況と言える。社会の構成員が意味ある情報を見出すことが社会的価値につながるのであり、そのような状況・秩序が現出してこそ情報化社会は社会として有意義なものとなろう（図5参照）。

図5　クラス分類の意味

天気　　　□晴■雨
情報知識　□行動しない
　　　　　■行動する

クラスⅠ 一様 （相互）情報量　ゼロ 天気予報：砂漠はいつでもどこでも晴れ 情報知識：周知 ・誰でも知っていること（誰も知らないこと）	クラスⅡ 固定された秩序 （相互）情報量　小 天気予報：ある地域は常に雨で他は晴れ 情報知識：囲い込まれた知 ・隣の人に情報が伝わらない。 ・アクセスした人が意味を見出せない。 ・ある情報に意味を見出し行動する人は決まっている。
クラスⅢ 無秩序（混沌） （相互）情報量　ゼロに近づく 天気予報：地域と天気の相関なし （下駄の天気予報） 情報知識：無秩序な知 ・知ってる・知らないはランダムである。 ・隣の人に伝わるか伝わらないかには決まりがない。 ・アクセスした人が意味を見出すこともあるし見出さないこともある。	クラスⅣ 生成する秩序（複雑性　カオスの縁） （相互）情報量　大 天気予報：天気は地域を移動して推移する 情報知識：知識の伝搬　情報の伝搬 ・隣の人に情報が伝わる。 ・アクセスした人は情報を見出し行動する。 ・行動が伝搬していく。 情報化社会の意義は、常に新たなネットワークが構築され、新たな秩序を形成しつづけることである

9　複雑系工学のマルチエージェントシステムの研究では、条件によって生成変化する秩序が自生的に形成される一方で、その応用例として、自由放任にするだけではなく新たなプレイヤーの追加などの“社会構造”の変革によって、社会的によい結果を生み出すということも示されている。大内東＝山本雅人＝河村秀憲『マルチエージェントシステムの基礎と応用－複雑系工学の計算パラダイム－』（コロナ社、2002年）第7章等参照。

〈複雑系の含意〉

　セル・オートマトンのモデルでは、初期値（初期配分）と遷移ルール（変換規則）により、全体を制御する存在（＝中央の意思）なしで秩序が生じ得ることが示された。複雑系のカオスの縁において生成する秩序が形成されていくことは、意思のない力学系においても秩序が生じ得ることを示す。このとき生成される秩序は予め定められた目的に則して形成されるわけではないことに留意したい。自生的に創造されるその秩序の形成はルールに従うものの、それがどのような将来図を描くかはその計算複雑性、困難性により予め提示することはできない。

　各構成要素に意思がある場合、自らが初期値（allocation）の設定やルールの変更を行うことができ、ある程度秩序の現出（創発）を意識して作り出していくことができるかもしれない。全体像を意識しなくてもたとえば魚群は各個体が自分の近隣者の行動に従って動くだけでありながら、全体としてあたかも一個の生物かのように障害物や天敵を避ける秩序だった運動を行う例がみられる。

　また、創発された集団の成果自体から各個体が情報を得ることでさらに集団の成果を秩序づけていくことがある。シロアリのアリ塚の形成では、進行中の仕事結果である建築途上のアリ塚から情報を得て、アリ塚形成の次の行動を単純なルールに従って行っていく。行動の成果物からの情報による再帰的活動を stigmergy（スティグマジー）と呼ぶ[10]。この stigmergy に加えて個体どうしの直接的コミュニケーションによって、成果物がより正確で複雑なものを構築できるという指摘が動物行動学においてなされている。stigmergy に加え個々のメンバーに密なコミュニケーションがあることを「密なヘテラルキー（dence heterarchy）」と呼ぶ[11]。

10　ギリシャ語のしるしを表す stigma とはたらきを表す ergon からの合成語でこの用語を最初に用いたのは生物行動学のグラセである。Grasse´, P. P La reconstruction du nid et les coordinations interindividuelles chez Bellicositermes natalensis et Cubitermes sp. La the´orie de la stigmergie: Essai d'interpre´tation du comportement des termites constructeurs. *Insectes Sociaux*, 6（1）, 41-83. 1959
　ラインゴールドはこの stigmergy の考え方を情報論に導入している（Rheingold, H. *Mind Amplifier* TED, 2012）。

第2章　現代情報社会の基本的視点　　41

　特定の秩序を作り出す意思を持って結び付くことによって（＝目的が同一であれば）、センターの制御なしに実際に高度な秩序を創出できる。人間のインテリジェンスをもってすればたとえば共通の目標をもったものが集まり（コミュニティ）、不断の活動を行うことで、より高度な新たな価値創造の活動を行っていくことができるのではないだろうか。情報化時代はネットワークを深化させ（より密なものにし）、共通の目標（成果物を作る）に向かうコミュニティを形成する。個々のメンバーはお互いに、そして進行し続ける共通の目標からその時点の情報を見出し行動する。その行動がまた他のメンバーや共通の目標へ影響を与えていくのである[12]。

　菅野礼司は『複雑系科学の哲学概論』で、「現状維持（慣性）と現状否定（作用）の対立拮抗は、……複雑系の運動・発展に対する観点を転換するものとなるであろう」[13]と述べている。

　カオスの縁にあって不断の生成と不断の消滅が行われ個々がセンターの制御なしに行動し、全体として生成秩序が形成される。各人に意味を持たせ行動を引き起こす情報は、多数の構成要素が関係性を織りなす中で、絶えざる生成と消滅を通して生成秩序を形成していくのである。

　情報化社会では、ITにより多数の人々がネットワークを形成する。複雑系の理論は、個々の構成要素が中央や他者といった外部構造から制御されず、それゆえに多様性が共存できるネットワークの自己組織的自生的秩序の形成を浮き彫りにするのである。

11　Camazine, S., Deneubourg, J.-L., Franks, N.R., Sneyd, J., Theraulaz, G. and Bonabeau, E. *Self-Organization in Biological Systems*, Princeton Univ. presss 2001　カマジン他（松本忠夫＝三中信宏訳）『生物にとって自己組織化とは何か──群れ形成のメカニズム』（海游社、2009年）第4章。

12　ここでSNS等を利用したテロ組織といった否定的な事例を想起されるかもしれない。しかし彼らの活動は組織以外の外部にいる人びとに彼らの価値観を強制するものである。これは、外部を内部化する行為−自分達以外の外部者を自己のシステム下に統制する行為であり、ここで述べていることとは異なる。第1節で述べたとおり内部と外部といった構造関係を越えることではじめて情報化の意義が見えてくる。情報は構造を超越する。固定化しようとする構造に拘泥する限り情報を理解することはできない。他者と相互依存関係にある社会の実相を理解し、対等に多様性を承認し合うことで初めて情報の価値が生じるのである。

13　菅野礼司『複雑系科学の哲学概論』（本の泉社、2013年）p.194。

42

2　自然哲学、自然科学、社会科学の知見

〈シェリング〉

　上記のような自生的な秩序形成の考え方は複雑系の理論以前にもあった。ここでは18世紀の科学の発展期にあって、力学理論を念頭に置いたシェリングの自然哲学の体系を見てみよう。

　彼の自然哲学の考えは次に集約できよう。

> 「自然は見える精神であり、精神は見えない自然であるはずだ。したがって、ここすなわちわれわれの内なる精神とわれわれの外なる自然との絶対的同一性において、いかにしてわれわれの外なる自然が可能かという問題は解決されなければならない。それゆえ、われらが今後の自然探求の最終目標は、こうした自然の理念なのである」[14]

　その内と外の同一性を説く自然哲学は、当時の科学の指示する重力や電磁気力あるいは光学を考察しつつ、存在から生成への哲学として描かれている。

　彼によれば自然の中にある個々の「所産」は、仮象であり絶対的にあるものではなく、自然界に「ある」ように見えるもの一切が「生成」したものであるとする。そして、所産は作用相互間に「最も大いなる自由（相互独立）」と「最も大いなる結合（相互依存）」とが生じ、この「つねに生成している所産」においては「合成過程」と「分離過程」の「連続的交替」がおこっていることを示すのである（『自然哲学体系の第一草案』）。

　この相互独立と相互依存の自然観についてはまさに複雑系のところで見た不断に生成変化する秩序という考え方に合致するであろう。

　所産が存続しているのは、恒常的に「再産出」がされているからである。彼によれば所産は「瞬間ごとに否定され瞬間ごとに新しく再産出される」まさに生々滅々する不断の自己更新である（『自然哲学体系への草案序説』）。

　また、個々のものは、すべて相互に成り立っていること、関係性の中で生

14　松山壽一訳「自然哲学に関する考案」『シェリング著作集1ｂ　自然哲学』（灯影舎、2009年）p.68。以下シェリングの訳語は、灯影舎『シェリング著作集』（2006年－）による。

成していることを指摘している。『私の哲学体系の叙述』によれば物体には実在する諸力が必ず働いており、力そのものが実在の根拠である。そしてそれらは、相互に関係し合うものである。

そしてその相互に依存し合う関係というシェリングの視点に立つとき個々の間の対立（コンフリクト）もまた許容され、消失する。

> 「諸対立がなされうるとしても、それらの対立がすべて、絶対的無差別の立場からみれば、まったく消失しており、自体的には全く存在しないということである」[15]。

シェリングの哲学において多様なすべてのものは相互を前提とする関係性にあり、それらは諸力により不断に変化し実在性を保っていくのである。

関係性の中で常に自己を新たにしつづけるというシェリングの自然哲学体系－自己生成の理論は、200年近くの時を超えた現在の複雑系理論に通じる考え方を示していたのである。そして他者（外部）との相互の関係性の中での自己否定による自己更新は、複雑系のところで述べたとおり、外部からの情報がより重きをなす情報化社会のあるべき姿の指針となるであろう。

〈プロセスの科学〉

情報科学技術が飛躍をはじめる1980年に出版されたエリッヒ・ヤンツの『自己組織化する宇宙』では、当時の科学で起こりつつあった姿勢の転換を「構造中心の静的な見方からプロセス中心の動的な見方への転換」と説明している[16]。

> 「それは〈プロセス中心〉の世界観と言える。これは『堅固』なシステム要素から構成された『構造』を強調する立場とは明確な対照をなす。見方が変われば、引出される結論もまた異なる。ある与えられた空間構造、たとえば機械のようなものがプロセスを決定し、融通をつけていくと考えるのではなく、逆にプロセスの相互作用こそが構造の開放的な進化を導きだすと見るのである。それゆえこの世界観において強調されることは〈成ること〉becomingにほかならない。『存在』beingという

---

15 北澤恒人訳「私の哲学体系の叙述」『シェリング著作集3 同一哲学と芸術哲学』（灯影舎、2006年）p.100。
16 E. ヤンツ（芹沢高志＝内田美恵訳）『自己組織化する宇宙』（工作舎、1986年）p.42。

ことすら、動的システムにおいては成ることの一様相である。……システムはコヒー
レントに進化を続け相互に関連しあうプロセスの集合体と考えるべきで、これら
が平衡とかテクノロジー構成に見られる硬直性とは無縁な大域的安定構造を一時的
に出現させるのだ」[17]。

　存在はすなわち生成である。ここで説かれているのは構造的見方からプロ
セス的見方への転換である。プロセスは外部と交わり自らが変化していくも
のでそこに情報ネットワーク的な考え方が説かれている。構造は機械のよう
に固定されたものではなく、その内部の構成要素どうしあるいは外部とのネ
ットワークによって変化をする。そしてさらに構造自体がまったく別の構造
に変化していく。制御できない外部からの情報により自らがどう変わるか、
それがそれぞれに問われるのである。そしてそれが決定論的な変化や進化で
はないことにここでは留意しておこう。
　あらゆる事象は、生成の中で構造の転変を為し、宇宙の様々な位階での自
己組織化は複雑に絡み合いながら展開発展するが、それは開放された「外」
に接する宇宙であり、可能態である[18]。

　　　「ここでどのような構造が次に現れるのか、あらかじめ定まっているわけではな
　　　い」[19]

　ヤンツの描いた宇宙のプロセスは意識の発現たる人類の知にも当てはま
る。パラダイムの変化もそうだし、情報としての知についてもいえる。

　　　「コミュニケーション・テクノロジーできわめて有効だった従来の情報理論は、確
　　　率度がほぼ一〇〇パーセントの情報についてのみ成立つものであった。しかし自己
　　　組織化するシステムの領域にあっては、情報自体、自らを組織化していく。言換え
　　　れば、新たな知識が生みだされていくのである」[20]

17　前掲書 pp.34-35。
18　「ゆらぎ」といった均衡ないし平衡状態（equilibrium）からずれる系の研究はプリゴジーヌな
　　ど前世紀半ば以降の物理・化学に見ることができる。複雑系と生物進化を研究しているカウフマ
　　ンなども含め前世紀中には既に自然科学各分野で、「非決定論的」な「可能性」の研究が行われ
　　ていたことに留意したい。
19　前掲書 p.44。
20　前掲書 p.45。

第2章　現代情報社会の基本的視点　　45

　情報の意義は、外からそれを得て、自らを変えていくことにある。それによりまた情報が生まれ、新たな知が生成されていく。情報化社会とは、まさにわれわれが社会そのものであり、われわれが自らを創り出すことができるということを意味するのである。

〈ハイエクの感覚秩序、自生的秩序〉

　複雑系理論以前に自生的な生成の理論を経済学において提示していたのが、心理学を研究したこともあるハイエクであった。彼は経済を均衡する構造としてではなく生成する秩序形成として見ていた。

　ハイエクの自生的秩序をこの複雑系が生み出す動きと同義であると捉えなおすことで自由主義、社会主義といった経済主義を超えた彼の理論の立場を理解できるのではないだろうか。冷戦の中で自由主義陣営の代表に祭り上げられたが、彼の著作を精読すれば、主流派経済学の、最適な均衡点に至るから自由主義経済が良いとする立場にないことはわかるであろう。

　心理学の論文となるハイエクの『感覚秩序』によれば生物の感覚器官は、外部秩序からの刺激を解釈する。感覚は、内部により解釈され秩序化された産物である。解釈された意味のまとまりとしての「感覚秩序」は学習＝感覚経験によって変化していく。生物がおかれた外部秩序と生物そのものである内部秩序は相関しあい変化していく。では、人間の「社会秩序」はどうであろうか。人間行動のルール・体系に則って個人は行動するわけであるが、ルールと個人の行動は相関しあいながら、各々が変化していく。ルールの代表は自然言語や習慣、伝統、道徳そして経済などであるがそれらは合目的的に形成されてきた訳ではない。相関し合う行動の変化により徐々に形成されてきたものである。この相互連関や変化の動きは、複雑系の生成秩序が示すように非決定的であり、決して合理主義や理性によって予め把握できるものではない。彼によれば人間は「不可避的無知」の下に置かれているのだ。

　ルールという秩序は絶えず変化し続ける。したがって経済において、合理主義的な経済人による均衡する秩序の招来はありえず、また合理的理性による社会主義的計画による秩序の招来もありえない。前者は自然な秩序形成に

反して効率性・経済合理性という画一的価値観を社会に強制し、後者は歴史性を無視した社会正義という価値観を強制する。ハイエクは自生的な秩序の動きを規制するいかなる恣意的な強制も排除しようとしたのであった。

彼によれば、理性や科学はすべてを解き明かすという〈知〉の絶対性は原理的にありえない。変化というプロセスが大事であり、〈知〉は刻々と変化する。"すべての情報"が明らかになったときに決定される最適価格は、もしあったとしても次の瞬間変化するのだ。このことからハイエクは新古典派経済学の「均衡」という最適点に収束する経済学とは立場を異にすることがわかる。

実際個々人は自分の周りの情報に基づいてのみ行動し、全体の情報をみているわけではないにもかかわらず全体として自生的秩序を形成する。そこで生成される秩序は、全体の需給で決定される"市場価格"に従わされる状態ではなく、個々人に必要なものを各人に応じた価格で取引することである[21]。継続される取引こそが生成する秩序であり、全体として一意に決定される"市場価格"は、まさに均衡し"決定する"すなわち固定化する秩序である。"市場価格の決定"は経済が導くべき生成する秩序ではない 。

ハイエクの自由主義は、人間の自然な営為にゆだねるという意味であり、個々人の行動を市場に一意的に従わせる市場至上主義の経済学ではなく、個々人の主張を尊重した自由主義ではなかっただろうか。ハイエクにとって"競争"は「新しい知識を発見し、人々の意見を形成する手続き」であり、〈未知〉の領域へ個々人を投入するものである。結果的に全員に"市場価格"を強制し弱者を排除するような競争ではない。個々人の行動の根拠となる情報を、生きて変化し続けるルールから読み取り自ら行動する、その自由を尊重し、社会的制約を加えるべきでないというのが、ハイエクの情報的読み方であると考える。ハイエクの自生的秩序は情報を通じて自律的に新たな〈未知〉の秩序を生成していくものととらえることができよう。ハイエクは理論がすべてを予測する合理主義とは異なり、〈不可知〉ということを認めそれ

21　従ってアダム・スミスの見えざる手に導かれる秩序とは異なる。市場全体で一意に決められる価格に従わないノン・ワラシアンの市場は現実に情報化社会で出来ている。後述するように一物多価格という現象が生じている。

ゆえにこそ人間が自由に価値を創造できるのだということを見ていたのである。

> 「現実の完全な説明のために知らなければならないことをすべて知るのは不可能である、ということを知るに足りるだけのものを、実際われわれは多くの分野で学んできているのである」[22]
> 「法則発見の追求は科学的手続きの適切な保証ではなく、すでに限定したような単純現象の理論の一特徴に過ぎない。そして複雑現象の分野においては、原因・結果の概念同様、「法則」という語もまた、その通常の意味を奪うような修正をせずには適用できない」[23]

　まさに、今日の複雑系が単純明快な因果関係を導く理論とは遠いところにあるのと同様のことをハイエクは見通していたのである。

〈ルーマンの社会システムについて〉

　さて、この自生的秩序としての経済については、ルーマンの経済システムの捉え方とも一部通底するところがある。ルーマンの『社会の経済』においては、経済システムは「支払」というコミュニケーションから成る。貨幣の流通という現象、個別の支払という究極要素がコミュニケーションとなるシステムである。支払は次の支払につながる。

> 「経済はそれゆえ、自らを構成する要素を自らつくり出し、かつ再生産しなければならぬ「オートポイエティック」なシステムである。システムの観察と分析のための適切な準拠点はしたがって、「均衡」の理論が示唆するような静止状態への帰還ではなく、システムの構成要素になっている瞬間的な活動－支払がまさにそれであるが－の絶えざる再生産である」[24]

　均衡はありえない。支払は絶えず行われる。それが経済である。なお支払（個別の貨幣の流通行為）の原因（理由）はシステムの「外」すなわち「環境」

22　杉田秀一訳「複雑現象の理論」嶋津格監訳『哲学論集』（ハイエク全集Ⅱ－4）（春秋社、2010年）p.142。同じく自由主義経済の論陣をはるフリードマンの系譜をひくルーカスらの、正確な期待、予測が形成されるという合理的期待形成仮説はこの言葉の対極にあることが分かるであろう。

23　前掲書 p.144。

24　ニクラス・ルーマン（春日淳一訳）『社会の経済』（文眞堂、1991年）p.5。

の側に立つ。経済活動の誘因はシステムそのものの外にある。ある場合、"利潤の最大化という価値基準"はシステムに影響を与える「環境」である。ある場合"市場という制度"は、システムに影響を与える「環境」である。ある場合"競争に勝とうとする心理"はシステムに影響を与える「環境」である。

　ルーマンは、オートポイエーシス的ネットワーク＝関係性に着目した社会システムを説き、システムと環境という視点もまた与えていた。しかしそれは「経済システム」であれば眼前で実際に取引され「支払」が行われている"既にある"経済システムの維持に必要な自己組織化の考え方であり、自生的に新たなシステムを創出する－〈未知〉を生成していく－という考え方とは異なるものである。複雑系の中で「自己の維持」とともに、出てきたもう一方の「自己否定」を肯定するほどまでルーマンは徹底してはいなかったと思われる。

　　　「システムという統一態も、システムを成り立たせているすべての要素も、システムそのものによって生み出される」[25]

　ルーマンの社会科学の対象たる社会システムは、環境と交わりシステム内の変化を確かに受容するものではあるが、しかし一方で環境からは厳密に独立した存在である。環境はシステムの外にあり、社会システム論の外になる。彼の社会システム論は、環境により旧いシステムが一掃され、新たなシステム、〈未知なる〉ものが生まれることを説明するものではないということに留意すべきである[26]。

③　情報化社会の新たな特性

　前節までの考え方を踏まえ、情報化社会の実相を捉え直してみよう。

25　ニクラス・ルーマン（徳安彰訳）『社会の科学1』（法政大学出版局、2009年）p.18。
26　ルーマンが援用したマトゥラーナとヴァレーラのオートポイエーシスはもともと生物－生命システムの自律性、有機構造 organization の維持を説明する概念であったことを想起せよ。

1 所有から利用へ

情報化社会においては、だれもが能動的に情報を取得することができるようになった。それはすなわち各人が情報に、各人にとっての意味を自ら見出すことである。そして情報が意味を持つとは、情報が利用されるということである。

情報は財に対比されるであろう。財は利用されるものであるが、一方で所有されることにより価値を持つようにも見える。しかし財とは本来それを利用することで初めて効用を得るものであり、効用を生まない財は本来取引されないであろう。財の所有に価値があるのは将来それを利用できるという担保があるからである。情報もまたそれを保有しているだけでは効用がなく、必要な人に伝わり利用されることで初めて価値を生む。所有されるだけの情報は価値を生まない「非情報化する情報」という自己矛盾したものとなる。

既存の経済学においては、財は資源であり稀少性を持つ。この稀少性から価格が生じる。その稀少資源を最適配分するのが最適市場経済である。この時、競争を経て一意に各財の最適市場価格が決定される。その価格の下で当該稀少物資を配分し、所有する者と所有しない者を決定する。

しかし、財が十分にあれば一意に市場価格を決める必然性はないであろう。情報は占有物ではないので、一意に市場価格が決められ取引されるものではない。また稀少な財を囲い込んで占有すること（他なるものの排除）により近代の競争が発生するのであれば、ポスト近代の情報化社会はそのような囲い込み－内へ包摂し（inclusion）外を排除する（exclusion）－ことを否定した、〈競争〉ではない〈共生〉を実現するものであるべきであろう。多元的共存は情報化社会であるからこそ可能でありうる。情報化社会においては価値実現の手段は、競争により獲得する稀少性のある物質的財・情報の「所有」ではなく共生可能な稀少性のない情報の「利用」にあるのではないだろうか。

現実に、IT により Wikinomics[27]経済という持たざる経済活動、資本の集

---

27 Wikinomics は社会的ネットワークを通じた協働についてタプスコットとウィリアムズによって提唱された概念。Wiki は web 上のコンテンツをだれもが編集できるようにするシステムの名称。そのソフトウエアや作成されたコンテンツ自体も指す。

積なしの経済活動が胎動している。

　どこからでも情報端末がアクセスできるオフィス環境では職場の固定されたデスクは消失し（デスクレス）、また職場の外からフリーにアクセスできるビジネス環境が整えば、オフィスすら不要になる（オフィスレス）。多様化した商品に対応するため都度ラインを組み替える古典的工場は費用も手間もかかるため、必要に応じて必要なラインを外部利用する工場を持たないメーカ（工場レス、ファブレス）が生まれている。またオープン化やクラウド化の進展で業務の中身はネットワークの雲（クラウド cloud）の向こう側に消え、各職場用に整備されていた大型コンピュータやワークステーション、個別業務システムを持つ意味はなくなってきている。各人に支給される入力・表示端末を除き、IT 機器さえ職場から消失しているのである（シンクライアント、ゼロクライアント）。

　コンピュータに蓄積されたナレッジはやがて従業員の業務も代行してくれるようになるであろう。IT ベンダーはいまやハードウェアや個別業務システムがその主要な商品ではなく、ITO（Information Technology Outsourcing）や BPO（Business Process Outsourcing）などビジネスを丸ごと請け負うサービスを提供する。オペレーションは人工知能が代行し、ソフトウェアが現時点で追い付いていない専門知（翻訳や設計、デザインなど）は IT ネットワークを通じて世界中にいる個人専門家に都度委託される（クラウドソーシング Crowdsourcing）。企業に従業員は不要になりつつある（従業員レス）。また実物の資源や現実の地理的空間を保有する必要のないシミュレーションやヴァーチャルリアリティの技術はすでに各産業各分野で広く応用され、多くの人々がネットを介してサイバースペースを利用できる環境も出来している。

　資本がなくても特定の目的（プロジェクト）ごとに、その主旨に賛同した人々から広くネットを通じて資金を調達するクラウドファンディング（Crowdfunding）は、企業の事業活動ばかりではなく、個人から行政機構まで社会各層の様々な分野の活動で幅広く普及しはじめている。

　これらは所有から利用への象徴と言えるであろう。

　情報化社会の経済はこれまでの資本や資源の集積から、それらの分散といった Wikinomics の形態に変容していくであろう。それは持たざる経済であ

第2章　現代情報社会の基本的視点　51

り、ネットワークを通じて人々が協働することから実現する経済である。新しい結びつきが新しい価値を創造し、それらがシンクロナイズして拡大していくのである。

タプスコットとウィリアムズの研究によれば、Wikinomics の原則は(1)コラボレーション(2)オープン(3)共有(4)倫理(5)相互依存である（『マクロウィキノミクス』)[28]。必要な人が必要なものを必要な時に利用する開かれた相互に依存する協働の考え方である。

2　多様性・多元的社会の実現

Wikinomics 経済はまた、マスな需要ではなく、個々別々の対応をする活動へのシフトも意味する。オーダーごとに対応したラインやスタッフをその都度ネットワークの向こう側に用意し対応する。情報処理能力の向上はそれまで不可能であった多様なニーズへの対応を可能にしたのだ。コンピュータは人間の能力（人的資源）の限界ゆえにマスな対応をしなければならなかった状況を変えた。限られた資源や予算であればその配分を一意に決めなければならない。稀少な資源の配分はそれから生じる対立を調整する必要があった。しかしコンピュータは人的資源（労働力）の限界を除去し、それに伴い少なからぬ財の稀少性もまた除去するのである。稀少資源の配分においては一つの解を求める意思決定の理論は必要であるが、資源が十分にあれば意思を一つに決定せずに多様な対応が可能なのである。

Amazon.com に見られるように、IT の普及は、一つの商品に一物一価を要請する旧来の資本市場を変化させ、一物多価格の市場[29]を実現化した。ビッグデータの活用－データマイニング技術により数多くの蓄積されたデータ

28　Tapscott, D. and Williams, A.D. *Wikinomics: How Mass Collaboration Changes Everything* Portfolio Hardcover, 2006（タプスコット、ウィリアムズ（井口耕二訳）『ウィキノミクス マスコラボレーションによる開発・生産の世紀へ』（日経 BP 社、2007年）Tapscott, D. and Williams, A.D. *Macrowikinomics: Rebooting Business and the World* Portfolio Hardcover, 2010（タプスコット、ウィリアムズ（夏目大訳）『マクロウィキノミクス フラット化・オープン化・ネットワーク化する社会をいかに生きるか』（ディスカヴァートゥエンティワン社、2013年))。

29　Amazon の書籍でいえば、同じ本でもニーズにより様々な価格が付く。たとえば傷があっても読めればよい人と、初版第1刷本の蒐集者では取引価格は異なってくる。

の中から埋もれたデータを引き出す－は、これまで無視されていた一つ一つが微小な個別ニーズをビジネスに引き上げる。マスなニーズに対応する商品は、種類は少なくても市場で大きな割合を占める。しかしそれは数多く存在する一つ一つが小さなニーズを一括りにし、無視していたからである。様々なミクロなニーズ（市場のロングテール）を積み上げると、実は大きなビジネス市場になる。それらを市場に拾い上げるのは人間の労力ではコスト・時間がかかるものであったが、IT はそれらの市場を現実のものとした。これからの経済はきめの細かいオーダーメイドな経済へと移行していくであろう[30]。

　稀少な財は物理的に誰かに占有されてしまうが、情報資源そのものについては多くの人が同時に利用可能である。そして共有された一つの情報は各人にとっての意味を持つのであるから、多様な価値を社会の中に実現する。情報化社会の一つの特徴は、各人が各人の意味を主体的に持ちうる多様で多元的な社会を受容できるということである。

　多元的存在は、経済においては多品種多価であり、政治においては地域特性に応じた特区であり、文化においては異質文化の受容である。組織においてはアドホクラシーであろう。事実これらは情報化の進展でより推進された。

　また、生命科学分野においても、コンピュータを利用した膨大な量のゲノム情報処理の実現は、これまでの統計的一般的な多数を対象とする一方的な医療や薬剤の提供から、個々人の体質、遺伝情報といった個別的な、生命科学的"個性"に対応したオーダーメイド医療やゲノム創薬といったものへ変革をもたらしつつある[31]。教育においても一律な集合教育ではなく個人の適

30　情報端末上の購買・閲覧記録に基づくポップアップ広告などの one to one マーケティングは既に皆が目にするところのものとなっていよう。Ｂ２Ｃ（Business to Consumer）のマスマーケティングが主流であった取引でも商品ラインナップの多様化やカスタマイズ商品の拡大が進み、購買者の嗜好に合わせた財・サービスを提供するための顧客データベースは、企業の最も重要な情報資源の一つとなっている。マスな対応ではない、個々人が個々別々の財・サービスと向き合うより身近な例としては、ネットオークションやフリマアプリを通じた CSC（Consumer to Consumer）の新しい流通形態を挙げることができるであろう。

31　重篤な薬害の中には個人ごとに異なる遺伝子に起因する事例がしばしば見られる。一律なマス

性データに合わせた多様な教育が施されるべきではないだろうか。IT は平均的多数を対象とするマスな学校教育をより柔軟なものへ変えていくであろう[32]。これらも多様な情報化社会の象徴である。

3　移動性

社会は必ず「外」と空間的にも時間的にも交わる。外部は内部に関与するが、内部は外部に働きかけはできるが制御はできない。したがってシステム論においては「外」は与件となり顧慮されないのである。なぜなら「外」は「システム外」だからである。

一方社会システムの構成員となる各主体もまた各々「外」と関係を持つ。主体はそれまでいた社会を抜け出し、まったく別の社会に移動できる。主要なメンバーが抜け出し崩壊する社会・共同体もまた想定されよう。社会のメンバーは常に入れ替わりうる。特に情報化社会においては一つの社会からの移動に注意が払われなければならない。一つの構造社会を永続させる価値観は近代の先端においてもはや存在しない。もちろん個々の社会構造がすべてなくなったわけではない。それらは絶えず流動化しているのだ。システム論をもう一段超えて、個々の主体が個々の社会を超える状況を踏まえて現代を語る必要があるのである。

個々人は一つの固定的な社会の中に留まるのではなく、多様で多元的な社会の間を移動していく。個々人は常に移動し異なる社会の形成に参画する。ジョン・アーリの『社会を超える社会学』は、「society より mobility を中心に据える社会学の再構成」[33]を説いている。

この mobilities の視点は、IT ネットワークが進展する環境において個々

に対応した治療・投薬ではなく個々人ごとに異なる遺伝子情報に対応することで、薬効のない患者への投薬や副作用等の弊害を防ぐことができる。

32　デジタル機材を活用することで、教員や設備の制約から全員に一様な教育を教室で実施しなければならない状況を変えることができる。時間や場所の制約を除去するばかりでなく、集合形態の教室においても、すでに一人の教師が同時に複数の生徒を相手に個々人の学習進捗状況や理解力に応じた教材、指導方法をとることを可能にしている。

33　J. アーリ（吉原直樹監訳）『社会を超える社会学──移動・環境・シチズンシップ』（法政大学出版局、2006年）p.368参照。

54

の主体が固定された一つの社会に留まらないことを示唆する。

> 「種々の自己組織システムが現代の社会ネットワークを拡げ、再組織化している。その結果、時間と空間が劇的にたわみ、ネットワークがより流動的になり、そのようにして動的なシステムが生じているのである」[34]

　各社会がmobilityに移行するということではなく諸社会はやはりそこに生成消滅しながらあり続けるであろう。社会という存在自体が消滅してしまうのではなく、各主体は生々滅々する諸社会を移動していく。そして各主体の移動自体も流動的な相互依存にある。諸社会とmobilitiesは相反する概念ではなく、それらは生成変化消滅を繰り返しながら同時にあるのだ。

> 「『諸社会』は他の『諸社会』との関係においてのみ理解することができ、その両者は、過去二世紀のあいだ、相互依存的に構成されてきた」。「さらに社会は、かならずしも始原的な中心をめぐって組織されるわけではなく、部分的には主体とともに客体をとおして構成されるのであり、またその境界はあなだらけでのものであるため、何がそのような社会の周縁を構成しているのか特定することは困難なのである」[35]。

　つまり、諸社会は相互依存的であり、内部だけで閉じているわけではない。外部と交わるいわば開集合のようなものであったのだ。それが故に社会は常に流動していたのだが、情報化社会の進展、輸送機関の発展により、社会を構成する主体の移動が容易になり、移動ということを無視することはもはやできなくなったのである。

　各主体は社会を移動するがそれは一つの社会への移動とは限らない。量子的存在のごとくに複数の社会に生成しうる。各主体はメンバーとなる社会を一つに固定するのではなく多様な社会を生きているのである。より踏み込んで言えば各主体は、与えられた社会の中にいるものではなく、諸社会に働きかけ自ら諸社会を創成しているのである。

　アーリが捉えた「ネットワークとフロー」の進展は、「社会学の言説にお

34　前掲書「日本語版への序文」p.xv。

35　前掲書　p.32。

いて一般に、自己再生産的な力を持つものとされてきた内発的（endogenous）な社会構造」[36]の見方を超越するのである。情報化社会それ自体が内発するのではないのだ。輸送力の発展や情報化は、社会内の各主体がその外部と交わる所要時間を縮小し空間範囲を拡大する mobilities への触媒にすぎない。社会内の各主体が、特定の社会を越えたネットワークにより創発するのである。相互依存的な脱中心化した移動によるネットワークの創出が各人の多様な価値を創造、実現化していくのである。

　構造の中に閉じ込められていた各主体は「移動」する。外部に積極的にかかわることで構造を打破するのである。脱領域、脱中心、脱構造のコンテクストから、構造的な上からの変化ではない自生的な創造の動きが出てくるのである。

4　協働の発現

　共通の問題意識や目標を持った複数の人々が中央の制御なしに（強制的に結びつけられるのではなく）、自発的にネットワークを形成し集団を形成することで全体として有利に働き、協働が発動する。

　多様性が受け入れられることで、一元化される社会の中では無視・排除されていた人々がその存在基盤を確保する（「私」は結びつくことで「われわれ」になり、マイノリティの特質をアイデンテティとして宣言できる）。散らばっていたマイノリティの人々が IT ネットワークを通じて地域的制約を超え、マスすなわち「われわれ」になりうる。これらの人々がコミュニティを形成すると、共通の課題・目標を持っているので、動物行動学でいう stigmergy により協働が発動する。そこでは共通の課題ゆえに positive な協働が選択増幅され、negative な選択は排除されるであろう。この stigmergy については、動物社会学から情報分野などへその概念が広がってきているところであり、群ロボットの stigmergy による構造物の構築という研究成果も報告されている[37]。多くの独立した構成要素＝ロボットは、全体をコントロールする指

36　前掲書　p. 2。

37　Werfel, J., Petersen, K. and Nagpal, R. Designing Collective Behavior in a Termite-Inspired Robot Construction Team, *Science*, vol. 343 no. 6172, 2014 pp. 754-758

令、他メンバー全体の状況の把握なしに、単純なルールと自分の周りの情報だけで構築物を作り上げる。共通の達成目標に向けた単純なレベルの規則が高レベルな結果を自生的に生むのである（ここでの作業ロボットは高度にプログラミングされたものではなく low-level なルールで動く単純なものであることに注意）。

　人間の具体例として有名なのは、「底辺からの経済的および社会的発展の創造に対する努力」によりノーベル平和賞を受賞したムハマド・ユヌスとグラミン・ファミリー企業のソーシャルビジネスなどの活動であろう。

　居住する地域社会に問題があれば、その地域社会を超えて社会状況を改善するのである。脱領域、脱中心、脱地域といった行動を物理的にとることのできない弱者はネットワークで地域社会を超えて連携する。物理的に身体を動かさない mobility を、IT ネットワークが実現する。全体の社会的発展を企図しなくても個々の社会的課題解決に向いた単純な行動が全体のレベルを押し上げるのである。

　stigmergy には女王アリの命令は不在である。ここで脱中心であるということがポイントである。センターがその指令により他を支配して固定化した組織構造体を形成するのではない。グラミン銀行は底辺からのネットワーク形成により作られたのであった。

　新しい結びつきは創造の可能性を拡大する。カオスの縁に活動があれば、新しい価値の創造可能性が拡大増殖していくのではないか。時々刻々社会に新たなネットワークが形成され目標成果を出すのではないだろうか。そのさい全体あるいは他の存在を侵害する不適切なコミュニティ、協働の目標に逆行する不適切な効果は生成される前に除去補正される。財をやりとりする経済では、財の稀少資源性から、最適配分に至った後は、誰かを不利にしない限り状況の改善はしない。そこに他者の侵害が生じた。しかし目標を同じくする稀少性のないオープンな情報を共有できるコミュニティでは、いわゆる経済学が説くパレート配分という概念が成り立たないため、他者の侵害なく状況の維持・改善が行えると考えられる[38]。

38　エリノア・オストロムは *Governing the Commons* で共有資源 CPR（Common- Pool Resource）を管理する世界のコモンズの具体的事例から以下の長期継続するコミュニティの原則を導出した。

第2章　現代情報社会の基本的視点　　57

　ソーシャルキャピタルという概念は、「移動」の時代にあっては、特定の固定された社会内のものや効率性を高めるというものではなく、諸社会をまたぐ活動、外と結びつく活動であり、たとえばクラウドファンディングに見られるように一つの価値（経済的価値）ばかりでなく、文化的社会的価値にも目を向けた、課題解決、諸価値の実現を行うものととらえなおす必要があろう。ソーシャルキャピタルを醸成する「信頼」と「規範」というネットワークはまたビジネスにおける実践（プラクティス）コミュニティにも共通するものである。ウェンガーらは、企業組織ビジネスにおいて中枢的な役割を担わせるべきものとして「実践コミュニティ」、すなわち、「あるテーマに関する関心や問題、熱意などを共有し、その分野の知識や技能を、持続的な相互交流を通じて深めていく集団」[39]をあげている。これは古来よりどこの社会にでもあるものではあったが、現代社会で機能不全に陥っている固定的、保守的な企業・組織体には、特に顧慮する必要があるものであろう。固定的な組織を超えたタスクフォースチーム等がIT技術の普及で企業間、組織間で組まれることはしばしばみられるようになった。知識の創造はビジネスにおい

1．Cleary defined boundaries　メンバーが明確であること
2．Congruence between appropriation and provision rules and local conditions　メンバーの（時間・場所・技術・リソース量等の）受取条件、（労働・材料・資金等の）提供条件が地域の特性条件に合っていること
3．Collective-choice arrangements　メンバーは集団のルールの策定に参画できること
4．Monitoring CPRの状況とメンバーの行動についてのメンバー自身による監査
5．Graduated sanctions　メンバー自身による程度に応じた罰則
6．Conflict-resolution mechanism　すぐに紛争解決する場が設けられること
7．Minimal recognition of rights to organize　公権力からは最小限の承認のみうけること　ガバナンスは組織自身が行うこと
8．Nested enterprises　多層的な事業体であること
彼女の示唆に従えば、共有地の悲劇をもたらす稀少で有限な資源の所有、経済的価値・自由の優先、個人利益の追求、競争、参加の自由（目的を侵害する者も含むあらゆる人への開放）ではなく、それと対照的な、稀少性のない情報の利用、経済以外の価値・自由、多様性の受容、コミュニティの共通目的・共生の追求、協働、共通目的を持つ人の参加（明確なメンバー）といったことがネットワークコミュニティを維持するポイントとなろう。
Ostrom, E *Governing the Commons: the Evolution of Institutions for Collective Action,* Cambridge University Press, 1990参照。
39　ウェンガー他（野村恭彦監修、櫻井祐子訳）『コミュニティ・オブ・プラクティス』（翔永社、2002年）p.33。

ても社会においても重要なことである。この実践コミュニティは社会全体に
敷衍化できる。

> 「コミュニティ組織化の手法は、自発的な推進活動を重視し、また場所や所有構造
> で規定される境界ではなく、実践を基にして体系づけられている。そのため、とり
> わけ市場や社会への適用に向いているのである。」[40]
> 「この世界を一つの学習システムとみなすならば、その中にあるさまざまな実践コ
> ミュニティの集まりを思い描くことができるはずだ。つまり異なるレベル（たとえ
> ば地区、市、地域、国家、世界）での市民のさまざまな実践に焦点を当てたコミュ
> ニティが織りなす、世界に広がる網（world wide web）である。この広範な学習シ
> ステム全体が、社会関係性資本の基盤となり、地球規模の学習を促し、社会経済的
> な成果を改善するのだ」[41]

　柔軟性を持ち世界に広がりうるこの実践コミュニティにより「市民セクタ
ーの能力を構築できる」[42]。自発性、多元性、移動性、協働といったソーシ
ャルキャピタルとしてのネットワークコミュニティが創発していくのであ
る。企業のような組織体でもより広範な社会でも自発的なネットワークの動
きを抑え込む固定的な旧態依然のルールや価値体系は打破すべきものである
ことは経験上皆が首肯するところではないだろうか。

④　情報化社会に求められること－自己変革と価値の創造

　情報化された社会においては上に述べてきたように固定的な「構造」を超
えた柔軟に変化する「情報」的視点が必要である。
　多元的なインター社会における個々の主体（個人、組織、コミュニティ、自治
体、国家、地域ブロック、グローバル社会）が水平的垂直的な制約を超えて各々が
主体的に移動・交流しつつ、変化をし続けている。地域に問題があれば地域
の外に「情報」を見なければならない。しかしそれは外なるものに合わせる
ことでは決してない。地域を振興するという時に、地方がミニ東京になるこ

40　前掲書　p.332。
41　前掲書　p.329。
42　前掲書　p.319。

とは地域の活性化につながらないであろう。多元的な地方文化それぞれが培われた文脈を生かして、外に取り込まれ流されるのではなく外を「利用」する視点が必要である。

都市生活者はしばしばその日常を抜け出し、多様な文化に触れ日常と異なる時間を過ごすために移動・旅行する。地域に残る多様性は十分考慮されなければならないであろう。画一的な経済性や合理性といった近代の価値は、都市生活者にとっては〈既知〉であり、多様な地域独自の文化が〈未知〉となる。〈未知〉を求めて人は時間と空間を移動するのであった。

その〈未知〉が残る地方にとって、効率性・利便性といった都市の価値基準は「自己ならざるもの」であろう。外部との関係性の中でコミュニティが持続するためには「他なるもの」にならって与えられたものになるのではなく、それと交わりながら、常に「他ならぬ自己」を変革し、常に「未知なる自己」を創り出していくことが必要である[43]。

情報とは「未知なる自己」を創り出すことに資するものである。

ここで情報化を進める IT を導入すれば自動的に様々な課題が解決し、必然的に良い社会になるといった思考、あるいは逆に IT は、全てを合理化し人間関係を希薄にするもので、悪い社会をもたらすといった議論はいずれも的を射ていないことを確認しておこう。価値を創造する「情報」の意義を理解するとき、それを処理する IT は、人間と機械をつないで不合理性を排除して効率化を推し進めるためのものではなく、人間と人間をつないでその関係性を広げ深めることに資するべきものであることがわかる。

ハイデガーは『技術への問い』で近代技術の本質を「Ge-stell（徴発性）」であるとした。われわれはこの技術の「徴発性」によって走らされ、技術を開発させられている。しかし経済的効率性の追求や競争至上主義といった考えの前にこの技術の本質が顧みられることはまずない。

43　日本人にとってありふれた日常の風景が、海外のレビューサイトや SNS を通じて"自生的"に紹介され、外国人向けの観光資源となっている事例を想起すべきであろう。日本人観光客にも人気のあるヨーロッパの街並みの魅力はそれらが持ち続けている個々の歴史性・文化性にある。しかし一見不変に見えるその街並みの中での生活は決して中世の暗黒都市のままではないであろう。文化は常なる否定と常なる創造の上に成り立っている。現状の維持と否定の拮抗するところに今現在の価値が生み出されるのである。

科学技術と相対するとき、それが対象とする社会や自然の全体性や相互依存性といった本質を十分に理解し、生活世界の現実の中で、どのようにそれとかかわって行動すべきか深く考察することが必要である。われわれは、技術と人間・社会・自然との外観的な関係性とともに人間精神の内観的な視点を持ち、生活世界における技術の本質といったことに十分な思いをいたさなければならない。

情報の意義を認識し、また技術の本質を意識して、それがもたらす関係性の構築機会（情報機会）の拡大をうまく利用すれば、多様な価値を社会の中で実現でき、共通の目標を持ったコミュニティが協働による効果を発揮するであろう。

対等な他者との関係を承認し、主体が自ら判断し他者に働き掛けることに情報の意義があった。社会は自己（内部）の制御できない外部と関係性を持つものであると自覚し、外部を受容しつつ自らを発動していくことが、情報化社会における新たな価値の創出につながる。その可能性を切り拓くため、多様で多元的な社会における各人の能動的行動とそれを可能にする社会情報基盤の整備が求められる。

地域に価値を創り出す計画を策定するに当たってはそのような視点が必要であろう。

参考文献

Camazine, S., Deneubourg, J.-L., Franks, N.R., Sneyd, J., Theraulaz, G. and Bonabeau, E. *Self-Organization in Biological Systems,* Princeton Univ. presss 2001 ［カマジン他（松本忠夫＝三中信宏訳）『生物にとって自己組織化とは何か―群れ形成のメカニズム』（海游社、2009年）］

Grasse´, P. P La reconstruction du nid et les coordinations interindividuelles chez Bellicositermes natalensis et Cubitermes sp. La the´orie de la stigmergie: Essai d'interpre´tation du comportement des termites constructeurs. *Insectes Sociaux,* 6 (1), 41–83. 1959

Hayek, F.A. *The Sensory Order-An Inquiry into the Foundations of Theoretical Psychology,* Routledge & Kegan Paul Limited, 1952 ［F.A. ハイエク（穐山貞登訳）『感覚秩序』（ハイエク全集Ⅰ－4　西山千明＝矢島欽次監修）（春秋社、1989年）］

Hayek, F.A. The Theory of Complex Phenomena, in M.A.Bunge（ed.）, *The Critical*

Approach to Science and philosophy,Esssays in Honor of K.R.Popper, 1964［F.A. ハイエク（杉田秀一訳）「複雑現象の理論」嶋津格監訳『哲学論集』（ハイエク全集Ⅱ－4　西山千明監修）（春秋社、2010年）］

Heidegger, M. Die Frage nach der Technik, *Vorträge und Aufsätze.* Günter Neske, 1954［M. ハイデッガー（関口浩訳）『技術への問い』（平凡社、2009年）］

Jantsch, E. *The self-Organizing Universe: Scientific and Human Implications of the Emerging* Paradigm of Evolution, Pergamon Press, 1980［E. ヤンツ（芹沢高志＝内田恵美訳）『自己組織化する宇宙』（工作舎、1986年）］

Langton, C.G. Computation at the edge of chaos: Phase transitions and emergent computation, *Phisica D* 42 1990, pp.12-37

Luhmann, N *Die Wirtschaft der Gesellschaft,* Suhrkamp, Verlag, 1988［N. ルーマン（春日淳一訳）『社会の経済』（文眞堂、1991年）］

Luhmann, N *Die Wissenschaft der Gesellschaft,* Suhrkamp, Verlag, 1990［N. ルーマン（徳安彰訳）『社会の科学1・2』（法政大学出版局、2009年）］

Ostrom, E *Governing the Commons: the Evolution of Institutions for Collective Action,* Cambridge University Press, 1990

Schelling, F.W.J. *Ideen zu einer Philosophie der Natur* Breitkopf und Härtel1797［シェリング（松山壽一訳）『自然哲学に関する考案』『シェリング著作集1b　自然哲学』（灯影舎、2009年）］

Schelling, F.W.J. *Erster Entwurf eines Systems der Naturphilosophie. Zum Behuf seiner Vorlesungen* Christian Ernst Gabler 1799［シェリング（澁谷理江訳）『自然哲学体系の第一草案』『シェリング著作集1b　自然哲学』（灯影舎、2009年）］

Schelling, F.W.J. *Einleitung zu seinem Entwurf eines Systems der Naturphilosophie. Oder: Ueber den Begriff der speculativen Physik und die innere Organisation eines Systems dieser Wissenschaft.* Christian Ernst Gabler 1799［シェリング（後藤正英訳）『自然哲学体系への草案序説』『シェリング著作集1b　自然哲学』（灯影舎、2009年）］

Schelling, F.W.J. Darstellung meines Systems der Philosophie *Zeitschrift für spekulative Physik* Hrsg.: F.W.J. Schelling, Bd. 2. 1801 Seiten III-XIV［シェリング（北澤恒人訳）「私の哲学体系の叙述」『シェリング著作集3　同一哲学と芸術哲学』（灯影舎、2006年）］

Tapscott, D. and Williams, A.D. *Wikinomics: How Mass Collaboration Changes Everything* Portfolio Hardcover, 2006［タプスコット、ウィリアムズ（井口耕二訳）『ウィキノミクス マスコラボレーションによる開発・生産の世紀へ』（日経BP社、2007年）］

Tapscott, D. and Williams, A.D. *Macrowikinomics: Rebooting Business and the World*

Portfolio Hardcover, 2010 ［タプスコット、ウィリアムズ（夏目大訳）『マクロウィキノミクス フラット化・オープン化・ネットワーク化する社会をいかに生きるか』（ディスカヴァートゥエンティワン社、2013年）］

Urry, J. *Sociology beyond Societies-Mobilities for the twenty-first century,* Routledge, 2000 ［J. アーリ（吉原直樹監訳）『社会を超える社会学―移動・環境・シチズンシップ』（法政大学出版局、2006年）］

Wenger, E. McDermott, R. and Snyder, W.M. *Cultivating Communities of Practice* Harvard Business Press 2002 ［ウェンガー、マクダーモット、スナイダー（野村恭彦監修櫻井祐子訳）『コミュニティ・オブ・プラクティス』（翔永社、2002年）］

Werfel, J., Petersen, K. and Nagpal, R. Designing Collective Behavior in a Termite-Inspired Robot Construction Team, *Science*, Vol.343 No.6172, 2014 pp.754-758

Wolfram, S. Universarity and complexity in cellular automata *Physica* D, 10, 1984 pp. 1 - 35

Wolfram, S. Cellular automata as models of complexity *Nature*,Vol.311, No.5985, 1984 pp.419-424

Wolfram, S. *Cellular Automata And Complexity Collected Papers* Westview Press, 1994

井庭崇＝福原義久『複雑系入門』（NTT 出版、1998年）

大内東＝山本雅人＝河村秀憲『マルチエージェントシステムの基礎と応用－複雑系工学の計算パラダイム－』（コロナ社、2002年）

菅野礼司『複雑系科学の哲学概論』（本の泉社、2013年）

田村正勝『新時代の社会哲学―近代的パラダイムの転換』〔新装版〕（早稲田大学出版部 2000年）

難波田春夫『危機の哲学』（難波田春夫著作集３）（早稲田大学出版部、1982年）

西垣　通『続基礎情報学』（NTT 出版、2008年）

第 3 章
計画行政と政策情報
——地域計画における「計画」と「情報」——

1 はじめに

　現代社会では、まず「計画」をつくり、それにもとづいて行動するという発想が、個人から、家庭、企業、政府に到るまで広く浸透している。公共政策を扱う行政の世界でも、計画を策定することは、ごく当たり前のことになっており、ほとんどすべての分野で「行政計画」が策定されている。この点で現代社会は、「計画主義社会」であるといえるだろう。最近では、計画を策定すれば、それだけで問題を解決したことになるかのような議会答弁も見受けられる。

　しかし、そもそも「計画」というものは、それ自体が目的ではなかったはずである。特に行政計画は、政府・地方公共団体の「手段」ではあるが、本来は国民・市民のためのものではなかったかと改めて思うのである。

　また、現代社会は、「情報」が、政治、経済、社会、市民生活に決定的な影響を与える「ネット社会」である。ネット社会における行政計画の形成プロセスでは、「情報」がどのように発信、伝播、受信されて政府・地方公共団体における意思決定に影響をあたえ政策決定を左右しているのかという視点からの分析が必要になっている。

　そこで本章では、日本の計画制度の政策システムとしての機能を分析する視点から行政計画における「計画」と「情報」の問題を論じることにしたい。

2 先行研究

　まず、行政学における計画行政の研究については、最近では計画制度それ自体を扱った論稿は多くない。むしろ高度成長期に公表されたもので注目す

べきものが多い。

　たとえば、1972年発行の日本行政学会の『年報行政研究第９巻』では、「行政計画の理論と実際」が統一テーマであった。当時は、高度経済成長のスタートアップの時期で、各分野の行政計画が続々と策定されていた時代であり、行政学会においても行政計画の概念、機能、将来展望が熱心に議論されていたのである。行政学者の西尾　勝は、「計画機能の導入、「計画」と呼ばれる規範形式の活用は現代行政の普遍的な趨勢ともいえる」と指摘し、池田内閣の「国民所得倍増計画（1962年・昭和37年）」が「GNP 信仰」の起点を形成し、これを受けた「全国総合開発計画」が中央と地方の双方に開発ブームを惹き起こしたことを強調する。それは、政府が「自由主義経済体制」から「政府計画（governmental planning）」による「混合経済体制」に移行し、政府が国民経済の管理に責任を負う時代になったことを意味するという〔西尾 p 3 ～ 4〕。

　また、政治学者の松下圭一は、1981年発行の『年報行政研究』第15巻所収の論文「市民・情報・行政」で、市民主権による行政の再編の視点から行政と市民と情報のあり方を論じている。松下は、情報化によって行政イメージが、国主導による一体的行政から基礎行政、補完行政、基準行政の三層制に分節し、自治・参加・分権による市民行政へと転換することを予想した。また、松下は、行政情報の流れを、市民間の討論という行政機構から自立している「市民情報流」、市民と行政機構をつなぐ「参加情報流」、行政機構内部の「庁内情報流」の３つに分け、市民自治の制度化は、「市民情報流」を土台とした「参加情報流」の制度化であると主張した。さらに「情報」を「争点情報」、「政策情報（基礎情報・理論情報）」、「制度情報」に分け、これらの情報を政策決定の「前」に整理・公開する「考える広報」の重要性を指摘した〔松下 p 1 ～30〕。

　当時は、行政の「情報化」もまだ始まったばかりであったが、高度情報社会の到来を予見し、政策と情報に関する本質的な論述を展開しながら「考える広報」など今後の方向性を主張した先見性に満ちた論稿である。これらの議論は、現在でも傾聴に値する論旨が多い。

　次に都市計画、まちづくりの分野から英国のパッツィ・ヒーリー（Patsy

第3章　計画行政と政策情報　　65

Healey）をあげたい。パッツィは、「計画（planning）」とは、「人々が暮らし働く場所をつくりだし、よりよいものに更新すること」であり、そこでは「場所のガバナンス（place governance）」、すなわち「場所の質に影響を与える意図的なマネジメントや開発行為」が大切であるという。「場所の質」とは、「暮らしを取り巻く物理的環境を経験し、そこからある種の意味を見いだすことから生まれてくるもの」であるという。そして、二十世紀後半に実践されてきた狭く還元的な「計画システム（planning system）」から「計画プロジェクト（planning project）」すなわち「ある特定の方向性や視座を持って場所のマネジメントや開発を進めるアプローチ」の真意を再び問い直そうとした［パッツィー p10, p36, p55.］。

　パッツイーは、都市計画を中心として、英国、米国、日本など世界各地のケーススタディを紹介しながら、「計画システム（planning system）」と「計画プロジェクト（planning project）」とのミスマッチをきめ細かく解説している。

　さらに情報科学の分野では、松田武彦の1969年発行の古典的な著作『計画と情報』で、情報科学の視点から、情報と計画をめぐる根本的な考察が展開されており、今でも傾聴に値する指摘が多い［松田］。

　本章ではこのような先行研究を踏まえながら、地域計画における「計画」と「情報」の問題を扱うことにする。

③　「計画」と「情報」

まず、本章のキーワードである「計画」と「情報」の概念を論じる。

1　「計画」の概念

　そもそも「計画（plan）」とは、人間のアイディアを現実の世界で実現するための行動指針である。「plan」の語源は、古代ラテン語の「plaus（平らな、平面）」に由来し、「平面図」という意味から、建築物などの「設計図」、「あるアイディアを実現するための構想＝計画」という意味になったといわれている。計画は、財と労力をバランス良く時系列で配分することによって人間の行動を整序し現実に変化を与えようとするものである。いいかえれば「計画」は、「現在の事実」を「将来の事実」に変えてゆく「指針」であり、「現

実」を「理想」に近づけ、「現実」を変えようとする人間の営為である。

このような「計画」には、3つの指向性があると松田は指摘している。第一に、社会変化に順応する「適応性」である。計画は社会変化に適切に順応できるものでなければならない。第二に、社会変化を先取りする「先見性」である。計画には、社会変化を受け身にとらえるだけでなく、社会変化を予測しこれに適応していく「先見性」が必要である。第三に、計画は、将来にわたって社会に働きかけ、これを変えていこうとする「創造性」が求められている［松田 P28〜29］。

2 「情報」と「政策」の概念

「情報[1]」の概念をどう定義するか議論があるが、本章で「情報（information）」とは、「意思決定に作用するデータ」である。そもそも「information」は、古代ラテン語の「informatio（心の中に形をつくる。つくられたその考え）」に由来するといわれており、英語では「伝えたもの」という意味も含まれている。

これに対して「データ（data）」とは、「事実（facts）の記録」である。「データ」それ自体は「情報」とは呼びにくい。「情報」の「情報」たるゆえんは、それが人間の意思決定に作用することにあると考えられる。たとえば、ある商品を買おうとしている人がいるとする。その商品のカタログは、その人にとって商品を買うという意思決定に作用するから「情報」である。商品を買う気のない人にとっては、そのカタログは、データに過ぎない。データは意思決定に作用するとき、はじめて「情報」として機能することになる。

さて、ある概念を定義することは、ひとつの視点の設定になることである。本章では「情報」の定義を視点として、政策に関する「情報」すなわち「政策情報」を扱う。そもそも「政策（policy）」とは、一般的には「目的、手段、実施内容などが定められた方針」である。現在では、「政策＝policy」となっているが、両者の意味は、微妙に異なっている。「policy」の語源

---

1 詳しくは、高木昭美「政策情報を効果的に活用する政策形成——政策形成に不可欠な「情報」の捉え方」経営の科学 vol.62 p273〜p278 日本オペレーションズ・リサーチ学会 2017年5月号を参照されたい。

は、古代ギリシャ語の「politika（都市）」で、「政治」とは同一の語源で、「都市で行われていた諸事」をさし、「警察」の意味もある。「policy」は、公共だけでなく個人の私的な生活信条まで含んでいる。これに対して「政策」は古代中国語に由来し「政（まつりごと）に関する策（はかりごと）」を意味し、絶対的権力者が国を治めるときの公共的な意味合いが大きかったと考えられる。そして、政府・地方公共団体にとって「政策情報」とは、「政策の決定、実施に関して意味のある事実または知識」である。「意味」とは行政組織が「情報」を受信したときこれに反応し目的達成のために行動を起こすような刺激要因をもつメッセージである［池野 p138］。

　このように考えると、「政策情報」の重要な特色は、「政策決定という意思決定に作用するデータである」ということになる。

3　「計画」と「情報」との関係

　計画書には、現状を分析し、課題を捉え、改善の目標を示し、それを実現するための手段、実現日程などが記述されている。このような「計画」に盛り込んだ内容は、計画を実施する関係者の意思決定に作用することが想定されているから「情報」である。

　そして、「計画」の中の「情報」が計画の関係者の意思決定にどのくらい作用するかは、その情報の「質（quality）」にかかっている。情報の「質」とは、情報が表している意味内容の詳しさ、正確さ、客観性である。すなわち「リアリティ（reality）」である。

　また、計画が、意思決定に作用し得るとき、その計画には「参照（レファレンス（reference）機能）」があるという。レファレンス機能を発揮できることが計画の「実効性」である。いいかえれば、計画の実効性の問題は、「計画」と「情報」とのマッチングの問題として捉えることができるだろう。つまり、計画が実効性を持つかどうかは、その計画に盛り込まれている情報が意思決定に作用するのに必要な「質」を備えているかどうかにかかっている。

4 行政計画の種類と変遷

それでは、行政計画とはどのようなものか、その種類と変遷を論じてみる。

1 行政計画の種類

「計画行政」とは、行政の計画に関する領域を指す。また、「行政計画」は、広義には「行政に関する計画」であるが、そのうち抽象度の高い方針や予想は、「構想」とも呼ばれ、「構想」より具体的なものを狭義の「行政計画」とよぶ場合が多い。

行政学では、次のように行政計画の種類が示されている。

(1)計画対象からみて、国家全体を対象とする「国家計画」、特定の地域を対象とする「地域計画」。

(2)各分野を対象とする「個別計画」と各分野の全体を扱う「総合計画」。

(3)計画期間からみて、「長期計画（10年～20年）」、「中期計画（約5年）」、「短期計画（3年～1年）」。

(4)「経済計画」とは、「国民経済についての整合的予測を前提とした一連の経済政策」と定義されている［小島 p85］。社会、経済を誘導する指向性があるため「社会計画」ともいう。

(5)都市施設のハード面の整備に重点を置いた「都市計画」などは「施設計画」ともいう。

これらの行政計画には、所定の政策目的が定められ、その目的を実現するための手段、より具体的な目標、計画期間の情報などが盛り込まれている。本書の全体のテーマとしては、(1)の「地域計画」が念頭に置かれている。

また、地方自治の世界では、2010年代ごろから、総合計画など重要な計画の決定に議会の承認を要する条例を制定する自治体が増えている。この場合には、地域計画は単なる「行政」の計画ではなく、「立法」の性質を持つことになる。

2 総合計画・経済計画の変遷

行政計画の歴史は古く、たとえば、都市計画の萌芽は、1888年（明治21年）

の東京市区改正条例から始まる。これは、江戸城を中心とした旧幕藩体制の
ための都市「江戸」を、近代日本の「帝都」に変えようとした計画であった
［吉富 p67］。

　日本の全国総合開発計画と経済計画を例にとって行政計画の変遷を素描し
てみると、表1のようになる。

表1　経済計画・全国総合開発計画の変遷

年　代	総合計画	経済計画などの変遷
1945年代 ～1950年代	「戦災復興都市計画（戦災地復興計画基本方針）」1945年～土地区画整理事業を活用 「各被災地の地方公共団体による復興計画」	戦災復興 鈴木内閣、東久宮内閣、幣原内閣 芦田内閣「経済復興計画第一次試案」 吉田内閣「経済復興計画」1949年 鳩山内閣「経済自立5か年計画1955年 岸内閣「新長期経済計画」1957年
1960年代	「全国総合開発計画（全総）」1962年（昭和37年） ・地域間の均衡ある発展 ・拠点開発構想	高度成長経済への移行 池田内閣「所得倍増計画」池田内閣1961年 佐藤内閣「中期経済計画」1964年、「経済社会発展計画」1967年
1970年代	「新全国総合開発計画（新全総)」1969年（昭和44年） ・豊かな環境の創造 ・大規模プロジェクト構想	高度成長経済 佐藤内閣「新経済社会発展計画」1970年 田中内閣「経済社会基本計画」1973年 三木内閣「昭和50年代前半経済計画」 大平内閣「新経済社会7か年計画」
1980年代	「第三次全国総合開発計画（三全総)」1977年（昭和52年） ・人間居住の総合的環境の整備 ・定住構想	安定成長経済 福田内閣 中曽根内閣「1980年代経済社会の展望と指針」1983年 竹下内閣「世界とともに生きる日本」1988年
1990年代	「第四次全国総合開発計画（四全総)」1987年（昭和62年） ・多極分散型国土の構築 ・交流ネットワーク構想	バブル経済崩壊 低成長経済、東京一極集中、産業構造の変化 海部、宮澤、細川、羽田、村山各内閣

2000年代	「21世紀の国土のグランドデザイン」1998年（平成10年） ・多軸型国土構想形成の基礎づくり ・参加と連携	停滞経済、地球時代の到来、人口減少・高齢化、高度情報化 橋本内閣、小渕内閣、森内閣、小泉内閣「聖域なき構造改革」
2010年代	「国土のグランドデザイン2050」2014年（平成26年） ・対流促進型国土の形成 ・人口減少社会、巨大災害の危機意識の共有 ・コンパクト＋ネットワーク ・多様性と連携による国土・地域づくり	人口減少・縮小社会、超高齢化、都市間競争の激化、国際化、技術革新の進展 安倍内閣「経済財政運営と改革の基本方針2015」」2015年 「日本再興戦略2016」2016年

注：国土交通省「全国総合開発計画（概要）の比較」及び［小島 p81〜84］等の資料により筆者作成

　戦後の総合計画は、戦災復興から始まった。復興は、土地利用の再整備、社会資本の再建など都市計画が中心に進められた。荒廃した国土を財政困窮した政府・地方公共団体が再興するには、まず計画が必要であった。

　戦災復興がほぼ完了したころ、高度経済成長をめざした全国総合開発計画が策定された。これは道路、港湾、公共施設、福祉、医療、産業などの各分野ごとの個別の行政計画の基軸となる総合計画であった。地方公共団体においても都道府県の総合計画（5か計画）が次々と策定され開発政策の一翼を担った。市町村では基本構想、基本計画、実施計画の三層の総合計画制度が実施され、各市町村で策定、実施された。新全国総合開発計画、続く第三次全国総合開発計画の時代は、「経済計画」がもっとも社会的影響力を発揮した時期であったといえよう。

　経済成長指向の行政計画が大きな転機を迎えたのがバブル崩壊といわれた1990年代初頭であった。政府・地方公共団体の行政計画は、人口減少、高齢化、高度情報化などの大きな社会変化に適応する方向転換をせまられることになった。「計画」といえば「開発」を意味していた時代は終わり、人口減少社会・縮小経済に適応した行政計画の策定が行われるようになった。やがて2000年を迎えてからの国土のグランドデザイン構想では開発指向は影を潜め、人口減少に伴う「縮小社会（(shrinking society))」など最近の社会変化に

適応し、かつまた東日本大震災の教訓を反映した計画になっているといえよう。

　本節では、総合計画・経済計画を例にとって行政計画の変遷を論じたが、このことから判るのは、計画そのものは「システム」であり、ニュートラルなものであるということである。比喩的にいえば、計画は「器」であり、器に盛り込む「内容」は、計画策定プロセスにおいて盛り込まれる価値選択によって、結果的には成長指向にも、縮小指向にもなるということができる。

　いいかえれば、かつての行政計画が開発指向であったことを根拠に計画制度それ自体の当否を論じることは適当ではない。

⑤　政策システムにおける行政計画の機能

1　行政計画システム

　行政計画を策定し実施する手続きは、行政システムの一部である。そもそも「システム（system）」とは、一般的には「インプット（input）→変換（conversion）→アウトプット（output）」という機能がはたらく組織、設備などをいうと考えられる。行政計画策定プロセスにおいては、変換の役割を担うのが行政組織であり、主なインプット、アウトプットは、「情報」であると考えられる。行政計画システムは、政策情報を計画にもちこみ実現を促すためのシステムであるといえよう。

2　行政計画の機能

　行政計画の機能として行政学では３点が指摘されている。

　第一は、管理的機能である。行政計画は、「行政体系における合理的協働を達成すべく意図された行為」と考えられている。[中村 p108]

　この「管理としての計画」は、「予め意図された適応的な対応」であり、そこには、「状況とその変化に対する認識としての〈予測〉と、状況に対する組織体の対応の契機としての政策の〈予備〉（advance preparation）が含意されている」という[小島 p83]。

　第二は、行為規範的機能である。行政の恣意性をコントロールし行政自身

の内部統制として法による行政の原理を補う意味があるという。

第三は、合意形成機能である。社会の多元的な利害の対立や自然を含む生活環境の諸矛盾を調整し、人々の社会的共存を積極的に創造していく機能であり、そのプロセスにおいて一般の同意を得て正当性を獲得しうる「同意の調達」機能とも呼ばれる［中村 p108〜p109］。

そもそも、「機能」とは、ある主体が、ある目的のために働くときどのような役割をはたしているかを説明する概念である。たとえば、自動車の主な目的は、移動することであり、そのために、エンジンが動力として「機能」している。

この行政計画の3つの機能を、計画と情報を扱う政策情報論の視点から解釈するとすれば、次のようになる。

第一の管理的機能は、行政計画が、計画目的の実現に向かって行政の組織及び公共財をマネジメントする機能である。

第二の行為規範的機能は、行政の計画に関わる職員の行動を規制、誘導する機能であろう。

第三の合意形成機能は、計画策定プロセスを通じて価値選択の調整と国民・市民の理解、支持を得られることを指していると考えられる。

このうち最も重要な機能は、第二の行為規範的機能ではないかと考えられる。なぜなら、計画の「レファレンス（reference）機能」とは、これをさしているからである。計画の実効性は、この機能にかかっている。

3　行政計画形成プロセスと政策情報

ある政策システムが実際にどのように機能しているかは重要な研究課題である。本章では、政策システムの機能は、政策が形成されるプロセスを分析することによって解明できるのではないかと考えている。

行政計画が形成されるプロセスは、三つの側面を持っている。第一は、「問題解決プロセス（problem solving process）」である。そもそも「問題」とは「理想と現実とのギャップ」であり、行政計画は、このギャップを埋めようとする手段の体系である。

第二は、意思決定プロセス（decision making process）である。計画が策定さ

れるには価値選択プロセスが必ず伴う。行政計画は、一見、だれしも納得するような平易な文章表現になっているがその背後には価値選択が存在していると見なければならない。

　第三は、「情報処理プロセス（information processing process）」である。計画に盛り込む「情報」を収集し、整理し、その意味を理解、分析し、各情報を融合し新たな情報を作り出すプロセスである。三つの側面のうち最も重要なものである。最近のネット社会における計画形成プロセスでは、ウエブ上の議論が大きな役割をはたすようになっている。

　これらの政策プロセスで中心となるのは「政策情報」がどのように意思決定に作用したのかという点である。

　たとえば、ある政策課題に関する政策形成プロセスを類型的に見てみよう。現実の政策形成プロセスは、ネット上のプロセスとリアルのプロセスとが動いていると観察できる。ネット世界では、行政当局が、パブリックコメントによって計画案をネット公開すると、市民が、これを見て意見を書き込み、メールを送信する。さらに「いいね、」のクリック集計や投票による意見集約などの機能が働く場合もある。これらの政策情報は、"youtube"、"facebook"、"twitter"、"line"、"google+"、などの多様なウエブメディアを通じて拡散してゆく。複数の主体の意思決定が影響を与え合い、連鎖し、糾合、分散し、結果的に総合計画の策定というプロジェクトそれ自体が能動的に変化して政策決定に向かって動いているようにも観察される。

　リアル世界では、執行部は、計画案の策定に必要な基本データの収集、分析、原案作成を行い、首長と地方議会との二元代表制を中心としたプロセスにおいて計画の決定が行われる。計画を承認するため結成される市民参加組織では、市民各層の意見をバランスよく集約する機能をはたすことが期待されている。

　このような行政計画の策定プロセスでは、ネット上のプロセスとリアル世界のプロセスとが複雑にからみあい連鎖しながら、計画が形成さていると推察することができるのである。

6 　地域計画における「計画」と「情報」

1 　「計画」と「情報」のミスマッチ問題

　ケーススタディによって地域計画の形成プロセス分析をしていると、「計画」と「情報」のミスマッチの問題が浮かび上がってくる。

　たとえば、東日本大震災における「防潮堤」の問題である。「防潮堤」とは、台風の大波や高潮、地震による津波などから受ける被害を軽減する堤防（堤体、壁体、水門等の構造物など）である。すでに東日本大震災より前に、東北地方でも津波に備えた堤防がいくつか建設されていた。岩手県宮古市田老地区（旧田老町）には海抜10m、総延長2,433m の巨大堤防があり、岩手県釜石市では、釜石港湾口防波堤が建設され海岸部に建設された海抜4 m の防潮堤と併せて市街地を守る構造になっていた。岩手県下閉伊郡普代村では、海抜15.5m の普代水門や太田名部防潮堤、九戸郡洋野町では、海抜12m の防潮堤が建設されていた。田老地区の巨大防潮堤は、「万里の長城」とまで呼ばれていたが、東日本大震災の津波が襲来したとき、津波を防ぐことができず田老地区は壊滅状態になった。釜石市でも津波は防潮堤を破壊し乗り越えて釜石市の市街地を押し流した。ところが、普代村及び洋野町の防潮堤は決壊せず集落の被害を最小限に押しとどめることができ、普代村では、被災した民家、死者がなかった。津波の襲来の形態は、各地で異なっているので、各地の防潮堤の減災機能を一概に論じることはできないが、明暗を分ける結果になったのは事実である。

　このようなことから、被災地の現状を目の当たりにした国土交通省では、次の大地震に備えて国民の生命と生活を守るためには、「より強靭な」防潮堤の建設が必要だと考えたのは当然のことである。それは従来の国土保全の論理の延長線上にあるといえよう。

　政府は、平成26年6 月3 日に「国土強靭化計画」を閣議決定した。この行政計画は、東日本大震災やこれまでの災害を教訓にして、今後想定される「南海トラフ地震」や「首都直下型地震」に備えるため、「起きてはならない最悪の事態」を設定した脆弱性評価理論にもとづく、行政、警察、消防、住

宅・都市、保健医療・福祉、エネルギー、金融、情報通信、産業構造、交通・物流など全般にわたる総合的な計画であり、各地方公共団体には地方計画の策定を求めている。

防潮堤は、「国土強靭化計画」の個別施策分野の推進方針の「(10) 国土保全」に「地震・津波、洪水・高潮、火山・土砂災害等の自然災害に対する河川管理施設、海岸保全施設」の整備などのハード対策を掲げるとともに、別紙１のプログラムごとの脆弱性評価結果の (10) に「大規模自然災害に対する粘り強い構造を基本とした海岸堤防等の整備」と、さりげなく示されている。

住民の生命、財産を守るにはぜひとも必要であるという防潮堤であるが、しかしながら、被災地ではすこぶる評判が悪く、反対運動もおきている。その理由は、①海と陸とのつながりが分断される。②稀少な海岸の生態系が壊滅する。③環境アセスメントがなされずに進められている。④構造物で海岸浸食などが悪化する。⑤代替案の検討がない。⑥住民の意見が反映されない。⑦海に対する危機意識が薄れてゆく。⑧人と海が離れ「地域知」が消失する。などが、主張されている。[2]

そもそも2011年６月の中央防災会議では、東日本大震災を、最大クラスの津波（500年～1000年に一度：Ｌ２津波）と位置づけ、比較的頻度の高い津波（数十年から数百年に一度：Ｌ１津波）の対策として防潮堤を位置付けたが、実際のＬ１津波の高さは各県の設定に任されていた。このため県によって方針が異なり、岩手県では、原状復帰かＬ１津波の高さか地元自治体が選択する方式をとったが、宮城県ではＬ１整備高をＬ１津波高より低くする方向で進められたという。そのため宮城県では「海岸管理者としての明確な判断を責任を持って行う一方で、合意形成の取りにくい上意下達的になってしまった」と指摘されている。[3]

また平野は、「防潮堤の事業性を考えること」の必要性を主張し、また、

2　JUL/AUG.2013.No.534 会報「自然保護」
　http://www.nacsj.or.jp/archive/files/katsudo/kaiho/pdf/No534-p 6 - 7 .pdf#search
3　平野勝也「津波被災地における防潮堤整備に関する問題点の整理とその解決」景観・デザイン（土木学会研究講演集）123p～126p　no.9 2013年12月

「残念ながら土木計画学の知見は、被災地にはいかされていないのが実情である。」とも指摘していた。

　防潮堤問題について、その賛否をめぐって様々な視点からの議論が展開されている。本章で指摘したいのは、「計画」と「情報」のミスマッチである。

　たしかに、住民の生命、財産を津波から守るには物理的な構築物が必ず必要である。しかし、巨大な防潮堤は、白砂青松の海岸地帯に無機的に伸び広がって景観を一変させている。各集落のささやかな歴史、地域に根ざした伝統とは無関係に建設が進められたといってよいだろう。地域の住民が求めているのは、身近な生活空間の復旧であり生業の再建である。防潮堤は、地域の住民から見れば予想外の巨大な構築物であり、地域で要望したものとは必ずしもいいがたい[4]。

　なぜこのようなことになったのか、それは、被災地の地域の実情、リアリティを示す「情報」が、復興「計画」にきめ細かく反映されていなかったためではないかと考えられる。その原因は、国土強靱化計画の作成プロセスに問題があったと考えられる。

　そもそも日本の災害対策は、国土交通省所管の災害対策基本法と厚生労働省が所管する災害救助法の縦割りになっている。この法律にもとづき国、都道府県、市区町村ごとに災害基本計画が策定されていた。大きな災害が発生するたびに制度改善が進んだが基本的にはこの制度が維持されている。東日本大震災においても、当初の混乱がおさまったとき各地方公共団体は、災害復興計画を作成して復旧・復興に鋭意取り組んだ。

　しかし、気象庁の観測史上いまだかつてない規模の地震であり、また、原子力発電所の事故という初めての災害が併行したものであったため、政府の政策決定によって国土強靱化計画制度がさらに策定された。中央政府の新たな政策は、計画の策定を伴うものがほとんどである。計画主義である。計画行政の実務では計画をつくること自体は少しも疑問を持たない状況のようである。

　このため、地方公共団体は、災害復旧計画に加えて新たに国土強靱化計画

4　防潮堤をめぐる地元の地域の動き、すなわち地域情報のリアリティについては、本書の第9章を参照されたい。

第3章　計画行政と政策情報　77

をつくらなければならなくなった。国土強靭化計画の策定指針は、災害復興
計画とは異なると説明されているが内容的には、重複する部分も多いことは
否めない。これでは、「屋上、屋を画する」というべきであろう。現在の行
政計画の世界では、同じような内容の膨大な計画群が積み重なっているので
ある。

　かつて松下圭一は、地方自治の世界での「情報」の問題を論じたとき、行
政の組織構造の中で、意思決定責任を負う首長に伝わる情報の流れを、「庁
内情報流」と呼んだ。中央省庁においても、現実の問題をリアルに伝える
「政策情報」が意思決定責任者に正しく伝わっていないのではないか。各職
制の中での段階的な決定者が、不十分な情報、不正確な情報にもとづいて計
画内容を決定しているのではないかという疑問が生じるのである。

　宮城県気仙沼市では、平成23年10月7日に「気仙沼市震災復興計画[5]」を
策定し、復興に取り組んでいるところである。この計画の中では、「重点事
業1」に「海岸保全施設災害復旧・海岸堤防設置」が掲げられ、L1津波高
を基準として整備を進める方針が示され、重点事業2では、河川堤防の嵩上
げ水門・復旧ポンプ等の施設復旧を行うこととなっている。海岸・河川堤防
等の考え方については、「「宮城県沿岸域現地連絡調整会議」が提示した高さ
を基本として、各地域の住民意向や景観、土地利用計画、漁業関連施設の状
況など総合的な視点から、位置、構造、形態及び背後の法面等の活用などを
踏まえた代替方法を勘案した上での高さの調整など、国・県等の関係機関と
各地域ごとにその整備手法について協議します。[6]」としている。これは気仙
沼市の立場として調整できる限りの最善の考え方を示したものといえるだろ
う。

　ところで、千葉県旭市は、震源地からは300km以上も遠く離れている
が、同市の海岸には、東日本大震災の津波が襲来し、死者14名行方不明2名
の被害を受けた被災市である。旭市では平成27年3月に「旭市国土強靭化計

5　「気仙沼市震災復興計画～海と生きる」気仙沼市2011年10月
　http://www.kesennuma.miyagi.jp/li/fukko/070/010/index.html
6　「広報けせんぬま」平成23年11月15日特集号「「気仙沼市震災復興計画」の概要をお知らせしま
　す」p 4

画[7]」を策定した。その構成は、国の計画にならって脆弱性評価にもとづく各プログラムとその数値目標を掲げている。その内容から見ると、いわゆる市の総合計画と重複する事業が多く、「屋上、屋を画する」という印象がぬぐえない。

　気仙沼市では、大震災の前に国土整備の地域計画が策定されたが、大震災の復旧・復興のため「気仙沼市震災復興計画」を策定した。そのなかで国土の復旧の視点も盛り込まれている。それに加えて国土強靱化地域計画を策定する必要性は少ないのではないかと考えられる。今のところ気仙沼市では、国土強靱化地域計画を策定する方向にはないようである。むしろ、都市マスタープランの根本的な見直し、次の総合計画の中で復興のまちづくりのヴィジョンを示そうとしているようである。

2　計画策定プロセス～ボトムアップとトップダウンのミスマッチ

　各自治体の震災復興計画の形成プロセスは、自治体の各区域、集落ごとの協議会によってそれぞれの要望がとりまとめられ復興案がまとめられたといってよいであろう。それは、下からの「地域に根ざしたボトムアップ方式」である。地方公共団体の行政当局は、それを可能な限り柔軟に、臨機応援に受け入れ集成したといえよう[8]。

　これに対して中央省庁の国土強靱化計画の策定プロセスは、本部員会議方式が採用されている。国土強靱化推進本部は、法律（国土強靱化基本法）にもとづいて内閣官房に置かれ、総理が本部長、担当大臣が副本部長、その他の大臣が本部員である。また、関係省庁の連絡会議が置かれている。本部員会議の会議資料などは、すべてウエブで公表されているが、議論の内容は技術的で抽象的な要素が多い。審議は、事務局の案にそって行われる。本部員会議の承認が得られれば政策決定である。いわば、中央のトップダウン方式である。国土強靱化計画の閣議決定までの本部員会議は、2回しか行われていない。これでは、地域の実情・リアリティを反映する機会が得られない。た

7　旭市「旭市国土強靱化地域計画」平成27年3月
8　協議会方式による復興計画の策定プロセスのリアリティについても第9章を参照いただきたい。
　http://www.city.asahi.lg.jp/section/kikaku/news/kokudo_kyoujinka.html

第3章　計画行政と政策情報　　79

しかに国土強靱化計画の策定プロセスは、原子力発電所事故の検証委員会とも同時並行で国会での論議とメディアの批判の中で進めなければならなかった。時間的な制約、政治プロセスなどの困難で複雑な状況の中で計画決定という「情報」をアウトプットすることは実務上も容易なことではなかっただろう。

　しかし、政府の政策システムでは、「計画」と「情報」のミスマッチがおきていると指摘したい。これは政府の政策システムの機能障害と捉えられる。地域の現場の感覚で、防潮堤をみるとき、それは、高度成長期の「重厚長大型行政」の名残りを見るようである。

　パッツィ・ヒーリー（Patsy Healey）は、人々が暮らし働く場所をつくりだし、よりよいものに更新することこそ「計画（planning）」であり、そこでは「場所のガバナンス（place governance）」すなわち「場所の質に影響を与える意図的なマネジメントや開発行為」が大切であると指摘した。そして還元的な「計画システム（planning system）」から「計画プロジェクト（planning project）」すなわち「ある特定の方向性や視座を持って場所のマネジメントや開発を進めるアプローチ」の重要性を主張した［パッツィー　p10, p36, p55,］。

　日本の国土強靱化計画でも、重点化プログラムが目標とする指標とともに示されプロジェクトマネジメントが行われている。しかし、計画の内容に盛り込まれた情報のリアリティが不足しているようでは、計画のレファレンス機能はおぼつかない。まして、国の計画で重要なのは、IPI（Integrated Progress Index）という新指標を創設し中央省庁が、地方の進行管理を強化することではないはずである。

　パッツィは、すべての「場所（place）」には、それぞれ固有の歴史的、空間的「意味」があるという。だが、計画システムの俎上に載せるには、それを抽象化しリアリティの細部を切り捨てなければならなくなる。行政官や都市計画のプランナーにとって、計画プロセスではそういう作業がつきものである。しかし、それを長年継続しているうちに、「計画」が本来もっていた現実の問題を反映し解決するという機能が失われてしまったのではないかというのである。

7 政策システムの改善に向けて

1 情報マネジメント機能を高めること

　では、地域の「情報」をきめこまかく計画に反映し、計画に実効性を与えるのはどうしたらよいのか。ネット社会の計画システムで真に求められるのは、「政策決定という目的に向かって、情報を集約し、事態を収拾し、意見を集約するための情報の意識的な、かつ、意図的な管理機能」ではないかと考えられる。この機能に名前をつけるとすれば、それは、「情報マネジメント（information management）」機能ということになる。端的にいえば、意思決定に関わる人々のところに最も質の高い情報が届くようにすることである。

　政策決定においては、リアル世界の政策形成システムとウエブ世界での社会情報プロセスの両方を政策決定に向かってバランス良く、かつ、中立公平にマネジすることが政策の質を高めるのに効果的であると考えられる。

　地域計画の政策システムにおける情報マネジメント機能としては、次のように考えられる。

　(1)市民が求めるのは「政策情報」それ自体ではない。「政策を根拠づける論理（context）」であり、政策がどう形成されてゆくのかという「話の流れ」である。政策の質は情報の質に依存する。質の高い政策情報から良いコンテクストが形成される。そのためにマネジメントが必要になる。

　(2)マネジするものは、「政策情報」のコンテンツ（contents）である。

　(3)情報マネジメントシステムは、コンピュータで作動するプログラムのことではない。それは、情報マネジメント業務を実行するため働くシステム要素（人・設備・メディアなど）の集合体である。公開する情報の内容（contents）の質と量、公開の時機（timing）、使用するメディアの種類（method）などを総合的に決定するための人間・設備の複合的なシステムである。

　(4)マネジメントの判断には、情報公開の社会的影響の予想（simulation）を踏まえた状況判断が必要であり、この判断は一定の職責にある人間、すなわちCIO（Chief Information Officer）」などが、その知識、経験にもとづいて、そのときどきの状況に即して臨機応変に判断するほかはない。CIOは単なる

技術的な問題のアドバイザーではなくファシリテータの役割をはたすべきである。

(5)情報提供は、複数のメディアを効果的に使うメディア・ミックス（media mix）の発想が必要である。なぜなら、現在でも市民は、市民だより、議会広報、回覧板、新聞、テレビ、ウエブサイト、など多様な媒体から政策情報を知ることが多いからである。多様なメディアのそれぞれの機能、効果などを総合的に考慮しつつ、それぞれのメディアの特質に沿った情報のマネジメントを行わなければならない。そしてマネジメントの根幹には、政策の実現を意図した「戦略（strategy）」が必要になる。

2　政府によるウエブメディアの活用への期待

制度の建前論からいえば、日本の政策決定は、憲法上の権力機構である議員内閣制によって行われるというのが正しいのだろう。しかし、政策形成の実態からみれば、中央省庁の官僚制の政策機能はいまだに大きく、ほぼ支配的ともいえるだろう。行政学では、「縦割り行政の弊害〜省益あって国益なし」、「官僚制の硬直化と制度疲労」、「政治決着の不合理性」などが繰り返し指摘されてきた。しかしいまだに有効な解決策が実施されていないともみることができる。

現代は、すでに「ネット社会」の時代を迎えている。「情報」が、政治、経済、社会、市民生活に決定的な影響を与える社会である。ネット社会における行政計画の形成プロセスでは、「情報」がどのように発信、伝播、受信されて政府・地方公共団体における意思決定に影響をあたえ政策決定を左右しているのかという視点からの分析が欠かせない。

国の政策形成プロセスにおいても、現代では、リアル世界とウエブ世界とが複雑に連鎖しながら意思決定がおこなわれているように推測できる。

リアル世界では、国会での政治決着と中央省庁の政策決定活動との複雑なプロセスにおいて計画の提示が行われ、決定に向けた動きが進む。

ウエブ世界では、中央省庁が公表した政策案が、"youtube"、"facebook"、"twitter"、"line"、"google+"、などの多様なウエブメディアを通じて拡散してゆく。

このような行政計画の策定プロセスでは、政府が、ウエブメディアをもっと有効に活用することで、計画に必要な地域情報のリアリティを反映することが可能ではないかと期待される。ウエブメディアでは、仮に1億人に同じ情報を伝え意見を集約する作業も可能な時代になってきているのである。

8 結 語

日本の計画制度が、戦後復興、高度成長の時代に果たしてきた社会的機能は大きいといえるだろう。高度成長に続くバブル期及びバブル崩壊期、減速経済から現在の縮小社会の時代においても計画システムのはたすべき役割は、依然として大きいといわなければならない。

しかしながら、現代の計画システムは、硬直化、陳腐化しているのではないか。それは、行政計画形成プロセスの分析において、「計画」と「情報」とのミスマッチ現象が観察されることによって推測することができる。プロセス分析から明らかになってくるシステムの問題は、単にメカニズムをとらえマニュアルつくることでは解決は図れないだろう。具体例として東日本大震災のケースを論じたが、2011年の東日本大震災からすでに7年が過ぎようとしている。政府が本腰を入れた復興には、めざましいものがあるが、研究すべき課題は多く残されている。そのうちのひとつが、中央省庁の政策決定システムの改善である。

現代はまた、全国の地域の各地の、ささやかだが価値のあるもの、弱いが魅力のあるもの、など地域の歴史、文化に根ざした「情報」の存在価値が改めて認められるようになってきていると思う。この意味で「地域多様性の時代」である。これからは、地域の固有の「意味」の世界を汲み取り、地域のリアリティを政策にきめこまかく反映することが、今まで以上に大切になっていると思う。

その政策システム改善の方向として情報マネジメント機能を高めることと政府がウエブメディアを積極的に活用することを本章で主張したものである。

なお、本章の結びにあたり、土方正夫先生の十有余年にわたる学恩に心か

ら感謝申し上げます。

参考文献

松田武彦『計画と情報』（NHK 情報科学講座 No.3）（日本放送出版協会、1969年）

西尾　勝「行政と計画―その問題状況の素描」年報行政研究第9巻（勁草書房、1972年）
　　（以下「前掲書」という。）p2〜63

吉富重夫「日本における行政計画の展開〜概念と実態」（前掲書）p64〜80

小島　昭「行政計画に関する一考察」（前掲書）p81〜107

中村五郎「行政計画〜意思決定と戦略」（前掲書）p108〜136

池野　武「行政計画と情報」（前掲書）p137〜173

松下圭一「市民・情報・行政」年報行政研究　第15巻（1981年）p1〜30

パッツィ・ヒーリー著（後藤春彦監訳／村上佳代訳）『メイキング・ベター・プレイス―
　　場所の質を問う』（鹿島出版会、2015年）

第 **4** 章
町の写真を撮り、読み、出会う道筋
―― 地域資源としての写真 ――

1 はじめに

1 Twitterで紹介された表参道の写真をめぐって

　今年（2016年）5月頃、twitter 上で、東京表参道のカラーの風景写真（写真1）が紹介された。青空を背景に同潤会アパートが写され、突き当たりには明治神宮の緑が見える。周りにはほとんど建物がなく、戦後間もない時期に撮られたもののようだった。知人からこの写真のことを聞き、私がインターネット上でアクセスした時には、この写真のみならず、同じ撮影者による一連の写真―それは東京のさまざまな場所の写真であった―も紹介されていた。

　これらの写真は終戦後に日本にやってきたオリバー・オースティン（Oliver L. Austin, Jr. ;1903-1988）というアメリカ人の学者が撮影したもので、

【写真1】オリバー・F・オースティンによる写真。明治通り交差点を背にして、明治神宮方向を望む。1949年頃か。
Oliver L. Austin Photographic Collection

【写真2】井の頭通りを東に見た写真。突き当たりにうっすらと見える白い住居群は、占領軍向けの住宅地区ワシントンハイツ（現：代々木公園）、オースティンは代々木大山町の接収住宅に住み、丸の内の三菱商事ビルへと自家用車で通勤していたため、通勤経路上の写真が何枚もあり、これもその一枚である。
Oliver L. Austin Photographic Collection

所蔵元のフロリダ州立大学がデジタル化し、大学のサイト上で、公開していたものであった[1]。ただ twitter 上ではそうした来歴にはほとんど触れられることはなく、画像が紹介され、拡散していた。

　この表参道の写真、同潤会アパートが写っているので、どこで撮られたのかが分かりやすい。だが、それ以外の多くの写真（写真2）は、撮影場所がすぐに判別できるものではなかった。

　私がこの騒ぎに足を踏み入れた時には、インターネット上では、一連の写真の場所をめぐる「謎解き」の議論が起きていた。写真の中のいくつかの手がかりをもとに、複数の人物が同時に場所を推理しあい、場所が不明な写真を一つずつクリアしていくゲームのような状況になっていた。

　この写真を紹介した twitter の retweet や一連の tweet の「まとめ」サイトへのアクセス数は8万を越えていて（2016年10月現在）、反響の大きさがうかがえる[2]。

　大きな反響の理由はおそらく色だ。我々が知っている昭和20年代の写真とは異なり、色がついていたからである。写真で見る色のついた風景は、我々のもつこの時代のイメージをまさに塗り替えてくれる。看板や店先など町には色があふれていたこと、女性の服装がカラフルであることなど、オースティンの写真は発見に満ちたものだった。見たことのない昭和20年代の目新しいイメージは、その町がどういう町であったのかのアイデンティティ理解と

1　鳥類学者であるオースティンは、1946年9月から1950年初頭まで日本に滞在、GHQ の天然資源局で野生動物保護課長として勤務した。彼の写真コレクションは以下のサイトで公開されている。
　http://digital-collections.ww2.fsu.edu/omeka/
　Permission for use of the images in the Oliver L. Austin Photographic Collection has been granted by the Institute on World War II and Human Experience at Florida State University, and Dr. Annika A. Culver, Collection Curator.
2　この写真を紹介した Koganeist さんによる tweet。
　https://twitter.com/koganeist/status/733248218440437760
　twitter 上での一連のやりとりをまとめたページ。
　http://togetter.com/li/977622
　その後筆者は知人らとオースティンコレクションの謎解きをするグループ（Oliver L. Austin Photo Collection Working Groupe：非公開グループ）を facebook 上に立ち上げ、さらに2016年9月にフロリダ州立大学を訪問し、現物の写真スライドを調査している。
　https://www.facebook.com/groups/austinphotos/

無関係ではない。

2　写真をめぐる今日的な現象

写真は「誰かに伝える」ためのメディアである。このオースティンの写真、そもそもは家族写真、つまりアメリカに帰国後に家族や知人で楽しむためのものであったのかもしれない。だが、それが保管され続けたことによって、時を越えインターネットという伝達手段と巡りあうことになった。そして、オースティン自身がおそらくは思いもよらなかった人たちによって、イメージが共有され、彼の写真がもつ意味が見いだされ続けているのである。

ある一枚の写真を巡って議論がなされることは今に始まったことではないが、幅広い層の人々がリアルタイムのやりとりで、その意味や価値を確認していくことは、今日的な現象だといえる。さらにはこの写真をきっかけにして、新たな関係やコミュニティが創出されてもいる。写真は過去を伝えるメディアだが、このように読みこまれて、価値が見いだされ続けることで、人々の関わりをも作り出しながら、生き続けていく潜在力を持っている。

一方写真を撮る技術も変わってきた。オースティンが使っていたフィルムは、コダクロームというカラーポジフィルムで ISO 感度25。今の感覚からすると、感度はかなり低く、室内撮影や夜間撮影では適正露出を得にくいものだ。つまり撮影できる場所も時間も限られていた。現在のデジカメは露出のレンジが広く、スマホやデジカメですら、室内でも夜間でも、容易に良い画質の写真を撮ることができている。うまく撮れていなかったとしても、その場で確認して、必要があれば撮り直すことだって容易である。さらに撮影した上で SNS などに投稿すれば、写真を立ちどころにシェアできる。古い写真であってもデジタル化すれば、同じように容易な共有が可能だ。このように写真に触れることはますます身近に、そして手軽になっている。

3　本稿の目的

写真で地域を理解する、とはどういうことなのか。私見ではこのような観点からまとめられた文章を知らない。私はこの10年ほどの間、写真を地域で活用していくためのいくつかの試みをしてきた。本稿ではその経験から、知

見を整理し、議論の種を提供したいと思う。

　これまでの経験とは、第一には、撮ることや、撮った写真を使うことに関しての試みである。町を歩き回って写真を撮り、写真展を開くというような自治体が主催する区民向けの写真講座、自分たちが撮った写真と取材した文章を利用した冊子づくりなどである[3]。第二には、残された写真をどう使うのかということ。自治体が所蔵するアーカイブ写真のデジタル化、それを元にした展示や写真集の編集などを行ってきた[4]。第三には、写真の収集とそこからのコンテンツ制作である[5]。自主的な研究として、1945年の東京で撮影された写真の収集を続けており、その関連で主に米国の公文書館などに所蔵されている写真の収集や、写真集の出版などを通じての紹介などである[6]。

　その中で繰り返し感じていることとは、いまここに写真があることの不可思議さである。自分の目の前に古い写真があるということ。その出会いを私は偶然という一言で片付ける気にはなれない。何らかの必然があって、目の前に写真はあるのである。撮影されたことに始まり、さまざまな状況の中で捨てられずに保管されて誰かに伝えるところまで、さまざまな主体による行為の連続の末に、いまここにあるということだった。

　それは感傷的なことなどではない。逆に考えれば、いまここにあったかも知れない写真、途中で命が潰えてしまった写真も無数にあるのだろう、ということを意味してもいる。

　本稿では、こうした私の経験を横断する形で、写真というメディアを、町や地域はどのように活用し、どのような関わりをもつべきなのかを実践的な問題として考えてみたい。実践は、つねに具体的な行為と判断の連続のなか

3　台東区区民大学講座『台東下町映像探検隊』（2002年〜2007年）、『聞いて伝える町の今昔物語』（2008年〜2009年）

4　台東区下町風俗資料館＋早稲田大学メディアデザイン研究所「写真展：記憶のパズル／台東区旧南稲荷町1961」（2005年）、写真集『台東原風景』（台東区、2015年）

5　展示用映像「写真で見る昭和20〜30年代の浅草界隈」（台東区、2010年）
　同「写真で見る昭和20.30年代の上野界隈」（台東区、2011年）、同「カメラは何を捉えたか—館蔵写真にみる関東大震災と復興」（台東区、2012年）「キャンプドレイクがあった頃」（朝霞市、2011年）

6　佐藤洋一『図説　占領下の東京』（河出書房新社、2006年）、佐藤洋一『米軍が見た東京1945秋』（洋泉社、2015年）

で行われている。以下、本稿では、

A．自分で写真を撮り、見て、選び、使う
B．過去の写真を読む
C．さまざまな写真と出会うためには

という大きく三つの局面にわけて、考えていきたい。

Aでは、各自がカメラをもつ主体となってできることとは何かを考え、Bでは、過去の蓄積にどう向き合えばいいのかを考える。この2つは一見バラバラのように思えるかもしれない。Aは地域と写真をめぐるリテラシーを実践的に考えることで、このリテラシーをベースにBの読解が進められることになる。さらにCではAとBの実践をもとに、広い視野から、古い写真との出会いそのものをどう作り出せるのかを考える。

② 地域と写真をめぐるリテラシー ——自分で写真を撮り、見て、選び、使う——

スマホをもつ人で、写真を撮らない人はいないだろう。手元には常にカメラがあり、自分の好きなモノを好きなようにパチパチと撮る時代になった。それらは多くの場合個人的な動機によるので、そもそも「地域の写真を撮ろう」としたものではない。

我々がどこかの町に住んでいるのであれば、町の風景は個人的な写真の端々にも写り込んでいるのだが、実際のところ、無意識のうちに写り込んだ町の風景も、それが意識されない限り意味をもたない。つまり無意識のうちに記録された町の風景は、あとでその写真のなかで見返されない限りは、町の風景として意識に上がることはない。その意味でも、町と写真とのつながりを考える際には写真を〈撮る〉と同様に写真を〈見る〉が重要な意味を持っている。〈見る〉は、さらに〈選ぶ〉〈使う〉へとつながっていく。

一連の流れにそって、以下では、カメラや写真を介して、自分と地域との関係を捉え直す試みについて述べてみたい。

1　撮ること　〜自分と町とカメラの三角形

町の写真を撮るにあたり、カメラは、自分と町の間にある、と考えてみる。

カメラに仕事をさせるのは、自分でもあり、ある場合には町でもある。カメラが良い仕事をすることによって、自分も町もハッピーで豊かになること。これがカメラ（写真）が目指すべき姿だ。

とはいえ、勿論カメラは放っておくだけでは仕事をしてはくれない。どのようにカメラに仕事をしてもらうのがよいだろうか。

(1)　自分とカメラ

まずはカメラを自在に操れた方がいい。自分との距離をなるべく近づけた方がいい。身体の一部といえるほどになればベストである。幸いカメラはずいぶんと小型のものも出てきたから、簡単にポケットに入るし、物理的には近づけやすくなった。あとは、気持ちの問題である。

どんなところでもカメラを出せるかどうか。なんの変哲もない町角で、立ち止まったりしゃがみ込んだりして、ぱちぱちと写真を撮れるかどうか。友達と道ばたにいる時に、目の前に天皇陛下が現れた時に、とっさに写真を撮れるかどうか（実際にあったことです）。そういうことである。

言い換えれば、いつでも写真をとれるような気持ちのスイッチが入っているかどうか、ということになる。

「とっさの時にも撮りましょう」という話しはよく分かるのだが、いざ実践しようとしても難しい。私は「まずは必ず一日10 枚撮ってみましょう」ということにしている。特に何かの出来事を撮ろうとしなくてもいい。とにかく日常の中で最低でも10 枚シャッターを切ってみること。撮ろうという気持ちを切らさずにいくことが必要だからだ。

(2)　カメラと町

見知った町であれば、いろいろな場所があることを自分のカメラは知っている。

いろいろな催しが行われる施設、古くからの風景が残っている町並み、行列のできる店、見晴らしのいいポイントなどは、比較的よくカメラが向けられるところだ。そういう場所はカメラと親和性があるが、よくも悪くも刷り

込まれた典型的なイメージがあることが多いだろう。だからカメラは、もっと親密にその場所へ入り込むことで、みながよく知る場所に新しいイメージを付け加えることを期待されている。それは自分の仕事というより、自分をも含めた、まさに「町」の望みなのである。もちろん一方で、カメラには、町の中で、もっとカメラを向けてほしい場所を探し当てることも重要な仕事として望まれている。

　場合によっては、自分自身が写真を撮ることに固執する必要はない。シャッターを誰かに委ねてみることだって検討していい。たぶん町にとっては、誰がシャッターを切るのかよりも、新しいイメージを生み出すことの方が重要なのだから。

⑶　自分と町

　つまり、カメラは自分と町との間に形作られた関係の上に存在しているし、カメラがいきいきと動くことは、自分と町との関係を切り開き、深めることにもなる。

　ここでするべきこととは、まずは町をよく見ることだろう。そのためには、いくつかの方法があると思う。

　第一には「見ない場所」を見ること。「見ること」の背後には、たくさんの「見ないこと」が存在する。眼に入っているのに、ありふれていて「見えていない」風景、「見ていない」建物。そんな「見ない場所」に関心を向けるきっかけが必要だ。私はよく「自分にとっての無関心な風景を撮ってください」という課題を出す。禅問答のような問いかけだが、これをきっかけに自分にとっての「新たな風景」を見いだしてもらうのが目的だ。

　第二には、抽象的な概念を決めて、観察してみることである。例えば、境界、隙間、抜け、俯瞰、反射、ズレといった抽象度の高いコトバはどの町でも汎用性がある。知らず知らずのうちに自分の観察眼が鍛えられ、色々なものが「見える」ようになる。

　こうした発見をするための試みには、やはりカメラが欠かせない。自分と町のあいだに、道具としてのカメラをおいてみる。そして自分が地域から何かを発見すること、そして考えること。それはまさしく地域を理解することなのである。

ここまで撮ることに関連した話をしたが、写真との付き合い方とは、撮ることだけではない。撮られた写真は、見る、選ぶ、使う、残すといった段階へと次々につながっていく。撮ったものは見ることになるし、その上で選ぶ。むろんその選び方は使い方次第で変わってくる。さらにはその写真を遠い未来にまで残すことも考えねばならない。

2　見ること、並べること

カメラの小型化、デジタル化、そして携帯電話との一体化と、撮ることの垣根は下がり続けたが、一方で、撮った写真を見ることにはどのくらいの注意が払われているであろうか。

携帯で撮った写真は次々とスワイプするばかりで、じっくりと見ることはない人も多かろう。写真一枚一枚に向き合う時間は、フィルム時代の方がむしろ長かった気がしてならない。

そもそも写真とは「見るために撮る」ものである。特に町の写真、そこに写り込んだ風景は、撮った写真を見ることで、新たな側面を発見することがとても多い。写真を撮るときのみならず、写真を見る時に町の姿を再発見するのである。

写真を見る際にとりわけ重要だと思うのは、写真を並べることである。

撮ったものを一堂に並べることは、さまざまな発見をもたらしてくれる。サイズはL判程度でいいだろう。大事なことは全てを一望してみること。写真を何十枚も並べることは、スマホはおろか、PC上でもできない。並べてみると、自分の傾向が分かる。どんな色に惹かれるのか、くりかえし撮っている形、光への反応、それに構図の傾向など。自分の写真の中に潜在しているテーマの種が次々と顕在化してくる。さらにグループごとに何度も並べ替えてみることもよい。あるいは知人に見てもらうのもよい。自分では気づかぬポイントや全く違った観点から指摘してもらえること請け合いである。知人のコトバに心を開くことで新たな側面を見いだせるものだ。

3　選ぶこと

見た上で写真を選んでみる。

第4章　町の写真を撮り、読み、出会う道筋　　93

　ある一定のテーマや対象がある場合、「この一枚！」というキメ写真を選ぶことはとても重要なことだ。地域を紹介する冊子やポスターを飾るものになるかもしれない。地域のイメージを決定し、雰囲気をドライブさせてくれるような一枚は頼りになる。

　その一方で、複数の写真による組み合わせを考えることは、地域を理解する上での視点を考察することになる。引きと寄り（全体と部分）、あるプロセス（一日の移り変わり）やシークエンス（移動する視点）を追いかけるようなロジカルな見方もあるし、地域で発見した色やトーンで選ぶことで、町の性格も見えてくる。

　更にいえば、撮ってから選ぶまでに時間がある場合、自分の選択眼は確実に変容を来している。同じ写真でも5年後にみたら大発見があることもある。写真データを簡単に削除してしまう昨今だが、「その写真は本当に失敗なのか」ということを今一度問うてほしい。

4　使うこと

　写真をどのように使うのか。使うサイズはどのくらいなのか。写真だけで構成するのか、文章とセットになるのか。文章がメインとなって写真は補足的に使われるのか、あるいは写真がメインで短いキャプションが入るのか。このような使い方を考えていくと、使いやすい写真とそうでない写真が出てくることがわかる。

　例えばポスターを作る場合、レイアウトが決まることで、よりハマりのよい写真へ差し替えることもあるし、逆に写真の〈引力〉に引き寄せられて、レイアウトが決まることもあるだろう。

　ハマりのよい写真が沢山あるにこしたことはないが、もし見たことのないような写真が撮れたのであれば、それが当面の用途にはまらなくても価値があると思う。その場合は、その写真を活かす使い方を探ってみることも必要である。

　見たことのないものを見せる、というミッションは、写真が生まれ落ちた時から宿命づけられていることである。今使うものでなくても、将来使えるものをストックすることができればそれはその地域のもつイメージの底力に

なる。一枚で使いにくければ、対になるものやシリーズにできるものを撮り足して行けばいい。撮ることへのフィードバックができ、それを反映させることが重要である。

5　残すこと

写真を撮ること自体が、地域の何かを発掘し、定着させる「文化的実践」であるならば、写真をストックすることも議論の対象になるだろう。

どのようにすれば写真は残りうるのか。デジタル写真の場合、はっきり言って先が読めない。残すための形式とは何だろうか。たとえば写真集などに形式化することは、写真自体を残して行くことを手助けする一つの方策ではないかと思う。

町を歩く過程で、残されてきた古い店の写真が額に入って飾られていたり、調査などでお邪魔したお家で、古いアルバムに貼られた家族の写真を出されたりして、古い写真と〈出会う〉こともよくあることだ。残されてきた写真は、「見られる」ために撮られた訳で、額に飾ったり、アルバムをまとめたりというのも一つの形式化だ。撮ったものをどのように残し、残されたものをどう受け継いで行くのか。そして写真と人との出会いの場をどう作りあげるのか。このことは後述するのだが、地域と写真とのつながりを考える上で、いつも気にかけておきたい課題である。

③　過去の写真を読む

町には、町で過去に撮影された写真資産が、さまざまな場所にある。町をよくしたいと思うのであれば、それらの写真をみなで共有して、価値を見いだし、活用していきたいと思うのはごく自然なことだろう。実際各地で写真を集めて共有して行くという試みが行われている[7]。

写真をよく見て観察すること、写真に関連する情報をリサーチすることを通じ、その写真が生み出されるに至った背景やその写真が含んでいる情報内

7　例えば、NPO法人20世紀アーカイブ仙台の活動などがあげられる。http://20thcas.or.jp

容や情報のもつ意味を掘り下げて考えていくことをここでは写真を〈読む〉ということにする。

　写真を活用していこうとするとき、大切なのは写真自体を読むという作業である。読む作業を抜きに活用は考えられない。この読むという行為をどのように進めるかで写真の活かされ方が大きく変わっていく。

　むろん、古い写真であれば、地域の古老に話しを聞けば、そこからいろいろな情報を引き出せるであろう。では古い人にお話を聞くことで〈読む〉ことは事足りるのか。それは違うのである。

　写真を〈読む〉という行為には終わりがないからである。つまり読む人が変われば読み方も変わるし、読む時代が下れば、写真に対する着眼点も変わっていく。そこに写真がもつ可能性がある。

　むろん土地の古老の話しや読みはいうまでもなく重要である。だが、基礎的な情報から、写真の見方を決めつけないことだ。先入観に縛られず、なるべく写真そのものを見ようとする態度が重要であるし、新しい発見をもたらしてくれる。

　必要なことは、各自がそれぞれの読みができるようにリテラシーを身に着けることである。その際、先述のような、自分で写真を撮り、見て、選び、使っていくプロセスを経験していると、先入観に囚われることなく、自ずと撮られた写真と撮り手の中の撮影や制作のプロセスへと関心が向けられるのである。何が写っているのか、どのようにして撮ったのか、なぜ撮ったのか、といったことを写真そのものから読み取ろうとする感受性と考えである。

　地域の写真を読む行為は、読み取ろうとする内容から、以下の３つの次元から考えることができる。それは、What、How、Why の３つである。

1　What ／「何が写っているのか」の次元

　町の写真を読む場合、我々に手っ取り早くできることは、その写真に「何が写っているのか」ということから手がかりを得る方法である。対象として中心に据えられた建造物や町並みや、遠景に写り込んだランドマークのみならず、街角にかかっていた看板の文字などを文字通り血眼になって解読しよ

【写真3、4】空襲により焼け野原になった東京を見せる場合によく使われる写真。上は戦略爆撃調査団によるもの（神田駅上空から東へ）、下は米陸軍通信隊によるもの（厩橋上空あたりから南へ）。一度メディアに出ると、その写真は繰り返し使われることが多いが、写真リサーチのための時間と金を制作側がケチっていることが原因だろうか。
所蔵：米国立公文書館（写真3：RG342-FH-3 A-3910／写真4：RG111SC-289978）

うとする。

　冒頭で挙げたのは、オリバー・オースティンの写真を題材にネット上で人々が読み解読しはじめたという一例だ。「懐かしい」とか「見たことない」という漠然とした印象から一歩踏み込み、写真を読む試みが始められていた。そこで主に交わされていた議論は、写されたものを手がかりに、撮影場所を〈同定〉することだった。

　これらは写真という2次元上に、何が写されているのかということを問題にする物的な視点である。この次元での判断においては、誰がどのように撮ったのか、ということは問題にされない。たとえば東京大空襲での甚大な被害を被害者の視点から書かれる記事があったとする。そこに添えられる「焼け野原」の写真（写真3、4）は、被害者の視点から撮ったものではなく、攻撃した米軍の視点で撮られたものであることが通例である。誰がどう撮ったのかという視点の一貫性よりも、写されているものの同一性が優先されている。この場合は、まさに「何が写っているのか」という次元で写真を見ていることになる。

　物的な都市空間の環境の変化を追おうとするときには、その写真が撮られた文脈を切り離し、写真そのものだけを観て、並べていくことが有用な場合もある。冒頭のオースティンの写真の議論でも、当初はその場所がどこであ

るのかを写されたものから判断していたのである。

2　How ／「どう撮られたのか」の次元

　写真に写されたものをよく見ようとすると、その写真を撮った側に意識が移行していく。本来、写真に「何が写っているのか」は「どう撮られたのか」ということと切り離して考えることはできない。「どう撮られたのか」とは、3次元的に考える空間の中でカメラがどこにあり、どのように振る舞ったのか、というフィールドとカメラとの関係、カメラの機能や性能などの機械的要因による特性を指す。

⑴　フィールドとカメラの関係

　写されたものから、写す側へと意識が移行していくと、自ずとフィールドの中でカメラがどう振る舞っていたのか、を考えることになる。先述の説明でいうなら〈私〉と〈町〉の関係の中で〈カメラ〉がどのように振る舞ったのかを考えることである。

　例を挙げて見ると、先に掲げた終戦直後の東京の空撮写真は制空権をもった連合国でなければ撮れないものである。これはフィールドの中でのカメラの振る舞いに大きな特徴がある。同じ時期に地上では、空襲による建物の滅失によって、抜けのある視線や広がりのある視野が生み出され、その光景を捉えようと振る舞うカメラもあった（写真5）。これらの写真は、フィールドと撮影主体との関わりからカメラの振る舞いを考えることで理解しやすい例である。

⑵　機械的な要因

　また、初期の写真は感度が低いことによる長時間露光での撮影が常で、そのことで、カメラやフィルム感剤の性能によって写されうるイメージに制約が生じていた。先のオースティンの写真の例でも、室内の写真は種類が限られ、夜の写真は極めて少ない。これはフィルム感度による制約のためである。現在のデジタル写真は、露出のレンジが広く、写されうるイメージの機械的な制約は極めて少なくなっている。つまり「どう撮られ得たのか」という機械的限界は時代によって大きく変わってきたのである。

　さらにカメラボディの大きさに着目すると、それは小型化の一途を辿って

【写真5】菊池俊吉による1945年秋の銀座の写真のコンタクトプリントから。彼自身は破壊された街区の中に立ち、手前2棟の建物の隙間から奥の建物（越後屋ビル）を見通しており、破壊されてしまった町でなければ設定できない視点である。中央区銀座3丁目から2丁目方面を見る。

きたことが知られている。1920年代の35mmフィルムカメラの出現以降、都市空間におけるカメラは、きわめて日常的な領域に入り込むようになり、結果として写真に写される都市のイメージを大きく変えていった。今日では小型化、軽量化し、カメラは隅々まで入り込んでいるし、さらにドローンが現われ、都市空間におけるカメラは、より自由に振る舞えるようになってきたのである。

このように機械的な要因からも、現実の都市空間の中で「写され得なかったイメージ」が、その時代その時代に、山のようにあったことを知ることになる。

3　Why／「なぜ撮られたのか」の次元

どう撮られたのかが分かってくると、次に意識は「なぜ撮られたのか」ということへ向かう。これは撮影者側が撮影する上でどのようなコンテクストを持っていたのかを理解することを意味している。

なぜ撮られたのかがはっきりと分かる写真もあれば、分かりにくい写真もある。いずれにしても、当該の一枚の写真だけから、撮られた理由を推察することは難しい（写真に添えられた情報があれば別である）。そのような場合は前後に撮られた写真との関係から視線の動きを理解し、〈なぜ〉に迫る場合もあるし、関連する写真群の中にいくつかの類型を見いだすことで、撮影のコ

第 4 章　町の写真を撮り、読み、出会う道筋　99

【写真 6（左上）】鳥類学者であったオースティンは、鳥に関わる事物を撮影している。これは神田の濱田銃砲店（現在も営業している）。赤いジープがオースティンの自家用車。千代田区元佐久間町。
Oliver L. Austin Photographic Collection

【写真 7（右上）】ツグミやスズメの肉が売られている店頭。築地場外市場の鳥藤の店頭
Oliver L. Austin Photographic Collection

【写真 8（左下）】遠景に国会議事堂が見えるこの写真、見えているものだけから、場所を推測したが、確証を得られなかった。その後、この写真も鳥関連の写真だと分かった。オースティンが交流していた日本の鳥類学者の子息の赤坂の家である。港区赤坂福吉町。
Oliver L. Austin Photographic Collection

ンテクストを理解できる場合もある。

　先のオースティンの例でいえば、写真 a、b の内容が分かったことによって、彼の写真にどのようなコンテクストがあるのかが推察され、それによって写真 c が理解される場合もあった（写真 6、7、8）。あるいは 1961 年 12 月に台東区南稲荷町で撮影された写真群の中に商店の店頭や敷地境界部を撮った写真の類型が確認できたことによって、1964 年の東京オリンピックに向けた都市の美化運動を背景にした道路の側溝（いわゆるドブ）整備のため調査写真であると推測ができた（写真 9）。

　これらは複数の写真を含めた判断になるため、how までの次元にさらに時間軸を含めた、いわば 4 次元的な広がりの中で考えることが必要になる。

　オースティンの例でいえば、撮影された場所を推理し、さまざまな可能性があるなかから、ここしかない、という一点が明らかにされていく。この過程には知的興奮がある。

【写真9】写真は台東区南稲荷町を撮影した124枚の写真のうちの一枚。左手の家と街路との境界部を撮ろうとしていたと思われる。1961年12月。台東区下町風俗資料館所蔵

【写真10】オースティンの通勤路上である井の頭通りから撮っていた写真。始めはこの場所が分からなかったが、他の写真との関連から推定が可能になり、写っている風景の位置関係から撮影場所が同定できた。奥の緑が代々木八幡。渋谷区代々木上原町。Oliver L. Austin Photographic Collection

その過程でなされるのは、「何が写っているのか」を理解して場所を推察することだけではない。その推察を越えて、撮影の「文脈」の探索に意識が向いていく。どう撮られたのか、なぜ撮られたのかという、撮影の背後の動機や方法が次の疑問の焦点になっていく。この文脈が見えれば、写真はより正確に〈読む〉ことができる。先に述べた撮影場所を同定することも、なぜ撮影されたのかが推測できると、新たな視点が与えられることになる（写真10）。

つまり、写真を読むということは、写されたものだけをみるのではなく、撮ること自体、あるいはその視線自体、そしてその視線を向かわせた〈何か〉について考えることでもある。

冒頭で挙げたオースティンの写真の同定作業のように、一つ一つの撮影地点を明らかにすることを積み重ねることで、撮影者自身の都市や町との関わりを読み取ることも可能になる。さらに多くの撮影者と都市や町との関わり

を見ることによって、都市そのものと写真との関わり方が明らかになってくる。

④　写真に出会うこと

　オースティンの写真との出会い自体について考えておきたい。これは大きく二つの点で今日的であった。

　第一には、インターネット経由でその存在を知ったことである。かつて我が国では、我々が古い写真と出会うのは、写真展か公刊された写真集くらいしかなかった。それ以外にも、むろん、古写真を所蔵するさまざまな資料館に行けば見ることはできた。資料館は、しかし一般の生活では知る人ぞ知る「奥まった」場所である。そこで所蔵写真の閲覧を行うのは、出版社やテレビ局など、業務上の必要からの作業目的をもった人に概ね限られていたといえるだろう。昨今では、インターネットの出現によって、一般生活にも目に触れやすいところへと写真の領域が広がってきたのである。だからこそ、古い写真を巡ってのネット上での議論が交わされているわけである。

　第二に、オースティンの個人的な写真であったことである。古い写真のなかで、我々が一般的に目にしやすいものとは、公的な記録、報道機関によるもの、あるいはプロの写真家・カメラマンによる写真であり、いわば公開すること、人に見せることを前提とした写真である。しかし、オースティンはこれらの写真を公刊したり、展示をしたりする前提では撮っていない。このように公開を前提とせずに個人的に撮影されていたものが公開されることも、今日では珍しいことではなくなっている。

1　行為のフローチャート

　我々が日本にいながら、インターネットを介して、オースティンの写真を〈読む〉ことができたのは、決して偶然ではない。

　彼が撮影した写真が、フィルムケースという形あるものの中にしまわれ、家族たちによって捨てられずに物置に残されてきたこと、その後大学に寄贈され、大学側がそのコレクションを、ある研究所のコレクションとして受け

入れ、閲覧可能なように整備し、さらに一人の教員によってその写真が見いだされ、web上で公開することとなったこと、そしてそのwebページの存在を知り、twitterにtweetした日本人がいたこと。それを見た人間（私）がこれらの写真の存在を知ることになったのである。

写真を撮ってから我々に出会うまで、写真に対しての行為は概ね以下のように整理できるだろう。

①**撮られる**　　戦後、東京に来た外国人が撮影した写真は数多く残っており、オースティンの写真もそうしたものの中の一つである。GHQ天然資源局に勤務していた彼は、自分の業務関係のみならず、日常生活においても写真を撮っていた。

②**形式化される（パッキングされる）**　　彼の使っていたフィルムはカラースライドフィルムで、一枚一枚が紙のマウントに挟まれている（写真11）。さらにスライドは1ケース500枚ほど入るプラスチックのケース3つ（写真12）に分けて入れられていた。保存状態は決してよいものではなかったが、このケースにあったために、バラバラのマウントであるにも関わらず散逸していない。

③**残される→寄贈される**　　このケースはオースティンの死後も残されていたが、フロリダ州立大学に寄贈された。

④**受け入れられる**　　フロリダ州立大学では第二次世界大戦と人々の経験

【写真11、12】（上）紙のマウントに挟まれているが、保存状態によっては経年変化で劣化がおこり、フィルム自体に反りやひずみが生じてくる。（下）保管されていたケースだが、この箱自体には通気性がないため、部分的に上記のような劣化現象がおきていた。

に関する研究所（The Institute on World War II and the Human Experience）に所蔵されている。同研究所は、1997年に設立され、主に第二次世界大戦の退役軍人とその家族などから寄贈された個人的な一次資料を収集しており、そのコレクションは7,000以上を数える。その一つとして受け入れられ、資料はIDが付されることとなった。

⑤**デジタル化される**　同大学の教員で近代東アジア史を専門とするアニカ・カルバー（Dr. Annika A. Culver）氏によって、その重要性が認識され、オースティンのコレクションの大要がリサーチされ、デジタル化された。同時に、コレクションを紹介するwebsiteが開設され、画像にもアクセスができるようになった。

⑥**活用される**　このコレクションが東京にある出版社の編集者のアクセスで目に止まることとなり、冒頭の表参道の写真をtwitterでtweetしたところ、日本で幅広く反響が出た。私がオースティンの写真に出会ったのはこれがきっかけであった。その後日本の雑誌やweb系メディアでも、このコレクションそのものやこの中の写真のことが取り上げられることとなった[8]。

このように、さまざまな行為の積み重ねがあり、出会うべくして出会ったのである。こうした写真行為のフローは、コレクションによってまちまちであり、それがアーカイブ写真を特徴付けるもう一つの側面なのである。オースティンの写真行為のフローでとりわけ重要なエポックになっているのは、保管されてきたプライベートなコレクションを受け入れる先があったこと、その後、関係スタッフによってキュレーションが行われ、websiteが作られたこと。こうした行為が、写真を出会わせる場をつくることになったともいえる。

写真行為のフローは、今日的には概ね以下のような形を取ることができると、出会いのチャンスは高まるのである。

①撮影される

②形式化される

8　古本隆男＝佐藤洋一＝米野雅之「オリバー　L. オースティンが撮った天然色の東京」『東京人』
（2016年9月号）、PP38-47、web上の映像ニュース「なぜ人集まる　渋谷スクランブル交差点」
日本経済新聞サイト、http://www.nikkei.com/video/5154903967001/

③保管される

④見いだされる

⑤整理・リサーチされる

⑥デジタル化（共有可能な形に）される

⑦公開される

⑧鑑賞者と出会う

　撮影されても適切な形式化が行われないと散逸したり、価値が見いだされることなく、捨てられることも多い。あるいは個人で保管しきれず、廃棄されることもある。

　あるいはプライベートな写真が運良く公的な機関に移管されたとしても、そこでリスト化されずに、そのまま倉庫で眠り、誰からも見向きもされずにいるものも少なくないだろう。

　行為のフローのどの段階に課題があるのかを明確にすればよい。

2　誰の写真なのか

　町の写真と出会うことができるかどうかは、誰が撮った写真なのか、誰が所有する写真なのか、ということに多くを依存している。それによって、写真の扱いは大変異なっているからだ。

　というのも、町の写真を見ようとする場合、そこには多くの主体による写真が含まれるからである。例を挙げてみよう。①高名な写真家が撮ったもの、②役所の広報部など公的な主体が撮影したもの、③報道機関が撮影したもの、④個人が撮影したもの、などである。これらは同じ写真であっても扱われ方が異なり、アクセシビリティも異なってくる。

　①の場合、写真でありつつ、同時に〈作品〉でもある。その作品を収蔵している機関や個人は、美術的な価値をそこに見いだした上で収集しているので、基本的には大変丁寧に扱われることになる。また写真作品の歴史の中に位置づけられることになるので、写真存在の永続性は高いと考えていいだろう。

　②の場合、写真であると同時にそれが公的事業による成果であることから〈公共財〉としての側面も有している。本来は容易に活用と共有な可能な存

在である。事実、米国では軍関係により撮影された膨大な写真などは全てパブリックドメインである。公的な目的で撮影されたものであるため、客観的かつ記録的な視点で撮られているものが多い。永続性は、その機関のアーカイブに対するポリシーに依存するが、一般的には高いものといえる。

③の場合、写真であり、かつ〈商品〉でもある。新聞社を例に挙げれば、紙面で保有するカットに対して使用料を支払うことで、利用可能にしている。ニュース性の高い写真が多い。報道機関の資産を形成しているため、永続性は高いだろう。

④の場合、私有物であり、プライベートな視点で撮られ、市民の姿が写されているものが多い。ただし閲覧にあたっては、所有者が承諾することが必要条件であり、所有者の同意がない限りは、公開されることもない。本稿でもオースティンの写真を紹介した通り、個人の写真は時代によっては多様なイメージが含まれている。同時に個人所有の写真は、保管すること、維持し続けることには困難さがつきまとうことが多い。その結果、維持が難しく廃棄される場合も少なくない。

町の写真という場合、これらの各主体が撮影した写真が全て同じように価値があるということを前提に考える必要がある。その場合、町の側が取り組みたいことは、④の個人による写真をどのように収集し、どのように経年劣化を抑えながら延命させ、どのように共有し、どのように活用するのか、ということなのである。

3　出会いの場をつくること

町の写真と出会うには、ある町の写真を一堂に集めたような実在の場があるのが一番望ましい訳だが、それを実現するのにはいくつかの大きなハードルを乗り越えていかなくてはならない。第一に権利上の問題、第二にどう集めるのかという収集方法の問題、第三に保存方法の問題である。本稿の性格上、それぞれの問題に対する具体的な方法論について触れないが、こうした困難を乗り越えられる場があるとすれば、それはまさにインターネット上なのである。

むろん、それぞれオリジナルの写真は保管され、延命措置をはかられねば

ならない。これは大前提である。その前提条件をクリアした上で、もっとも
容易く町の写真との出会いが可能になるのは、現時点ではインターネット上
の他には考えにくい。

　もっと端的に言えば、インターネット上で共有が可能な形で「町の写真」
のデータベースを作るということである。アクセスは世界中から可能であ
り、その意味で大変グローバルな出会いの場となるが、写真自体は大変ロー
カルでかつ具体的なものである。

　むろんこのデータベースは成長型のもので、権利上の問題をクリアした写
真の点数、収集が可能になった写真を随時増えていくものである。かつ、鑑
賞者は写真の読み手にもなって、写真はその意味を更新し続けるのである。

　つまり写真とは過去を捉えて固体化したオブジェクトであるが、実は生き
ているのである。そして、それらから、着想を得て、新たな撮影行為が始め
られること。このように更新し、創発するエコロジカルな循環を媒介する場
を構想し、実現して行く必要がある。

＊本稿を書くにあたりまして、筆者も一員である facebook 上のグループ（Oliver L.
Austin Photo Collection Working Groupe）のみなさまとの調査の成果を活用させていた
だきました。また台東区下町風俗資料館、田子はるみ様には写真提供をいただきました。
記して御礼申し上げます。

第 **5** 章

Sense of Place, Sense of Ownership
——ベネズエラの災害復興議論から学ぶ地域づくりの普遍的視点——

1　はじめに

　「まちづくり」という取組みは掴み難い。ここで言う「まちづくり」とは、従来からの都市計画や都市整備などの行政によるトップダウン型の事業に対して、地域の住民や事業者が地域再生や地域発展のための「ビジョンと戦略」を考えこれに基づく様々な「実践」に主体的に携わるというボトムアップ型の取組みを指す。まちづくりを先導しコーディネイトするためには、地域全体の安全と生活基盤の下支えという行政的な視点と、地域住民・事業者の日々の生活の充実や商売の発展を目指すための戦略的思考（と、さらに観光地の場合は、来訪者の目線に立ったものの見方）を併せ持ちながら、官と民の中間に位置する「公共」という概念を扱っていかなければならないからである。「公共」とは、コミュニティであり、コミュニティとしての意思や行動であり、コミュニティが共有する地域の歴史・伝統・文化や生活の知恵であり、街路空間や公園などのように家や仕事場から一歩外へ出た公の場所や空間などである。まちづくりを実現させていくためにはこの膨大な有形・無形のもの・ことの「情報」や「関係性」、そして地域の人々の想いに配慮しつつ取り組んでいく必要がある。地域の住民や事業者を初期の段階から巻き込んで、共に地域の進むべき道を探究し、実践を重ねながら進める長い道のりである。これは一見煩雑で面倒な印象を受けるかもしれない。しかし、行政の担当者より、学識経験者等として計画策定などに関わる専門家より、そして筆者を含め外部からまちづくりの運営に携わる人間より、地域の人々の中にこそまちを再生させる「徳」と「知恵」と「行動力」があり「人物」がいる。それゆえまちづくりの初期の段階から様々なことを地域と共有し地域を巻き込む、この一見遠回りに見えるアプローチこそが何よりも地域を再生さ

せる原動力となる。

　筆者は自称「まちづくりプランナー」として地域に向き合ってきた。従来の一般的な都市計画等のコンサルタントは、主に役所の専門知識やマンパワーが不足する場合にその作業を下請けし、建築、土木、開発等の専門的な知識と経験を駆使しながら円滑な事業運営をサポートする。多くの場合、行政の事業の方針に沿って調査し、課題を整理し、住民に説明し、計画立案や事業実施の一助となる。これに対しまちづくりプランナーはむしろ住民・事業者との協働や事業化にフォーカスする。住民と共に地域を探究し、彼らの潜在的な意識や想いを汲み取り、彼らの地域資源に対する関心を喚起させ、地域のビジョンを展望し、商業活性化をサポートする。併せてそのビジョンの実現に必要な行政の事業設計・実施などの一助となる。

　なぜわざわざ行政と住民の「間に入って共に」取り組まなければならないのか。役所に任せておけばいいではないかと思われるかもしれない。しかし横断的な地域の課題に対して縦割りの行政のアプローチだけで切り込むには無理があると感じてきた。行政の仕事はある程度「縦割り」にならざるを得ない。しかし縦割りの分野ごとに政策の枠組みを捉え、それぞれの政策の下で設計された「制度」や「補助事業」の視点から地域にアプローチするシステムでは、横割りの発想・空間・時間で動いている地域の課題に十分に対処することができない。結局、地域の課題の「一分野」の「一部分」に「一定期間」アプローチするような中途半端な形となり、良い結果に辿り着くずっと前の段階でやめてしまう場合が多いからである。行政を批判している訳ではない。行政機関の存在は地域の営みにとって不可欠であることは言うまでもない。しかし、行政の施策と地域の課題解決との間には、縦糸と横糸を織り交ぜその地域ならではの魅力あるテキスタイル（織物）へと導くはた（機）のような役割が必要ではないか。そのような想いからいまの仕事に辿りついた。

　そして昨今、まちづくりプランナーとしての拙い経験から、元気のない地域の活性化も、被災し破壊された地域の復興も、共にそのサステナブルな成長の土台となるのは「地域資源」を見極める「自律的なコミュニティ」の存在であるとの思いを強くしている。これは地域の住民主体のコミュニティ

で、地域のビジョンを共有し、行政に対してコミュニティの意志をしっかり
と示すことができ、かつ、そのビジョンの実現に向けて行動できる主体を指
す。と言うのは、地域資源を見極めるためには、地域の人々を巻き込んだ議
論の場を設定し、その中で地域の有形・無形の価値を横断的に探究する横割
りの視点が不可欠であること。そして自律的なコミュニティはそのような探
究・議論を通して地域資源の価値を共有する住民や事業者により形成される
からである。

　なお、本稿で定義する「地域資源」とは地域の有形・無形の多岐にわたる
資産・資源を指している。地形、山、川、海、緑などの自然資源、地域の歴
史・文化・伝統・生活・商いなどの文化的資源、歴史的な街なみや自然風景
などの景観資源、地域の人々の記憶と経験、思考力、労働力、コミュニティ
の力などの人的資源を含めた広い概念である。

　本稿では、筆者が関わってきた地域の人々の言葉やまちづくりの取組みを
振り返りながら、改めて「地域資源」と「自律的なコミュニティ」の意味と
意義を考察する。主に、1999年12月に発生した「南米大陸史上最大の自然災
害」と称されるベネズエラの集中豪雨災害の復興過程における資料や当時の
ヒアリングノートを元に、現地の住民や復興計画に携わる人々の議論や気づ
きを整理してみた。一方で、被災から約18年を経た現在の被災地の状況把握
ができず、現地リポートとしては不十分な情報となってしまった部分も否め
ない。今なお混乱が続く社会主義国家ベネズエラの首都カラカス近郊の貧困
地区を含めたエリアという土地柄、情報入手が極めて困難である事情をお汲
みいただけると有難い。

　東日本大震災発生から1年3ヶ月後、筆者は気仙沼市のヒアリング調査[1]
に携わった。気仙沼の被災者の方々のお話を伺っていくなかで、その11年前
のベネズエラの被災地の姿や現地で議論を重ねた人々の言葉が頭の中に蘇っ
てきた。その後も繰り返し発生した日本各地の自然災害の実態や復興の厳し
い現状を知るにつけ、ベネズエラの人々の言葉の中に我が国の災害復興やま

1　気仙沼市松岩地区・前浜地区に係る水産基盤整備調査（宮城県気仙沼市）（（財）漁港漁場漁村
　技術研究所、梵まちつくり研究所/2012-2013）

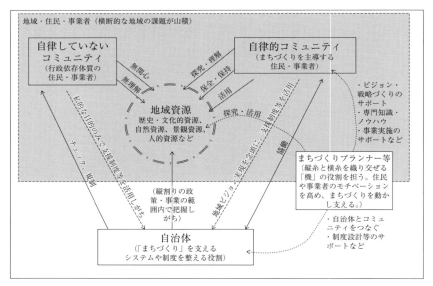

図表1　まちづくりの視点からみた地域資源と自律的なコミュニティ

ちづくりへのエールがあるように感じた。そこで本稿では、ベネズエラ被災地の復興に挑む地域と人々が、安易な解決策へ流れるのではなく、自らの地域が持っている潜在的な力を見つめ直そうとする想いを拾い出してみた。災害を契機に改めて地域と真摯に向き合うことにより掴んだ彼らの学びから、他の地域におけるまちづくりの課題解決への示唆を得ることができるからである。

2　ベネズエラの災害復興に学ぶ

1　未曾有の集中豪雨災害

　2001年1月、筆者はカリブ海に面した南米ベネズエラの港町、ラグアイラ（La Guaira）にいた。町といっても、ほとんどの家や木々は倒壊し、土砂に埋没または海へ流されていた。港は崩れ落ち、海沿いのリゾート施設は建物の基礎まで流され、無数の瓦礫と巨大な岩が散乱する荒廃地と化していた。

第 5 章　Sense of Place, Sense of Ownership　　111

　その約 1 年前の1999年12月、ラグアイラのある「リトラル（Litoral）地域」
一帯は年間平均降水量の 2 倍の大雨に 3 日間見舞われた。「リトラル」とは
スペイン語で沿海、沿岸を意味する。リトラル地域の南側には海岸線と平行
した急峻な丘陵が連なっており、この丘陵からカリブ海へ流れ込む幾筋もの
川で大規模な土石流が発生。地盤の緩みによる土砂の崩落を伴いながら傾斜
地や川沿いの人家と下流域の市街地を一気に飲み込んだ。直径 1 m を超え
る大きな岩が洪水と化した扇状地でも暴れ回り、低層の建物はおろか中高層
の鉄筋コンクリート造の建物までも破壊した。 3 万人から 5 万人と言われる
死者・行方不明者を出し「南米大陸史上最悪の自然災害」と称された。

　2011年 3 月、我々の心に大きな傷をもたらした東日本大震災の犠牲者が 1
万8000人を超える規模であったことを考えると、改めてこのベネズエラの災
害が途方も無いスケールであったことに気付かされる。

　当時、筆者はベネズエラ・カラカスのメトロポリターナ大学（Universidad
Metropolitana）とハーバード大学の合同研究チーム[2]の一員としてリトラル地
域に来ていた。そもそもベネズエラという国は南米大陸の北に位置する社会
主義国家である。日本から見ると地球のほぼ裏側に位置する。日本人にとっ
ては最も馴染みの薄い国の一つと言えよう。その国の北の沿岸にラグアイラ
のあるリトラル地域がある。ラグアイラはカラカス大都市圏の北側に隣接す
るバルガス州の州都であり、1577年、カラカスの街が建設された年の僅か10
年後にラグアイラ港が開港した。スペイン植民地時代からカラカスの外港と
して栄えた歴史のある土地である。目の前には青々と光るカリブ海が広が
り、背後の丘陵地帯に目を転ずれば8,500ha もの広大な森林地帯を擁するエ
ル・アビラ国立公園を望むことができる。潮の香りと山の緑の風を感じる風

2　ハーバード大学デザイン大学院2000/2001後期に実施された調査研究プロジェクト「ベネズエ
　ラ・リトラル・スタジオ」。本プロジェクトは、ベネズエラ・カラカスのメトロポリターナ大学
　が Autoridad Única de Área del Estado Vargas（被災地のリトラル地域を管轄するバルガス州
　復興のために組織された特別機関）の要請を受けて実施した復興計画の検討事業の一環として行
　われた。本プロジェクトのメンバーは、総勢20名。ベネズエラ側のリーダーはディビッド・ガバ
　ヌーア（David Gouverneur）氏であり、現在、米国ペンシルバニア大学の准教授として都市デ
　ザインなどを教えている。米国側のリーダーはケン・グリーンバーグ（Ken Greenberg）氏であ
　り、かつてカナダ、トロント市の都市デザイン・建築部長を務め、現在はトロント大学で教鞭を
　執る傍らトロントを拠点とする建築・地域計画事務所の代表を務めている。

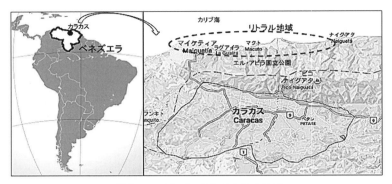

図表2　ベネズエラとリトラル地域

図表3　被災前（上）と被災後（下）　下図の白い部分（扇状地、三角州）は洪水被害が大きかったエリア。海岸線が変わってしまった箇所も見受けられる。　出典「Redevelopment of El Litoral Central Venezuela」

光明媚な土地である。

　一方で、丘陵を上がるにつれ「バリオ (barrio)」[3]と呼ばれる不法占有の貧困地区が増え、地域の貧富格差が問題となっていた。ベネズエラといえば世

3　バリオとは、カラカス周辺の丘陵の崖地・傾斜地に密集する貧困層の居住地区のことを指す。ここは、実態上、行政権・司法権がほとんど機能しない所謂「無法地帯」と言われており、被災したリトラル地域にも多くのバリオが存在していた。政府はバリオの居住実態を十分に把握していないため、被災者の規模さえ掴めない状況にあった。バリオでは、開発も土地利用も商取引も無秩序の中で行われていると言われている。

第 5 章　Sense of Place, Sense of Ownership　113

図表 4　リトラル被災地　(1)-(3)筆者撮影（2001年1月）(4)-(6)出典「Redevelopment of El Litoral Central Venezuela」

界屈指の原油埋蔵量を誇る産油国であるが、石油部門の雇用者は国の労働人口の1％にも満たない。石油に過度に依存した産業構造の下、貧困問題や治安の悪化が問題視されている[4]ことは周知のとおりである。このリトラル

4　ベネズエラは、1917年の石油採掘を契機に、石油や埋蔵鉱物という天然資源を売り不労所得を得る経済へ大きく舵を切る。近年では世界屈指の原油埋蔵量を誇る産油国となり、総輸出額に占める石油の割合は約9割と極めて高く、財政収入もその多くが石油資源に依存している。この結

114

地域も、カラカスまで僅か30kmという大都市近郊の立地性もあり、数多くのバリオが川沿いに建てられていた。多くのバリオ住民が氾濫した川の犠牲となった。

2　復興を願う人々の内なる声

　我々の研究チームはカラカス及びリトラルを訪問し、被災地の視察や被災者・復興関係者へのヒアリングを行った。また、復興計画を検討していたメトロポリターナ大学のメンバーからのレクチャーを受け、彼らとの意見交換や議論を重ねた。本稿ではこれらの検討過程における人々の言葉を振り返っていきたい。というのも、最終的にまとめられた土地利用方針や計画図面よりも、これらの検討過程で生まれた気づきや意見の中にこそ地域計画の普遍的な視点や地域との向き合い方のヒントがあると感じたからである。

　なお、我々の研究チームは一連の視察・調査等を踏まえ、マクト（Macuto）から西側の沿岸地域についての提案をとりまとめた。本提案には、基本的な土地利用と道路整備の方針を示した上で、地域再生の鍵となる重点箇所 ―川の周囲や扇状地の緑化、空港・港・道路の再整備、バリオのリロケーション、商業地区の再生等― の戦略やアーバンデザイン案などを盛り込んだ。詳細については『Redevelopment of El Litoral Central, Venezuela[5]』を参照されたい。

　リトラル地域の視察を通して出会った被災者へのヒアリングや、共に視察・研究を行ったメトロポリターナ大学の研究者やその関係者との議論を重ねる中で、彼らが地域の資源、特に自然の存在を「Nature's real face」と「Sense of place」に意識的に分けて捉えていることに気付いた。前者は「自然の本性」とか「自然のありのままの姿」、後者は直訳すればその地域なら

果、石油産業以外の産業の生産性の悪化、オイルマネーによる軍拡など、様々な経済・社会問題を抱えている。特に、働かずとも得られる収入源である石油への依存体制の長期化により、その産業構造は国際石油価格の動向に対し極めて脆弱である。1970年代の石油ブーム以降の景気停滞の中で、経済低迷のあおりを受け易い中間所得者層が没落。低所得者層の貧困問題や治安の悪化などの問題も深刻化している。

5　Oscar Grauer, Universidad Metropolitana（Eds.）Redevelopment of El Litoral Central, Venezuela. Oscar Todtmann Editores, Caracas. 2001.

第 5 章　Sense of Place, Sense of Ownership　　115

図表 5　『Redevelopment of El Litoral Central Venezuela』

ではの感覚や性質という意味だが、本稿で定義する「地域資源」の概念に近い考え方だと感じた。彼らの主張は、今回の被災体験から、行政も地域の住民も「Nature's real face（自然の本性）」の側面を学び、かつ、「Sense of place（地域特性／地域資源）」を意識して守るようになるべきというものだった。一方で、国民に「Sense of ownership（当事者意識）」が欠けているので、そもそもそのようなことを期待するのは難しいとの指摘もあった。そこでこの3つのキーワードの視点から彼らの議論を整理し、リトラル被災者をはじめ復興に奔走する人々の内なる声を探ってみることにしたい。

3　Nature's real face　（自然の本性）

　実はリトラル地域はこれまでも70年ほどの周期でこのような集中豪雨に見舞われ、家が流される被害を被ってきたという。特に不法占有の貧困層が暮らすバリオの住宅は煉瓦造りにトタン屋根の簡易な構造で、通常の雨量による地盤の緩みが原因の土砂崩れは頻繁に起きていた。しかしこれほどまでに大規模な集中豪雨の発生とこれによる大災害は、地域の住民にとっても、そしてベネズエラ政府にとっても「想定外」だったという。このような集中豪雨に対する備えはなく、予想を遥かに超える人的被害をもたらした。
　被災直後は「川も海も二度と見たくない。」「水（川・海）の見えないとこ

ろに移住したい。」「高い堤防を築くべきだ。」などの意見が大勢を占めていたという。しかし被災後一年が経過したリトラル地域では人々の災害に対する意識に変化が表れていた。それは彼らが「想定外」と語った集中豪雨こそが「Nature's real face」、つまり「自然の本性」であるという実感である。現地を案内してくれたメトロポリターナ大学の教授は語った。「自然とはそもそも人間の力の及ばない、人間の想像を遥かに超える存在であること、想定外の存在だということを改めて痛感しました。」だから被災もやむを得ないという意味ではない。住民は「想定外のことが起きるのがリトラル地域の自然である」ということを肝に銘じ、想像力を研ぎ澄ませ、緊張感を持って生きなければならないという教訓である。

　災害の恐怖や悲しみから時間を置くことにより地域の人々に共有されるようになったもう一つの認識は、「そもそも自ら危険な状況をつくってしまった」という後悔の念である。前述のとおり、被災した家の多くは簡易なブロック塀にトタン屋根という劣悪な構造であり、川に近い急峻で地盤の弱い斜面にへばりつくように建てられていた。長い年月をかけてエル・アビラの山に向かって木を切り倒し家や道を継ぎ足していく行為が、森林土壌（樹木の落葉枝によって形成された土壌）を奪い、土石流や洪水の大規模化につながっていった。富山和子は森林土壌の水の浸透率について次のように述べている。

　　　「森林と草地とでは、土壌への水の浸透率は格段に違う。同じ森林であってさえ、森林土壌の整備されたところでは１時間に100〜150ミリもの降水を貯溜するのにひきかえ、落葉下草の採取、放牧、火入れなどで地表面が緊密化した森林では、その貯溜量は0.1〜１ミリにすぎないのだ。ゴルフ場の建設が自然破壊として批判されている大きな理由もそこにある。まして裸地にしたその上を、建物や道路舗装で全面的に覆ってしまうのである。水は逃げ場を失い、コンクリートの斜面を走るしか方法はない[6]。」

　リトラルの山の斜面に広がる市街化の状況では、壊されても流されても構わないと宣言しているようなものである。この災害を自然災害ではなく人為

6　富山和子『水と緑と土』［中公新書348］（中央公論新社、2012年）p.31

第 5 章　Sense of Place, Sense of Ownership　117

図表 6　海と山に囲まれたリトラルの風景と山の斜面に建てられた建物　筆者撮影
（2001年1月）

災害だと評する専門家も多い。このようにバリオでは極めて無警戒な土地利用が行われ、それが大災害を引き起こした。我々の現地調査では豪雨災害のハザードマップも確認できなかった。バリオがつくられるようになる以前は、川沿いにこれほど多くの建物は建っていなかった。そのような場所で川が氾濫しても、川沿いの木々が、そして森林土壌が水の流れを和らげていたのである。

　「Nature's real face」のテーマについての議論から行政に求められる役割や地域の心構えが浮かび上がってくる。言わずもがなのことではあるが、大前提として行政が豪雨災害をはじめとする将来の自然災害の発生に関する調査・研究を進め、少なくとも災害が発生する可能性のある地点、想定される被害程度と被害の拡大範囲、避難経路と避難場所に関する情報の周知を図らなければならない。その上で地域の住民や事業者が「自然の本性」について

学ぶ機会をつくる必要がある。過去を振り返るとこの地において大規模な豪雨災害や津波災害が発生してきた歴史があり、今後も地域全体を飲み込むような大規模豪雨災害が発生する可能性があること。それが「リトラルの自然」の一面であること。自分の身を守るためにどこに住みどんな家で生活すべきか再考すること。日頃から降雨量予報などの情報収集に努め、いざという時に落ち着いて避難できる体制を整えておくことなどである。

　我々の研究チームに同行した当時のメトロポリターナ大学学部長でリトラル復興計画の検討プロジェクトのコーディネーターを務めたオスカー・グラウアーは、次のように述べている。

> 「自然に逆らえる者などいない。全てのものは自然との協調関係の中でのみ生きることができる。地球上のいかなる場所においても、人間は日々、自然のリスクと向き合いながら生活している。我々はこのリスクを取り除くことはできないが、最小限に抑えることはできる。我々がこのリスクについて理解することができれば、そして、我々が自然の行動や猛威について学ぶことができれば、我々はこの地球上でより賢い生き方ができるようになり、より安らかな毎日を送ることができるようになるだろう。正しい場所に正しく住むためには、（長い歴史の中で人々が受け継いできた）知恵とこれに基づく賢明な判断が必要である。リトラル災害の実態は、この知恵を無視した、度を超えた行い（開発、土地利用、不法占有等）の結末である[7]。

4　Sense of Place（地域特性、地域資源）

　復興調査・検討の議論の中でベネズエラのメンバーたちが口にしていたもう一つの言葉「Sense of place」にはどのような意味が込められているのか。

　それは、歴史を振り返ると先人たちは度重なる集中豪雨災害を経験しながらもここに住み続けその自然の恵みを享受し続けてきたという事実をどう捉えどう整理すべきか、という議論から説明することができる。

7　Oscar Grauer, Universidad Metropolitana (Eds.) Redevelopment of El Litoral Central, Venezuela. Oscar Todtmann Editores, Caracas. 2001, p. 8 の下記の記述を筆者が翻訳。
　"One cannot fight Nature; one can only live in harmony with it. Everywhere on our planet, man is confronted with risks. It is impossible to eliminate them; we can only minimize them. If we study and understand them, if we learn about the behavior of Nature, we can act sensibly and feel safer on our planet. To rightly inhabit a place requires wisdom. The occupation of El Litoral was the exact opposite; the place had been overrun with neglect."

第 5 章　Sense of Place, Sense of Ownership　119

　リトラル地域では従来から漁業、港湾ビジネス業、貿易業、農業、観光業などの地場の産業が営まれてきた。地域の西には国の玄関口であるシモン・ボリバル国際空港を擁し、ラグアイラをはじめとする港にはエビ、マグロなどが水揚げされ、カカオやコーヒーなどが輸出されていた。沿岸にはカラカス市民が週末に訪れるビーチがあり、ホテルやレストラン等の商業施設や、カラカス大都市圏からの移住者用のマンション等の住宅施設も多かった。リトラルはカリブ海に浮かぶリゾートの島へ渡る拠点ともなっていた。

　このため議論の当初は、リトラルの海は地域の漁業収益を生み出す土壌であり、貿易港として海外との物流の拠点であり、美しいビーチリゾートなどの観光資源であるという認識からスタートした。つまり、海や港や海岸などの地域資源の「経済的な価値」に着目していたのである。

　しかし議論を進める中で、実はこれらの価値を下支えしている「海の恵み」という根幹的な価値があることに気付かなくてはならないとの意見が出てきた。その海の恵みを支えているのは背後のエル・アビラの丘陵森林地帯であり、その森と海を繋ぐ川である。漁業、貿易業、リゾート業に携わる人々の多くは、日々、目の前の青く輝く海だけを見つめながら生きてきた。背後の山や川へ思いを巡らせることはなかった。リトラルの森→川→海の生態系のバランスが成り立つことによりもたらされてきた森・川・海のそれぞれの恵み、そしてこれら一体としての自然の恵みが地域の産業を支えていることを「意識して」捉えている人は少ない。森林、農地、水域に備わっている自然の浄化・循環機能に関する知識が十分に伝承・共有されてきたとは言い難い。これらの機能も価値ある地域資源と捉え守り続けていくことが地場産業を復活させサステナブルな発展へと導く鍵になる。このような地域資源の捉え方が彼らの言う「Sense of place」である。

　自然の生態系だけではない。長い歴史によって培われたリトラルの生活風土とまちの文化、山の緑と空のライトブルーと海のコバルトブルーが一体となったリトラルならではの美しい風景、そして海と山の香りが混ざった清々しい風も「Sense of place」の一部である。これらの地域資源の存在が「リトラルらしさ」を生み出し、深めてくれた。どれも失って初めてその存在の大きさに気付くものばかりである。失ったら二度と取り戻せない（または、

図表7　被災前のリトラルの風景　(1)シモン・ボリバル国際空港　(2)ラグアイラ港
(3)マリーナ　出典「Redevelopment of El Litoral Central Venezuela」

図表8　被災前のリトラルの風景　(1)エル・アビラ国立公園からビーチとカリブ海を望む
(2)伝統的な街並み　出典「Redevelopment of El Litoral Central Venezuela」

取り戻すのに長い時間のかかる）地域資源である。
　このように「Sense of Place」の価値は、漁業の収穫高、レストランの利用客数、ホテルの宿泊客数などのように定量的に測ることのできる価値、すなわち市場で評価される価値だけではない。森・川・海の循環は地球規模の環境的な価値であり、風土、文化、風景、風の香りなどは人々の心、感覚、感性を通じて評価される定性的な価値である。これらは一見非経済的に捉えられがちであるが、守り高めることによって経済的な価値を生み出していく。

第5章 Sense of Place, Sense of Ownership 121

　地場産業の復活を急いで港を整備する前に、川の堤防や護岸工事を始める前に、住宅地やホテル等の商業施設の区画を整備する前に、リトラルの「Sense of place」が損なわれることにならないか立ち止まって考えることが重要である。森・川・海の生態系や美しい風景を壊すことにならないか。地域の風土・文化を損ねることにならないか。地域の人々の記憶や精神的な支えとなってきたまちの文化を継承しながら発展するビジョンが描けているか等々熟慮すべきことは山ほどある。

　しかし、被災直後の大変な時期はそのようなことを考える時間も心の余裕もない。だからこそ被災前から、つまり日頃から「Sense of place」を地域で確認・共有できる場をつくっておくべきだった。

　言うまでもないが、リトラル地域の人々の強い希望としてかつてのように「人が沢山来てくれる場所であり続けたい」という想いがある。リトラルを訪れていたのは観光客だけではない。移住者も沢山いた。被災して地域を去った人々やカラカス大都市圏から週末に遊びに来ていた人々がリトラルを再訪したとき、リトラルの魅力が健在であることを感じてもらいたい。再び国内外の観光客を魅了できる場所を取り戻したい。そのためには地域の住民や事業者が「Sense of place」の価値を共有しながら活かし、リトラルが培ってきた自然環境と人間の営みとの一体性が感じられる場所を取り戻さなければならない。

　なお、彼らが「Nature's real face」と「Sense of place」を分けて議論しようとしていた背景には、「防災」の名のもとに「Sense of place」を失ってはならないという想いもあった。国内外で自然災害対策の一環として建設された防災施設のなかには「Sense of place」をないがしろにしている例が見受けられるからだ。防災の話と地域資源価値の話を混同してはならない。これらは次元の異なる議論である。我々は地域の文化と豊かな自然に癒され生かされてきた。我々の子孫も同様に癒し生かしてもらわなければならない。したがって防災のために「Sense of place」が損なわれることがあってはならない、という主張である。

前述のとおり被災直後は「川も海も二度と見たくない」「高い堤防を築くべきだ」などの地域の意見もあったが、時間の経過と共に川や海に対する被災者の恐怖心が和らいでいった。実際、雨が降り始めた途端に家が崩れたわけではない。3日間の集中豪雨の末に惨事が起こったのである。逃げる時間は十分にあった。リトラルで命を落とした人の多くは「逃げれば助かった人々」なのである。これは日本の自然災害の長い「教訓の歴史」の中でも返す返す指摘されてきたことである。災害研究の第一人者である河田惠昭は文理融合型の防災・減災を主張し、津波災害避難について次のように述べている。

> 「私が読者にとくに伝えたいことは、『避難すれば助かる』という事実である。そのためには、まず津波に関する知識の絶対量を増やすことが先決である。これらの知識で新しい"常識"を身につけるのである。しっかりとした知識に基づく避難をここでは『生存避難』と名付けた。これからの安全・安心な減災社会では津波に関する包括的な知識とそれに基づく行動が必要なのである[8]。」

リトラルの被害は集中豪雨が引き起こしたものだった。しかしこの地域は過去に地震や津波も経験している。自然をはじめとするリトラルの豊かな地域資源を守り活かしながら、1999年豪雨災害をはじめとする過去の自然災害の経験と教訓を蓄え、未来の自然災害時に「生存避難」できる体制づくりが求められる。

5 Sense of Ownership（当事者意識）

共同研究チームの議論から出てきた第三のキーワード「Sense of ownership」は地域づくりにおける「当事者意識」を意味する。もし「Nature's real face」や「Sense of place」の考えを住民や事業者の中に根付かせることができれば、彼ら一人一人が「地域づくりの一翼を担っている」という当事者意識を持つことができるのではないかという意見である。

「ownership」は辞書によると「①所有権、所有者 ②当事者意識、責任

---

8 河田惠昭『津波災害』［岩波新書1286］（岩波書店、2011年）p.iii

感」などと定義される。地域づくりの観点から考えてみると、土地や建物の所有者（ownership）である地権者たちは地域のこれからを展望し築いていく当事者意識（ownership）を持つ人々であると説明できる。人は ownership（所有者）としての自覚を持って行動するとき、総じて受け身ではなく能動的に物事に関わるようになる。そこに「責任感」が生まれる。住民・事業者の一人一人が自分の家族のことや仕事のことに加え「地域」のこれからのことを「自分のこと」「会社のこと」と捉えることができれば、地域の課題解決に主体的に取り組むモチベーションが生まれる。自律的なコミュニティはこうした一人一人の心の変化から芽生えてくる。

　実際、貧富の差や地域社会の成熟度合いの差こそあれ地域づくりにおける当事者意識の重要性はベネズエラも日本も変わらない。自然災害から身を守るための防災マニュアルも、ゴミ処理・清掃・防犯等に関する生活環境のルールも、街なみ改善のための景観ルールも、当事者意識を持った地権者間で理解され共有されて初めて意味を持つ。地域の人々が主体的に関わろうとしない限りこれらの約束事は絵に描いた餅にすぎない。

　さて話を戻すと、リトラルの人々に「Nature's real face」や「Sense of place」の考えを根付かせるために何をしなければならないか、という問題が提起された。従来からの行政機関のちらしやラジオを通じたアナウンスなどの政府からの一方的な情報発信だけでは、人々の頭の中に「根付かせる」ことは難しい。帰するところ彼らを集めて情報を共有する何らかの機会を設けること、さらに参加できない人とも情報を共有できる仕組みをつくることが、唯一にして最善の策ということになるのか。

　実際、地域の人々が集まって話し合う所謂住民参加型の集会の効果は、単に「新たな情報や知識を得る場」としての機能にとどまらない。隣人の考えを聞き、隣人のものの捉え方を知り、隣人の描く地域のビジョンはどのようなものか理解しようと努め、地域の課題に対して自分ができることがあるかもしれないと思いを巡らす…。このように参加者の一人一人が地域について考える時間を「意識して」持つことが、結果として地域の本質を理解し、「地域の中の自分の存在」を再認識し、隣人の思い・行動・立場などを理解することにもつながる。

現にベネズエラでは1980年代後半から住民による自治の活動が起こり始めていた。坂口安紀はベネズエラにおける市民の政治参加に関する調査報告書において次のように述べている。

> 「（前略）経済危機によって困窮する生活や、財政危機のため縮小され不足する社会行政サービスを補完するために、住民組織やさまざまな市民社会組織、NGOによる支援・自助活動が見られるようになった。スラム地域（ベネズエラでは『バリオ』や『ランチョ』と呼ばれる）では、水道や共用通路の整備や小学校建設などをコミュニティ住民組織が自らの力で、あるいは外部のNGOなどの支援を得ておこなう動きが生まれた。一方中間層以上の居住地域では、防犯やコミュニティの公園などのインフラ整備を行う自治組織（Organización de vecinos）が活発化した。さらに地方分権化が進んだ1990年代になると、そのようなコミュニティ組織と地方自治体（主に市政府）の間の協働の動きが生まれた。（中略）とはいえ、これらはローカルレベルの政治参加の萌芽と言うべきで、全国的に広がったということではない[9]。」

このようにベネズエラ各地のコミュニティで様々な住民組織が生まれ主体的にコミュニティの問題解決に取り組む事例が見られた。しかしこれらは貧困と悪化する治安から身を守り、最低限の生活や子育て・教育環境を確保するための取組みがその多くを占めている。「Nature's real face」や「Sense of place」の考えを学び、将来の自然災害に備えて移住したり家を補強・建て替える余裕もなければ、コミュニティの地域資源の価値や活かし方について学ぶ余裕もない。仮に自らの行為が地域の自然や文化的な環境に負荷をかけることになると自覚している住民がいても、彼らにとってはこの国で生きるためのやむを得ない選択である。

そして奇しくもリトラル集中豪雨災害が発生した年と同じ年（1999年）、独裁的なウゴ・チャベス政権が誕生した。チャベスは計画経済や通貨統制を進め経済危機を誘発、物資・食糧不足、電力不足、格差・貧困問題、治安の悪化を深刻化させていった。

坂口によると、チャベス政権下では当初「国民が主人公の参加民主主義」

9　坂口安紀「ベネズエラの地域住民委員会と参加民主主義」上谷直克編『ポスト新自由主義期におけるラテンアメリカの政治参加』（アジア経済研究所、2013年）、第7章 p.3-4

が掲げられ、既存のコミュニティ自治会等と同列の組織として「地域住民委員会（Consejos Comunales）」の設置が呼びかけられた。同委員会はコミュニティ内の課題解決を住民の参加により実践する場であり、実際に多くの地域住民委員会が設立された。しかしチャベスが2007年に社会主義を標榜して以降、住民の発意により設置・運営されてきた地域住民委員会は社会主義実現のための国家の指示系統の末端組織として位置付けられてしまう[10]。社会主義政権下で住民による主体的な地域づくりを行うことの難しさを窺わせる。

その後、国政の混乱と経済危機を抱えたまま2013年にチャベスは亡くなるが、今なおチャベス派の大統領の下でベネズエラ経済も国民の生活も危機的な状況が続いている。

このように貧困と政権の混乱が、ベネズエラに限らず多くの途上国において、自然災害への備えや地域資源を活用したまちづくりを妨げる元凶となっている。

10 　坂口安紀「ベネズエラの地域住民委員会と参加民主主義」上谷直克編『ポスト新自由主義期におけるラテンアメリカの政治参加』（アジア経済研究所、2013年）、第7章
（下記に主要部分を抜粋）
チャベス大統領は、1999年、国民が主人公の参加民主主義を掲げたボリバル憲法を制定し、2002年には、地域のコミュニティレベルの参加民主主義の実践の場としての「地域住民委員会（Consejos Comunales）」の設置を呼びかけた。地域住民委員会は、既存のコミュニティ自治会や地域のNGOと同列に、コミュニティの予算作成や配分に参加する組織として位置付けられ、コミュニティのインフラ整備をはじめ様々な問題をコミュニティ内で解決することが目されていた。特に、チャベス支持派の貧困層を中心に地域住民委員会が数多く設立された。2007年、チャベス大統領が提示した憲法改正案において国是として社会主義を標榜することが打ち出され、その実現のための枠組みとしてコミューン国家ビジョンが打ち出された。これは国民投票によって否決されたが、2010年末にチャベス派が支配する議会を使って、否決された改憲案の内容がほぼそのまま制度化された。コミューン国家（Estado Comunal）とは、地域住民委員会を基礎とし、その代表が集まってコミューン（Comuna）を形成し、さらにその代表が集まってコミューン市（Ciudad Comunal）を形成し、そしてそれらがコミューンを形成するという国家ビジョンである。そこでは地域住民委員会は、もはや市民社会組織ではなく、国家体制の末端組織として位置づけられている。また、コミューン国家とは社会主義の実現のための国家体制であり、地域住民委員会、コミューン、コミューン市はいずれも「社会主義的組織である」とされる。それまでは、チャベス大統領の声かけによるとはいえ、コミュニティ住民のイニシャティブで設立されていた地域住民委員会は、「社会主義的組織」として制度化された。すなわち、社会主義的でない地域住民委員会はこのビジョンでは存在しえず、社会主義に賛同しない市民らは、地域住民委員会を通した政治参加や資源配分へのアクセスから排除される。

なお、防災情報や地域資源の共有について「（政府等からの）一方的な情報発信」で終わらせずに「地域の人々の頭の中に根付かせること」は、ベネズエラに限らず世界中の国々における地域づくりの最大の課題といえるだろう。

豪雨災害、洪水、津波などの防災情報については、各国の政府が水防の基礎知識、浸水想定区域、避難場所などを記載したハザードマップを準備し、各世帯へ配布したり、インターネットを通して、または説明会を設けて防災体制づくりを呼びかけたり避難訓練を実施したりしている。「災害は忘れた頃にやってくる」というが、住民に対して様々な災害の特徴や避難方法をしっかりと周知し、かつ、定期的な注意喚起や避難訓練をくり返すことにより災害に対する緊張感を呼び起こす必要がある。日本では当たり前のことと言われるかもしれないが、現実には「当たり前の継続」がしっかりできていないところが多い。

河田は「減災社会を築く」ために「情報を避難に結びつける」課題について、日本の津波ハザードマップ、高潮ハザードマップ、洪水ハザードマップの違いがほとんどの住民に理解されておらず「配布しただけでは効果はあまりない」としたうえで、洪水ハザードマップについて次のように述べている。

> 「浸水危険性に対する理解と避難勧告の対象となる住民の多さとのアンバランスがいまだに解消されていない。避難勧告の対象人口が数十万人に対し、実際に避難した人は数十人というような現象が、全国各地で起こっている。河川が増水し、洪水はん濫すると、どこがどのように危険であるかということが住民にほとんど理解されていない。ハザードマップが完成したら、それを理解するために、ワークショップに住民全員が参加するような仕組みを作らなければならない。自治体がいくら精緻にハザードマップを作っても、それが実際に住民避難につながるわけではない[11]。」

一方、地域資源の共有についても、世界各地で住民参加型の説明会、検討会、ワークショップ、専門家による講演会やシンポジウム、体験型イベントの開催、個別訪問による説明などが試されてきた。また、例えば地域の環境

11　河田惠昭『津波災害』［岩波新書1286］（岩波書店、2011年）p.126-128

第5章　Sense of Place, Sense of Ownership　127

と調和した建物や設備などをつくってみせる、地域の歴史的建築物や古民家を改修して店舗等として活用してみせる、文化・芸術などの強みを活かした施設を整備したりイベントを開催してまちづくりの中核機能を演出してみせるなど、見本となる仕組みや活動や建物をまちの中に仕掛け成功事例をつくることを通して地域資源を守り活用することの大切さを発信している地域も多い。どれもコミュニティの現状に一石を投じ自律的なまちづくりの動きにつなげたいとの意図がある。要は大なり小なりコミュニティの人々が会し、潜在的な地域資源を共有し、問題意識や危機意識を分かち合い、ビジョンや対策を立ててトライ・アンド・エラーの実践を繰り返すことのみにより地域は前進できるのだ。ベネズエラの人々のいう「Sense of ownership」はこのような様々な試みを通して醸成される「公共の意識」と言い換えることもできるだろう。すなわち「民間」と「行政」の中間に位置するコミュニティ（＝地域住民・事業者の集合体）としての自覚であり、そのコミュニティの自発的な意志や行動であり、様々な地域資源を公共の資産として守り育てる取組みでもある。このように「公共」の視点から地域の強みや地域が抱える課題を見通し行動することができるようになると、取り組むべき対策のプライオリティとロードマップがより鮮明に見えてくる。行政に依存しない「自律的なコミュニティ」の姿がそこにある。

③　おわりに

リトラルの視察・調査を通して出会った人々が、「自然には二つの側面があること」を自分自身に言い聞かせるように繰り返し語っていた姿が印象的である。一つ目は「Nature's real face」－自然の本性や自然の猛威を認識すること。自然は人間の力ではどうにもならない恐ろしい災害を引き起こす生き物である。「"正しい場所に正しく住む"ためには、地域の歴史が蓄えてきた知恵とこれに基づく賢明な判断が必要である。」復興計画検討のコーディネーターを務めたオスカー・グラウアーの実感である。その上で日頃から起こりうる災害時の避難シミュレーションを重ね、いざという時に備えなければならない。

二つ目は「Sense of place」− 地域ならではの豊かな地域資源（自然資源、歴史・文化資源、景観資源、人的資源など）を見つめ直すこと。特に自然は「恵みの資産」として古の時代から地域の生活を支え、地域の文化をつくり、地域の産業を発展させてきた。子供たちに笑顔を授け、厳しさを教え、感動をもたらしてきた。我々はこの母なる大地に生かされてきた。これからも我々の子孫を生かしてもらわねばならない。

さらにそのうえで重要な学びがあった。これら2つの側面を混同してはならないことである。「防災」の名のもとに「Sense of place」が損なわれるようなことがあってはならない。自然の脅威に対して備えることと、地域の自然・歴史等の貴重な資源を守り活かすことは別次元の議論であるという考えだ。美しい海とまちを分断する防潮堤の壁を築いてきた（そして今後さらに増やそうとしている）自然災害大国・日本にとっても意義深い教訓である。

最後に、筆者が本稿の執筆を通して改めて考えさせられた学びがある。それは日頃から（＝被災前から）できるだけ多くの地域資源とその活用方策に関する情報を可視化することが豊かな地域の土台をつくるという学びである。地域の本質的な強みや魅力を形成する地域資源の情報やそれをビジネスに活かすヒントとなる情報量が多ければ多いほど、さらに、それらの情報を共有しながら議論できる住民・事業者が多ければ多いほど、彼らの生きる選択肢が広がる。地域の歴史を知ることで、それまで「当たり前の場所」だったところが、先祖が懸命に生き自分も生かされてきたかけがえのない場所へ変わる。隣人の考えや想いを知ることで、コミュニティならではの繋がりと可能性に気付く。地域の強みを知ることで、その強みを活用して「私がやりたいこと」や「商売でやりたいこと」の道筋が見えてくる。地域の弱みを知ることで、それを補う方策がビジネスチャンスにつながる。そしてこれらの気づきと同時に、一人一人が「地域のためにできること」の選択肢も可視化されていく。結果として「住民生活の安定」と「地場産業の発展」と「地域の魅力化」の全てに資する活動が増えていく。

特に観光業や地域の資源を使った商品やサービスの開発を主要産業とする地域の行政の最大の役割は、この情報の可視化にあるのではないか。

第5章 Sense of Place, Sense of Ownership 129

　地域資源とその活用方策に関する様々な情報を住民や事業者が日常的に反復認識でき、彼らが自主的に「考え、気づき、実践することができる」基盤を整えることこそが地域を治める「自治」の本質だと感じることがある。この基盤が整えば（詳細な政策誘導がなくとも）元来人間は「Sense of ownership」を発揮し、多様な選択肢の中から地域を高める何かを選び出し実行する力を備えていると思えてならない。自分たちはどのようなまちを目指すのか。そこでの顧客はどのような層で、顧客へ提供する価値はどのようなもので、いかなる手段でそれを実現させるのか等々。もとより先人たちはこれらの課題と向き合いながら生きてきた。

　実際、微に入り細にわたる政策は期せずして地域の「選択できる」権利を奪ってきたことも否めない。それは「1＋1は2である」と、答えの決まっていることの中からさらに「教えるべきこと」として大人が決めたことだけを子供に教え込む教育と、どこか似ている。卒業後に子供たちが生きる「社会」は答えのない問題で溢れている。そのような世界で生き抜いていかなければならない子供たちに教えるべきことは、先人の知恵と経験を学びながら、想像力を研ぎ澄ませ、彼らが直面する課題の置かれた環境や問題の本質をとことん探究し、その時々にベストと考えられる答えを出し続け行動し続けることの大切さであろう。地域の再生も同じことである。

　まちづくりにおける行政の役割をもう一つ加えるなら、このような自律的なコミュニティの活動を「下支え」することではないか。まちづくりの活動の質がある水準以下に下がらないように制度的な枠組みを整備してまちづくりを下から支える、という意味での「下支え」である。例えばコミュニティの活動に支障をきたす要因を取り除くための制度、コミュニティの合意事項をオーソライズするための制度、コミュニティの活動を円滑に進めるために必要な（コミュニティだけでは対処が難しい）技術的・経済的支援などである。

　我々人間はこれまで幾度となく被災と復興の経験を積み重ねてきた。にもかかわらずその教訓を驚くほど簡単に忘れてしまう。そして我々は祖先の時代から地域資源の存在とその魅力に支えられ続け、今も支えられている。にもかかわらずこの事実に驚くほど鈍感である。それゆえこれらの「至極当然

のこと」を日頃から確認・共有し、「これから」を議論する機会を持ち続けていかなければならない。この機会こそが「まちづくり」と呼ばれる取組みであり、時間であり、場所である。筆者はしばしばまちづくりの現場で「皆さんの日々の選択の一つ一つ、行動の一つ一つが、皆さんのまちの風景をつくり、まちの本質をつくっています」という話をする。実は、我々は毎日、個人的な思考や行動をとる過程で大なり小なりコミュニティに影響を及ぼす選択を求められ、その都度答えを出し続けながら生きている。

　それゆえ自分たちのコミュニティをより住みやすい場所、働きやすい場所、魅力ある場所にするための議論と努力は避けて通れない。「まちづくり」が必要な所以がここにある。

第 **6** 章
情報社会とコミュニティワーク

① はじめに

　本章ではコミュニティをベースとした地域の計画論について、特にコミュニケーションにより、生活の意味を探求、認識、共有する対話型コミュニティワークについて検討する。最初にコミュニティの変容について、伝統的コミュニティから ICT の発達した現代コミュニティへの転換を情報論から考察する。次に、コミュニティワークについて、とくに多様なアプローチが相互作用する拡張コミュニティワークについて述べ、それをベースにした計画情報モデルを提示し、そのあり方について論じることとする。

② コミュニティの情報論からの定義

　最初にコミュニティの再定義をおこなう。コミュニティという言葉は一般的に広く使われるが、学術語としては厳格な定義が必要である。古典的には、アメリカの社会学者マッキーバーが定義を試みたことが知られている[1]。その後、環境におけるコミュニティの意識、機能やメカニズムの視点を加味してコミュニティの再定義が試みられている（Chavis 1990）[2]。

　本論では、現代的な情報論の観点から、コミュニティを以下の5つの条件から再定義する。

　第一に、同一の生活環境の領域（domain）に所属していることである。エリアの広さは、近隣、地域、国、国際などの広がりを問わない。伝統的に

1　MacIver, RM. (1917) *Community, A Sociological Study: Being an Attempt to Set Out the Nature and Fundamental Laws of Social Life*, London, Macmillan.

2　Chavis, DM. (1990) *Sense of Community in the Urban Environment: A Catalyst for Participation and Community Development*, American Journal of Community, Psychology 18 (1) : 55-81, School of Social Work, Rutgers-The State University of New Jersey

は、居住地のコミュニティでとらえることが一般であったが、近年は、政治コミュニティ、職業コミュニティ、共通関心によるコミュニティ（思想信条、趣味など）などの表現も用いられる。そこからメンバーがそれぞれその領域で生活する「意味」や「価値」を見出す。領域がどのようなものかにより、リアルコミュニティとヴァーチャルコミュニティがありうる。

第二に、相互依存性（Interdependence）が生じていることである。人々が自由かつある程度の頻度で関わって相互に影響を与えている。古典的には共同生活であり、一定以上の接触頻度、その中から人間関係（social capital）が生まれる。これがコミュニティの実体的な中核となる。

第三に、共通意識（sense of unity）がそこで自然発生的に芽生えていることである。一体感・共属意識が共有されている。その絆が強い場合は連帯意識が生まれる。

第四に、メンバーの同類性（likeness）から共通した慣習、伝統、社会的観念が成立していることである。多様なメンバーが含まれており、必ずしも同質とは限らない。そこに協同（co-operation）や分業（division）などが生まれ、さらには共通利益を目的とした目的的なつながり（association）が生まれる場合もある。そのしくみを認め、積極的に体制を維持するために運営、共同統治（governance）が働くようになる。それによってメンバー個々やグループに役割や権限が付与される（empowerment）ことにより、その活動効果がいっそう高められる。こうしてコミュニティは共同行動をおこし、その結果、共有財を生産する。

第五に、これらの結果として、一つの社会的実体（social entity）として構成されていることである。独自の特徴が他と区別されるようになり、アイデンティティが意識されるようになっている。

以上の5つの条件を満たす対象をコミュニティと本論では定義することにする。

関連して「地域」についても確認しておきたい。日本語における「地域」は、2つの意味で使われる。第1は英語のareaと同様で「地表上の広狭の広がりをもつ特定の部分」という意味（日本大百科全書）であり、第2は英語のdistrictと同様で「一定の要件に該当する土地や法人の業務が行われる土

第6章　情報社会とコミュニティワーク　　133

地の範囲」（法律用語辞典・第4版）という意味である。地域は空間概念であり、その居住者らによるコミュニティは、地域社会とされるのである。

　以上を踏まえ、情報論としては、この関係を成立させ実体化させているもの「場所の特性」「場所の意味や価値」「メンバーの接触の形式や頻度」「メンバー同士の同質的な傾向や特性」「共有された意識」「他と区別される特性（アイデンティティやシンボル）」の検討が重要となる。

③　情報社会におけるコミュニティの構造

　情報社会においては、コミュニティの要因、機能、構造が大きく変容する。その関係を図表6-1に示す。

(1)　伝統的コミュニティの世界

　従来型社会のコミュニティにおいて人々が共同行動にいたるメカニズムをモデル化[3]すると、その実体的な中核は人間関係（social capital）であり、それは地域共同体の生活圏における、共同生活や一定以上の接触頻度の多さからが生まれる共通意識に根ざしたものであるといえる。古典的な計画モデルでは、地域でまちづくりなどを推進するためには、コミュニケーションを通じて共通意識をもつことがもっとも肝要と考えられてきた。

(2)　情報社会のコミュニティの世界

　しかし情報社会においては、情報はネットワークを共通基盤として共有されるようになる。その中から、自立的なネットワークが構築され、そこにおいて共通利害が生成されるようになる。それは地域を越えて広がっていく。地域における共有財は、リアルな伝統的コミュニティ世界とヴァーチャルコミュニティの世界がユビキタス化して多様な場を介して出会う中で相互に影響しあう中で全体が構造化される。

(3)　双方向性とフィードバック・メカニズム

　同時に、多くの相互矛盾やジレンマを内包する可能性がある。人々は社会システムに働きかけることが可能になると同時に、自らの行為の再回帰的な

3　前掲書2）

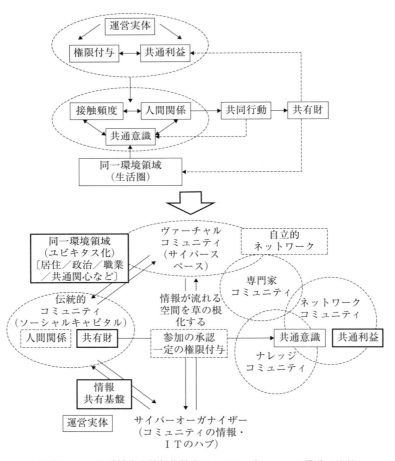

図表6-1　伝統社会と情報化社会におけるコミュニティ構造の比較

修正を迫られる。このフィードバック・メカニズムをマクロな社会状況で活用し機会を最大限に活用できることが対話的なコミュニティワークに求められる新しい能力である。必要とされる知識や実行労力は大きくなり、これらは個人単独による実践では簡単ではない。

(4) エキスパートシステム

そこで社会的ネットワークをつくり、さらに科学技術や職業のエキスパー

ト（専門）システムに依存するようになる。そこでは市民的専門家が「知識資本」となり、専門家的市民との対話的な相互作用によって社会システムを新たに構造化していく。

ローカルコミュニティと専門家コミュニティとの接触が生まれる。専門家的な市民と市民的な専門家（プロボノ）を介して結びつき、知識を中心としたコミュニティが生まれる。これは通常「ナレッジコミュニティ」と呼ばれる（Holden, 2008）[4]。

⑸　再度の草の根化

一方で、直接的な接触にもとづく人間関係の影響力が相対的に低下していくかといえば、必ずしもそうではない。ネット社会などのサイバースペースにおいては、情報の真偽が見分けにくいため、信頼性のためには人間のface to face のコミュニケーションがますます重要になる。そのため情報基盤は、地域社会の伝統的な人間関係を補佐し、強化する役割を果たすようになる。それにより伝統的コミュニティの世界とヴァーチャルコミュニティの世界はそれぞれ独自に成立しつつ、情報が流れる空間を草の根化し、地域の共有財を維持するために機能する。

⑹　サイバーオーガナイザーの役割

こうして情報化社会における地域計画のモデルは、この２つのチャンネルを含めたネットワークコミュニティ全体のガバナンスを実体化し、運営することが求められるようになる。サイバーオーガナイザー[5]ともいうべき ICT を担当する政策コーディネーターが情報のハブとなり、管理運営と調整の役割を果たす。リアルおよびサイバースペースにおける参加の承認と一定の権限付与をおこなう。

4　Holden, M.(2008) *Social Learning in Planning: Seattle's Sustainable Development Codebooks*, Progress in Planning, 69, pp 1 -40

5　Alkalimat, A.(2004) *Social Cyberpower in the Everyday life of an African American Community: A report on Action-research in Toledo, Ohio, Community Practice in the Network Society*, Day,. P. & Schuler, D. ed., Routledge, p120-135

4　ネットワークコミュニティと知識

1　小さな世界の中にある大きな多様性

　伝統地域には、居住地に紐づいた政治的、職業的、利害関心の多様なグループが存在している。それぞれが外と開かれたヴァーチャルネットワークを介してつながっている。グループはその開放性をどれだけ志向し、自立しているかによって多様なケースがある。たとえば、①地域内で自己完結しており、地域外とは接触が少ないため、地域内で自己決定が可能なケース、②地域の外側のグループと開かれたコミュニケーションをとっているが、自己決定が可能なケース、③地域の外側に意思決定の中枢があり、地域内にはその末端またはヒエラルキーの下部組織が存在するのみで自己決定が不可能なケースなどがある。ネットワークの強さもばらばらである。これらのグループが地域という同一環境内に混在しているのである。

　こうしてみると、地域社会はあたかもひとつの生態系であるといえる。ジャングルには多様な生き物が生きているが、密接に影響を及ぼしあいながら生活している種もあれば、逆に全く接触や交渉を持たずに生活している種もある。いわば「小さな世界の中の大きな多様性」が地域の中に存在している。

2　ステイクホルダーの複雑化

　地域内グループのステイクホルダー自体も複雑化している。多様な市民やグループを包含しながら存在しているが、かならずしも相互に認知や交流があるとは限らない。大きな組織のヒエラルキーの下部組織の場合もあれば、たとえば国、都道府県、市町村などの複数のガバナンスのスケールのレイヤーごとに組織の意向が異なる場合もある。大規模な組織の中にはさらに包含される小グループがあり、あたかもマトリョーシカ（ロシアの人形の中に小さな人形が入っている民芸品）のように、別な顔、利害、価値観をもっている場合もある。さらに職業専門性、政治的立場などカテゴリーが異なれば、利害関心、グループの多様性はさらに大きくなる。

3 コンフリクトの変化

伝統的コミュニティでは、グループ間での情報交換の機会は限定されていた。多様なグループ間の相互の可視性はあまり良くなかった。それぞれのグループは、相互調整せずにそれぞれ意思決定している。その結果、多数の利害が交錯し、コンフリクトをはらんでしまうことが当たり前であった。矛盾によって、自分にとっての真の利益が何であるかが解らなくなり、自分の意思を自分自身で決められなくなる重層的非決定の状態になる場合もある。

一方、情報化社会では、個々のグループの情報も、ネット記事、ブログ、SNS 等をつうじてデータは過剰に流れている。ある程度の情報は得ようと思えば得られるため、直接の連絡は交わさなくても、自分の意思決定の参考にすることができる。膨大なデータの中には虚偽や偏見などノイズともいうべきものが多く混入している。その確認にふりまわされ、やかえって情報収集や意思決定が非効率となっている。

4 情報を求めてさまよう人々

情報社会では、SNS や Twitter が典型であるが、自己の発信に対するレスポンスや評価が、多様な立場から瞬時に返され、簡単にシェアされる。発信者側は慎重になる必要がある。その一方で、何らかの理由で情報が遮断され入ってこなくなると暗闇状態になり、急に不安になる。

人々はその膨大な情報の中に分け入り、領域や次元を超えて移動しながら自分の生の意思を模索しつづけることが日課となった。そのように暮らす人々を、Melucci (1989)[6]は現代の遊牧民と呼んだ。本当に意味のある情報はうかつに公の前では公言できない、それゆえ本当に意味のあるコミュニケーションを交わすこともなかなかできないのである。こうして情報社会のはざまに生きるがゆえの「いま、ここ」で生きる苦悩を人々は抱えることになる。

5 意思決定の時間による変化

複雑性の高いステイクホルダーのコミュニケーションは、意思決定のスト

6　Melucci, A.(1989) *Nomads of the Present: Social Movements and Individual Needs in Contemporary Society*, Temple Univ Pr.

レスや非効率性が高くなってしまう。そのまま累積すればカオスになってしまう。そうなる前に、複雑さを一定の範囲以下とし、コントロール可能な状態にとどめようとする考え方が出てくる。そのような協調的な意図がグループ間で働くと複雑性は時間の経過とともに収束に向かう。ステイクホルダーはいくつかの大グループに括られていく。

しかし信念など妥協できない内的な基準がある場合、大グループ化されて協調行動をとった後もその矛盾を内部に孕み続けることになる。

5 コミュニティワーク

1 地域の仕事－政府との中間的な性格－

地域には多様な仕事がある。メンバーの生命・財産の保全、生きる手段や機会の提供、共有財の管理、集合的利益の公正な分配と弱者・条件不利者への福祉的な再配分などである。いずれの仕事も、公共精神（public spiritedness）にもとづくもので、地域社会、政府、市場の中間的な性格を有する。それを誰がその仕事を担うのかは、そもそも個人、社会そして政府の役割の範囲をどう考えるかによって異なってくる。これは国や時代によって、そして地域によっても異なる。

例えば日本の江戸時代の山林の管理においては、金沢藩では山奉行の下に、扶持人、山廻りなどの公的な職を置いて山林を監視させた。一方、新庄藩では、村の名望家を山守に任じて私的に世襲させていた[7]。当然のことながら同じ仕事であっても、誰が担当するかでその仕事上優先する目標や価値、求める効率性やレベル、その実現手段、意思決定の方法や情報の管理方法が変わってくるのである。

2 「コミュニティワーク」の基本的な視点

それでは「コミュニティワーク」はどうであろうか。Twelvetrees（1982）[8]

---

7 秋山高志ほか（1991）山漁村生活史事典，柏書房，p 3
8 Twelvetrees, A.(2002) *Community Development, Social Action and Social Planning*, 3 rd edition, Palgrave.

によれば、コミュニティワークとは、「人々が集団的な活動によって自分自身が属するコミュニティを改善しようとするのを援助するプロセス」と説明される。ここで注意したいのは「改善するプロセス」ではなく「改善しようとするのを援助するプロセス」であるという点である。つまり当事者自身が自らの活動を表現するための言葉ではなく、別な第三者がコミュニティワーカーとして介入する際の活動を表現した言葉である。なぜ援助なのかは理由がある。コミュニティワークという言葉はもともと日常語であり、伝統社会においては、集団的な自治、教会における共同作業などに対して使われた言葉であった。第二次世界大戦後になると社会経済の変化、繁栄の光と影、個人別の多様なニーズの拡大に対して、誰がそれをサポートするのかが大きな社会問題になっていた。

(1) ソーシャルワークの系譜

コミュニティワークの主要な流れはイギリスで生まれたソーシャルワークである。1960年代、イギリスでは個人では解決できない多様な状況にある人たちが公平に幸福を追求できるための社会的サポートのニーズの質・量の多様化にともない、新たにコミュニティワークを再定義した。その政策開発の議論における論点は、計画情報論にとっても重要である。

転機のきっかけとなったのは、ガルベンキアン報告 (1968)[9]である。新たに「コミュニティワーク」の専門職を地方自治体の公務員として雇用するべきことが提案された。一方で同年にシーボーム委員会報告 (1968)[10]がまとめられたが、社会サービスにおいてコミュニティを基盤にした住民参加を重視し、ボランティアを積極的に活用すべきこと、それらに総合的(ジェネリック)に対応できる行政部局の設置が提言され、社会サービス部が設置された。この2つの報告書の内容には重なるところはない[11]。さらにエイブス報告 (1969)[12]『社会サービスにおけるボランタリーワーカー』では、ボランテ

---

9 Gulbenkian Study Group (1968) *Community Work and Social Change*, Longman.

10 *Report of the Interdepartmental Committee on Local Authorities and Allied Personal Social Services*, H.M.S.O., Chapter14

11 Baldock, P. (1977) *Why Community Action-Historical Origins OF Radical Trend in British Community Work*, Community Development Journal, 12 (2), pp68-74

12 *The Voluntary Worker in the Social Services*, Report of a Committee jointly set up by the

140

ィアは、専門ソーシャルワーカーの代替ではなく、新しいサービスを開発する役割があることが指摘された。さらにウォルフェンデン委員会報告（1978年）[13]では、ボランティア組織の将来を論じ、政府の役割を縮小し、民間の参加の推進、専門化を提唱していた。

このようにしてイギリスではソーシャルワークをベースにしたコミュニティワークの2つの流れ、すなわち公共セクターとボランタリーセクターにおける流れが生まれ、区別されながらもその両セクターの対話や時には緊張関係[14]により専門性、役割、政策が開発されていった。

(2) コミュニティ組織化の系譜

第2のコミュニティワークの系譜は、アメリカのコミュニティオーガニゼーションの系譜である。アメリカにおけるその発展は、イギリスを踏まえつつも経済的要因がより強く働いている。もっとも主要な関心事であったのは、移民とその労働市場からの排除、差別による経済社会問題である。とくに黒人の女性は仕事を探すことが非常に難しかった[15]。異質な他者に対する心理的ギャップをどう乗り越えるかが課題となった。そこで、伝統的な「類は友を呼ぶ」という同類意識を原理とするコミュニティ形成でのは不十分であり、建国理念である他民族、多文化主義（multiculturalism）による新しいコミュニティ形成の原理をめざすという根源的な問題提起を含んでいた[16]。多様な主体を包摂する新しい連帯の原理が求められ、その権利を求める公民権運動とつながっていった。それゆえに自分たちで団体をつくり、連帯して政治的活動に訴えていった。そこでは運動のみならず社会的学習の必要性が強調された。その典型的な初期の論者として、Alinsky があげられる[17]。

National Council of Social Service and the National Institute for Social Work Training under the chairmanship of Geraldine M. Aves. (London 1969)

13　*The Future of Voluntary Organisations* (Wolfenden Report), Croom Helm. (London, 1978)

14　Craig, G. (1989) *Community Work and the State*, Community Development Journal, 24 (1), pp 3 -18

15　Lerner, G. (1974) *Early Community Work of Black Club Women*, Journal of Negro History, 59 (2), pp158-167

16　McPherson, M., Smith-Lovin, L. & Cook, JM. (2001) *Birds of a feather: Homophily in Social Networks*, Annual Review of Sociology, 27, pp415-444

17　Alinsky, S. (1972) *Rules for radicals: A political Primer for Practical Radicals*, New York:

第6章　情報社会とコミュニティワーク　　141

(3)　住民参加のまちづくりの系譜

　第3の流れは、コミュニティ参加のまちづくりの系譜である。1990年代、日本や世界の先進国では、都市づくりの分野においてコラボレーティブプランニングと呼ばれる市民や利害関係者との対話によるアプローチが登場する。それまでの都市問題の解決が伝統的な都市計画の取り組みでは進まないことから、都市づくりの専門家たちは、本当の問題は何か、実効性と社会的公正を保ちつつどう対処するべきか、誰が本当の政策のクライアントであるのか、根本的な再考と反省的な実践（Schön, 1984）[18]を迫られることになった。

　そこから生まれた「まちづくり」は、社会、経済、環境、文化の共通基盤をつくる営みであり、地域や組織の境界をこえた連携により多様な資源を動員して主体的な実行力を構築し、地域をとりまく外部環境と内部の変化がもたらす課題を場所の力を引き出しながら地域の特性に応じて解決することで、個人が尊重され幸福追求できる社会を実現するとともに持続可能な未来へ社会変革を促進するためのコミュニケーション、学習、計画、開発、統治および運営の一連のプロセスに関する理念、理論及び実践といえる[19]。

(4)　環境・エコロジー運動の系譜

　第4の主要な流れは、全世界における環境保護運動である。コミュニティの健康に被害を与える公害や環境を破壊する工業化への反対運動、コミュニティとりまく自然環境、伝統的建造物や景観の保全活動などがある。19世紀前の詩人ワーズワースは、湖水地方の環境はすべての人がそれを楽しむ権利と利益を持つ国有財産の一種であると述べた[20]。そこから環境を守るために土地を市民団体が買収するナショナルトラスト運動が1894年に生まれたことで有名である。さらに野生動物や森林保全などの生態系の維持へのコミュニティ参加の活動、など多様な流れが生まれる。

Random House.

18　Schön, D.A. (1984) *The Reflective Practitioner: How Professionals Think In Action*, Basic Books.

19　早田宰（2017）、コラボレーティブプランニングとまちづくり、佐藤滋編著、まちづくり教書、鹿島出版会

20　Wordsworth, W. (1835) *A Guide through the District of the Lakes in the North of England*, Hudson and Nicholson. p88

142

　人間が幸福を追求できる社会の構築は、ソーシャルワークによる介入、コミュニティ組織化、人間居住環境づくりだけでは限界があることから、社会システム、社会意識、法制度などの社会環境そのものを改革することを目的として人間社会の内部矛盾に目を向け、権力的な支配関係の環境へ与える影響を根源的な問題として新しい環境調和型の社会システムへの転換をめざすソーシャルエコロジー[21]などが登場した。

⑥　拡張コミュニティワーク

　コミュニティワークは、人間の福祉社会、経済機会、まちづくり、持続可能な環境などのいくつかの取り組みのルーツが多様な流れが合流して大きな広がりをもつに至っている。それらは個々に部分的につながるのみならず、全体が構造化されて新しいひとつの社会・経済・環境・文化システムとして機能している。その全体像をここでは「拡張的コミュニティワーク」（extensive community work）と呼ぶことにする。いくつかの先進地ではその体系化や構造化を試みている[22]。その要素をみていくことにする。

1　ICT がつなぐ多様なコミュニティワーク

　多様なコミュニティ領域の接合と相互作用に大きな役割を果しているのは、インターネット技術である。ネットワークコミュニティ論の Schuler (1996)[23] は、新しいコミュニティのコアの価値モデルを提示した。それによれば、①健康とウェルビーイング、②経済的公正、機会と持続可能性、③強固な民主主義、④情報とコミュニケーション、⑤文化と包摂、⑥教育の6つの価値が主たるものとしてあげられており、それらはネットワークを介して

21　Herber, L.(Bookchin, M.)(1952) *The Problems of Chemicals in Foods*, Contemporary, 3, pp206-241

22　例えば、スコットランドのコミュニティ開発センター（SCDC）は、ABCD モデル（Achieving Better Community Development）を提示している。Barr, A. and Hashagen, S. (2000) *ABCD Handbook: A Framework for Evaluating Community Development*, Community Development Foundation.

23　Schuler, D. (1996) *New Community Networks: Wired for Change*, ACM Press.

第6章　情報社会とコミュニティワーク　　143

直接につながりながら影響しあっている。なおかつ、それら6つの価値は相互に影響しあって、全体としてコミュニティの価値を生産するシステムとして機能している。これについて本論図6-1で考察した伝統社会におけるコミュニティ構造とあわせて考察すると、コミュニティがもつ居住、政治、職業、共通関心などの価値は同一環境領域にフラットに対置されているといえる。ITの普及したネットワーク社会におけるコミュニティワークの成立構造を考える上で示唆を与えている。

2　拡張コミュニティワークにおける計画情報

ここでネットワークコミュニティ論を踏まえつつ、筆者の視点から計画情報論を基にしたモデルを提示してみたい。以下（図表6-2）に示す。本図は、Schulerのネットワークコミュニティ論における6つの価値に、1章（土方）で示したコミュニティの価値定義、計画デザイン、合意形成の3つの領域[24]を加え、それにより9つの価値領域で構成される。

(1)　健康とウェルビーイングのワーク

多様な主体の生きがい、居場所づくり、さらにはグローバル化にともなう人種、民族、多文化への理解が必要となっている。現実とは客観的なものではなく、人それぞれの見方、考え方のフィルターを通して構成されている。社会構築主義アプローチ[25]による生の意味づけ、ストーリーの構築支援、問題解決志向アプローチなどが価値領域重視になっている。

(2)　経済的公正、機会と持続可能性のワーク

収入、雇用の機会をシェアし確保することから、さらにコミュニティ企業の設立と運営、また環境保全、エネルギーなどの持続可能な取り組みが価値領域になっている。

(3)　民主主義の強化のワーク

コミュニティガバナンスで重要なのは、多様な意見や利害関係を調整して政策や計画に適切に反映することである。Bryson & Crosby (1993)[26]は、対

24　本書 土方正夫1章を参照
25　Berger, P. & Luckman, T. (1967) *The Social Construction of Reality: A Treatise in the Sociology of Knowledge*, Penguin Books.

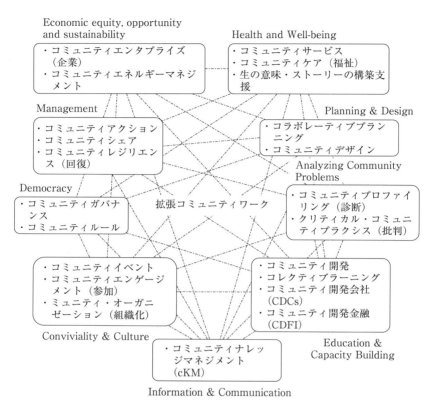

図表6-2　拡張コミュニティワークの展開

話型のプラットフォームを論じ、「フォーラム」（意見収集の場）、「アリーナ」（熟議と意思決定の場）、「コート」（紛争解決・処理の場）の3つの調整の場を協働のガバナンスシステムに埋め込む必要があると論じた。

(4) **文化と包摂のワーク**

コミュニティは、同質性にもとづき組織化されるが、それのみならず、Illich（1973）が指摘するように、他者との出会いやつながりを共に楽しむ[27]

26　Bryson, JM. & Crosby, BC. (1993) *Policy Planning and the Design and Use of Forums, Arenas, and Courts*, Environmental Planning B-PLANNING & DESIGN , 20 (2), pp175-194

第6章　情報社会とコミュニティワーク　　145

コミュニティワークがより重要になっている。

(5)　教育とキャパシティビルディングのワーク

コミュニティ開発の目的とは、Gilchrist & Taylor (2011)[28]によれば、「コミュニティ活動、参加の効果、そのキャパシティを高めること」である。現代社会の社会問題や環境破壊の原因は、近代以降の「理性の道具化」にある。自分に直接に不利益をもたらすのでなければ、余計なことはあえて考えなくてもよいと諦めてしまうこと、やがてその問題の存在にすら気づかなくなることに問題がある。ハーバーマスは対話的理性[29]を提起し、たがいに納得の道筋を求めようとする理性のはたらきをつうじて諒解に至るべきことを主張した。コミュニティの気づきのためには社会的学習[30]が重要である。交流・意見交換・相互協力・問題解決学習などのインタラクティブなプロセスの経験をつうじて人間の自発的な成長を促し、環境に対応する適応力を高めて人々に新しい習慣や行動を生み出す。そのために個人やインフォーマルなグループが相互に情報共有しながら自発的な行動をおこすことができる公共圏を重視した計画プロセス、ファシリテーション、ネゴシエーション、調停をつうじた合意形成などの手法が生まれ、市民主体の計画論に大きな革新をもたらした。

その一方で、時間と手間をかけて利害関係者が賛同したといっても、必ずしも良い計画になるとは限らない。そこで合意形成や活動の効果を高めるために、コミュニティ開発会社（CDCs）と呼ばれる非営利会社を組織・運営したり、それらに融資を行うコミュニティ開発金融機関（CDFI）を設けることが重要になってきている。社会的投資、マイクロファイナンス、コミュニティファイナンス、コミュニティ開発ファイナンスといった様々な名前の社会

27　コンビビアリティ。イリイチの概念で、共に楽しむこと。イリイチ（2015）コンヴィヴィアリティのための道具、渡辺京二訳、摩書房。原題：Illich, I.(1973) *Tools for Conviviality*, Marion Boyars.

28　Gilchrist, A. & Taylor, M. (2011) *The Short Guide to Community Development*, Policy Pr., p 1

29　Habermas, J. (1984) *The Theory of Communicative Action: The reason and the Rationalization of Society*, Polity Press.

30　Zimmermann, L. (2009) *Changing Governance- Evolving Knowledge-Scape*, The Planning Review, 45:178,pp56-66

政策イニシアチブが現れた。これらのイニシアチブは、自立的な地域経済を創造する「新しい経済（neo-market）」の基盤と見なされている。Affleck & Mellor（2006）は、地域再生と地域社会および自主セクターの新しい関係について分析している[31]。

(6) コミュニティ問題の分析のワーク

コミュニティの問題発見は、コミュニティの視点で行うことが重要である。それがニーズの価値意識、問題構造など質・量的な特徴を把握してはじめて適切なコミュニティ開発、再生のアプローチが可能となる。Hawtin & Percy-Smith（2007）[32]は、コミュニティのプロファイリング（現状把握）の方法を刷新した。既存の情報を活用しつつ、新しい情報を収集して、コミュニティへのインパクトを最大化するためいかにより効果的に関与することができるかを明らかにするものである。またコミュニティをとりまく政策と政治についての分析も重要である。Butcher（2007）[33]は、権力とエンパワメントについて批判的に分析する必要性を指摘した。

(7) 計画・デザインのワーク

コラボレーティブプランニングは、利害関係者との応答による計画策定アプローチであり、とくに市民や関連団体との対話による公共計画や地域計画で重視される。納得できるコミュニケーションルール、多様なステイクホルダーの個別ニーズへの対応、実行力のある実践主体の形成、社会システムの相互作用による構造化などを求める流れが相互作用して形作られてきた。Healey（2003）は、その質を高めるには、協働を支える社会的制度的な環境の整備が重要であると指摘した[34]。

---

31 Affleck, A. & Mellor, M. (2006) *Community Development Finance: A Neo-Market Solution to Social Exclusion*, Journal of Social Policy, 35, pp303-319

32 Hawtin, M. & Percy-Smith, J. (2007) *Community Profiling: A Practical Guide: Auditing Social Needs*, Open University Pr.

33 Butcher, H. et al. (2007) *Critical Community Practice*, Policy Pr.

34 Healey, P., Magalhaes, C., Madanipour, A. and Pendlebury, J. (2003) *Place, Identity and Local Politics: Analysing Initiatives in Deliberative Governance*, Deliberative Policy Analysis, Hajer, M. & Wagenaar, H. ed. Cambridge Press.

⑻　コミュニティマネジメントのワーク

　地域が直面するリスクに対応するコミュニティマネジメントが重要である。自然災害や経済危機などのショックをしなやかに吸収してシステムを壊滅させずに存続させて機能を維持するレジリエンス（回復力）の能力が重要である。Sherrieb 他（2010）はコミュニティレジリエンスのキャパシティを測る方法を明らかにした[35]。また Adger（2005）[36]は、社会＝生態の複合システムのレジリエンスの枠組みを提示した。

⑼　情報とコミュニケーションのワーク

　拡張コミュニティワークは広範な活動が連結されており、その情報は質・量ともに非常に大きなものとなる。コミュニティナレッジマネジメント（cKM）が重要となる。Shaw & McGregor（2010）[37]は、農村地域の小さなコミュニティにおいても可能な方法を開発・提案した。

⑦　対話的コミュニティワークの計画情報モデル

　最後に対話的コミュニティワークの計画情報モデルについて考察してみたい。そのモデルを図表6-3に示す。

⑴　シチズンシップと民主主義との新しい関係づけ

　現代のコミュニティワークは、市場や政府に直接に結びつけられている。
　ローカルコミュニティには生活規範や信念があり、政府には政策理念や優先事項がある。両者の関係をあまり緊密に縛りすぎても自由が失われてしまうし、緩すぎても効率性や安全性が失われてしまう。現在のコミュニティは、あたかも幼児が母親の家事の合間に"エプロンの紐"に結びつけられているのに似ており、限られた自由しか与えられずに完全に制御・支配されて

35　Sherrieb, K. et al.（2010）*Measuring Capacities for Community Resilience*, Social Indicators Research, 99(2), pp227-247

36　Adger, W. N. et al.（2005）*Social-Ecological Resilience to Coastal Disasters*, Science, 309 (5737), pp1036-1039

37　Shaw, D. & McGregor, G.（2010）Making Memories Available: *A Framework for Preserving Rural Heritage through Community Knowledge Management* (cKM), Knowledge Management Research & Practice, 8 (2), pp121-134

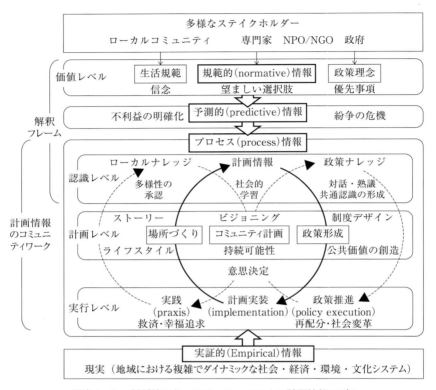

図表6-3　対話的コミュニティワークによる計画情報モデル

いると (Shaw & Martin, 2000)[38]は指摘している。

　コミュニティワークがよりよく発展するためには、シチズンシップと民主主義との新しい関係づけが必要である。管理者側が、市民を紐で縛りつけようとするのは、コミュニティ側の規範意識、情報収集・解釈力、状況認識力、計画・実行能力などの力を基本的に信頼していないからである。信頼関係のためには、コミュニティワークの計画情報のしくみの革新が必要である。

38　Shaw, M. & Martin, I. (2000) *Community Work, Citizenship and Democracy: Remaking the Connections*, Community Develpment Journal, 35 (4), pp401-413

(2) 知識の収集・検証から計画への統合へ

Ryden (2007)[39]は、コミュニティが必要とする多様な知識を自由に取得できる社会の環境になったものの、人々の情報収集はランダムなレベルに留まっており、市民やコミュニティは、計画に何が本当に必要な情報であるかを検証した上で必要な知識を活用し、適切に統合する必要があるが、できていないと指摘する。そこで、①規範的（normative）な知識、②予測的（predictive）な知識、③プロセス（process）の知識、④実証的（Empirical）な知識の4つに区分し、その調査・収集の方法、検証のあり方、計画の専門家の役割について述べている。

(3) ローカルナレッジと政策ナレッジの統合

ローカルナレッジと政策ナレッジは、本来それぞれこの4つの知識を持ち得る。それらを市民と専門家によるナレッジコミュニティのプラットフォーム上で統合するのが計画に期待される役割である。

Herzele (2004)[40]は、その望ましいあり方を場所のデザインにおいて考察し、場所の文脈性、全体の一貫性、利用の想定性、時間的な継続性、アクションの相互接続性における市民と専門家のアプローチの違いを統合するプロセスについて指摘した。

専門家は目的から文脈を構成しようとするが、市民は場所の文脈から新たな目的を見つけていく。専門家は全体構造から機能や形態を決定しようとするが、市民は機能と形態が相互に織りなしながら展開させようとする。専門家はプロジェクト期間に効率的に政策目的を達成しようとするが、市民は自分が記憶している過去の延長から未来を描こうとする。専門家は事前に計画されたアクションを線形的に推進させようとするが、市民は共時的に進行している多様な動きとつながりながら新しいアクションを展開しようとする。

こうして生み出される状況の解釈フレームやアプローチの違いを踏まえて計画調整することがコミュニティワークに求められることになる。それを可

---

39 Ryden, Y.(2007) *Re-Examining the Role of Knowledge within Planning Theory*, Planning Theory, 6 (1), pp52-68

40 Herzele, AV.(2004) *Local Knowledge in Action: Valuing Nonprofessional Reasoning in the Planning Process*, Journal of Planning Education and Research, 24, pp197-212

能にするしなやかな計画調整システムを実装することによって、ローカルコミュニティの幸福追求と政府の政策の推進のサイクルはそれぞれ干渉せずに転回することが可能となる。

8 小 括

　本章では対話型コミュニティワークについて検討してきた。私たちは双方向コミュニケーションによって構造化された社会システムの中に生きている。もっとも注意しなければならないのは、自分らしい知識を求めてネットワークにアクセスしているうちに、知らぬ間に平準化された世界観、価値観が自分の中にダウンロードされてしまい個人の感性や豊かな個性が自分も気づかないうちに書き換えられてしまうことである。豊かな人間性の意味を求めようとして、自分自身が本来の目的を忘れて諦めてしまうことが起こりうる。かつて Lorenz（1973）[41]は、感性の平坦化は、情報の陳腐化を招き、やがて必要なものが欠落しているという自覚すら失わせ、文明における人間性喪失を招くと警鐘をならした。対話型コミュニティワークによって、豊かなコミュニケーションからの気づきによって人々が自己を拡張し、周囲を修正してゆけるかが試されているのである。

41　K. ローレンツ（1973）、日高敏隆、大羽更明訳、文明化した人間の八つの大罪、新思索社、
　　p119, 原著：Konrad Lorenz (1973) *Civilized Man's Eight Deadly Sins*, Methuen Publishing.

第 **7** 章

創造性と都市
——イノベーションを促進する都市計画理論の構築に向けて——

① はじめに

産業革命により加速した都市の成長局面においては、建築行為や経済活動を含む様々な都市における営みをコントロールすることが求められた。しかしながら、成熟した現代社会において都市計画に求められるものとは、都市が直面する課題を解決へと導くイノベーションを創出することなのではないだろうか。本稿ではこのような都市計画の質的な転換を実現する理論（＝考え方）としての創造的都市論の可能性について論じることを目的としている。

そこで、本稿では、まず第1節で都市をコントロールするための都市計画理論の系譜を概観し、イノベーションを促進する都市計画への転換につながる論点について整理を行なう。続く第2節では、都市における課題を解決するイノベーションのあり方について、ソーシャル・イノベーションにおける議論から考察を行う。さらに、第3節ではイノベーションを創出する源泉としての創造性の特質について、心理学や経営学における研究成果から明らかにしていく。そして、第4節では、以上の議論に基づき、都市におけるソーシャル・イノベーションを促進する都市計画理論として、創造的都市論が有する可能性について論じる。

② 都市計画理論の系譜

近代都市計画の理論は産業革命後に爆発的に成長し続ける都市における課題について、基本的には土地利用をコントロールすることによって解決を図るシステムとして始まった。その後、社会的な要素を含む都市全体を、合理性を持って包括的にコントロールすることを目指すこととなる。しかしなが

ら、常に計画と現実の乖離に起因する課題に直面することとなり、その都
度、課題解決のための理論が蓄積されていった。都市計画が抱えている根本
的な課題は、都市に存在する膨大な情報を完全に把握することが出来ないこ
と起因する不確実性及び特定の価値を選択する合理性の曖昧さにある。現
在、これらの課題を解決する一つの考え方として、都市に存在する様々な主
体間における相互作用により価値を創出する協働の都市計画（Collaboration
Planning）という考え方が着目され都市計画理論の構築が試みられている。

1　都市計画理論のタイポロジー

　近代都市計画の理論は産業革命以降の急速な社会構造の変化に対応して、
対象とする領域を広げ、深めてきた。そもそも理論（=theory）とは、いわゆ
る法則（=Theorum）のような事象間の一定の関係を表すものではなく、「考
え方」のことである。それは、考える主体や考えを及ぼす対象、また、考え
る範囲（時間的、空間的）や目的によって、様々な相違を内包しながら無限に
存在している。

　このような理論を概観することは容易なことではなく、多くの研究により
様々なタイポロジーが示されている。ここでは、Faludi（1973）が行った
Procedural Theory（Theories OF Planning）と Substantive Theory（Theories
IN Planning）をベースとした2分類に加え、分析のための理論（Theories FOR
Planning）を加える（Hendler, 1995）ことによって、プランニング・セオリー
の議論を概観する。

　この3分類の1つ目の Theories OF Planning は、計画が作られていくプ
ロセスに関する理論で、プランニング・セオリーの中核をなしている。大き
な流れとしては、合理的包括計画理論（Rational-Comprehensive Planning）と呼
ばれる古典科学的なアプローチから始まり、その後、発展、批判を経て、対
話型都市計画（Communicative Planning）へと向かい現在に至っている。ま
た、対話型都市計画における「合意形成」（Consensus-building）が実現する状
況と現実世界との乖離に着目し、フランスの哲学者ミシェル・フーコーの権
力論（power）に関する論究等をベースとした議論がヒリアー（Hillier, 2002）
等により展開されている。

2つ目のTheories IN Planningは、具体理論（Substantive Theory）と呼ばれるもので、現実の社会における特定の現象、例えば、地域福祉を推進するまちづくり、人種問題を抱えるコミュニティ開発、疲弊地区の住宅問題等の特定の課題や現象に対応したものである。

　3つ目はTheories FOR Planningで、主に地域の分析の枠組み及びTheories OF Planningを支える理論である。例えば、Liberalism、Communitarianism等、政治や経済のあり方に関する理論等が該当する。

　また、プランニング・セオリーの分類そのものに関しても様々な議論が行われており、共通の認識を確立するには至っていない。例えば、クック（Cook, 1983）は、Theories of the development process、Theories of the planning process、Theories of the stateという分類を用い、また、イフタチェル（Yiftachel, 1989）では、Analytical theories、Urban form theories、Procedural theoriesという分類を行っている。さらに、サンダーコック（Sandercock, 1998）は、Mainstream theories、Theories of resistance、Insurgent theoriesという分類を用いている。さらに、アルメンディンガーやテュードー・ジョーンズ（Allmendinger and Tewdwr-Jones, 2002）などにより、従来から議論されている分類や、分類すること自体に対しての批判が展開されている。

　以下、都市計画理論の中心をなすTheories OF Planningを概観しながら、都市計画理論の系譜において、イノベーションを創出する都市計画への手がかりとなる論考について考察を行う。

2　空間デザインとしての都市計画（Design-oriented Planning）

　産業革命を契機とする急速な都市化の進展にともない悪化した居住環境の改善が、近代都市計画の主要なテーマの1つであった。そして、科学的なアプローチ、つまり、調査、分析、計画というプロセスを順序良く行い土地利用をコントロールすることによる課題解決を目指すこととなる。

　パトリック・ゲデス（Geddes, 1915）は、地域（region）という空間的な広がりを総観的に理解するために、エコリージョン（Ecoregion）と呼ばれる植生や土壌の種類によって特徴づけられる最も広範囲に及ぶ地理的な広がり、ジ

オリージョン（Georegion）と呼ばれる河川等の水系を中心とした地形によって特徴づけられる地理的な広がり、そして、モルフォリージョン（Morphoregion）と呼ばれる土地の上で展開される人間の生活（居住、農業、工業等）によって特徴づけられる地理的な広がりという、複層する地域の文脈への理解の重要性を提起し、包括的な都市・地域計画としてのシノプティック・プラン（Synoptic Plan）を示している。

　また、ルイス・マンフォード（Munford, 1938）は、都市と農村の両方を含んだ、地域（region）という概念を中心に置き、地域に含まれる複数の要素を包括的に捉える方法として、学際的統合（Multi-disciplinary Synthesis）を目指した都市計画を行うことを提起している。これは、迫り来る近代主義の強烈な流れに対して、地域というアイデンティティが押し流されることへの危惧を地域主義（regionalism）として表現したものである。

　さらに、近代都市計画の基本的原理である効率性や機能主義的な考え方が端的にあらわれている歩行者と自動車を分離する交通計画が行われた。クラレンス・ステイン（Stein, 1951）によっていち早く取り入れたニューヨーク郊外のラドバーンプロジェクトは後世の動線計画に大きな影響を与えている。同時に、ラドバーンにおいては、地域の課題を解決する仕組みとしての市民組合（The Citizen's Association）が設立され、パブリック・コメントを聴取するための委員会（Board）を設置し、住民の視点による地域問題の解決の仕組みを作っている。これは、近代都市計画におけるシステムの基本となるトップダウンに対して、ボトムアップの仕組みの必要性がこの当時から意識されていることを意味している。

　この計画と現実との乖離に対する認識及びその解消に向けての取り組みは、ハワードの提唱した田園都市の中でも確認することが出来る。トーマス・アダムスは、ハワードが設立した田園都市協会（the Garden City Association）の事務局員として働き、後にレッチワースの初代マネージャーになっている。アダムスはいくつかのガーデン・シティの設計に関わっており、その中で仮のプラン（Preliminary Outline）を策定の後に詳細な調査を行うという、プラクティカル・メソッド（Practical Method）と呼ばれる方法が実践の中から提起されている（Simpson, 1985）。同様に、後世のランドスケー

プデザインに大きな影響を及ぼしたパトリック・アーバンクロンビー（Forshaw and Abercrombie, 1943）は、科学的な情報の収集、分析により環境をコントロールするという理念の下、詳細な社会調査に基づき計画案を立案するシステマティク・メソッド（Systematic Method）を確立した。また、同時に都市・地域における、行政の首長などが都市のあり方に多大な影響を及ぼすという、政治的な側面からのアプローチを喚起している。

近代都市計画の早々期においては、都市や地域への理解を深めることに重点を置いた計画によって、都市をコントロールすることを試みているが、計画と現実の間にあるズレに直面し、都市地域の包括的な認識の方法及びボトム・アップの方法論など、社会システムとしての都市計画の側面が意識されていたことを確認することが出来る。

3　合理的包括計画理論（Rational-Comprehensive Planning）

近代都市計画は都市をコントロールするために、ヒエラルキー構造による都市への認識を基礎とした合理的包括都市計画理論（Rational-Comprehensive Planning）の構築を目指すこととなる。しかしながら、都市を合理的に、あるいは、包括的に認識しコントロールすることは極めて困難であることが直ぐに露呈することとなる。

1960年代、マーティン・メイヤーソンやエドワード・ベンフィールド（Mayerson, 1956; Mayerson and Benfreld, 1995）らは、計画を実現する合理的な合意形成は、公共の利益（Public Interest）を基礎とした都市の目標設定によって実現するとした合理的モデル（Rational Model）を提起している。メイヤーソンの論及は科学的合理性を理論の支柱としながら、それまでの都市計画と現実の差異に着目し、計画の目標となる期間や空間としての範囲の設定に対する中間的な計画（Middle-range bridge）により、合理的包括都市計画理論を補完することの必要性を提起している。

さらに、従来の合理的包括都市計画理論では、現実社会に存在する不公正な問題（'Wicked' problem）の解決をすることは困難であるという、都市計画が抱えるジレンマについての指摘が行われている。このジレンマは、都市計画を支える合理性の曖昧さに起因しており、論理的なものと直観的洞察によ

るものを組み合わせることによって、このジレンマを解消する可能性があることを主張している（Webber, 1963; Ritleland webbe, 1973）。

　これらの批判理論は、都市計画が合理的で包括的なシステムであることを前提としたもので、システムとしての不具合を補完するための新たな考え方を提起していると言える。

　その一方で、新しい技術として存在感を高めていたコンピュータを導入し、人間の能力だけでは扱うことが出来ない大量のデータを処理することで、都市を合理的にコントロールする都市計画を目指す動きが生まれている。その成果は土地利用と交通計画における集団的な選択行動モデルとして結実している。ブリトン・ハリス（Harris, 1960; 1967）はこれらの研究を通して、技術の進化と都市計画理論の関係について、合理的包括都市計画理論と実践主義都市計画との結合の重要性を喚起している。さらに、1940年代に始まった新しい工学分野である自動制御学（Cybernetics）の理論を用い、包括的な都市の分析及び都市計画プロセスのシステム・アプローチ（System Approach）が、ブライアン・マクローリン（McLovghllin, 1969）によって試みられている。これは、都市社会工学としての都市計画の立場を表明したものである。

4　合理的包括計画理論への批判（Critics of Rational-Comprehensive Planning）

　1960年代に入ると実践的な経験に基づき、合理的包括都市計画の枠組みを大きく変える理論構築が進められた。

　ポール・ダビドフ（Davicloff and Rciner, 1962; Davicloff, 1965）は、明確な目標設定を実現するために政治的な要素を排除した合理的包括計画理論が現実と乖離していることに着目し、都市に存在する様々な価値を選択することが重要であるという考え方（Choice Theory of Planning Values Formation）を提唱している。特に、計画策定時においては、計画が選択し得る可能性を徹底的に認識することの重要性を主張している。これは、唯一の公共の利益は存在せず、様々な異なる価値意識を持つグループの代弁を行うことが必要だという考え方で、代弁都市計画（Advocacy planning）と呼ばれている。つまり、現実社会と選択される価値の間にある「インターフェース」として都市計画を

位置づけ、より実践的な理論を構築しようとしたものである。

さらに、チャールズ・リンドブルムは（Limdblom, 1959; 1965）、合理的包括計画理論は、包括的な情報収集及びその処理を行うことが人間の能力の限界を超えたものであり、現状からの乖離が小さい限定的な選択肢の中から計画を立案していくことで、関係者が受け入れ易い現実的な目標を設定を行う漸進的意思決定モデル（Incremental-decision making model）を提唱している。この考え方は、短期的な目標設定の積み重ねを行う時間軸の重要性及び利害関係者を特定することに重点を置いた戦略的都市計画（Strategic Planning）へと発展していく。

さらに、ジョン・フレンド、ボブ・ジェソップ（Freind and Jessop, 1969）は都市計画の営みを終わることの無い意思決定の連続として捉え、その意思決定においては法律などのフォーマルなルールによるのではなく、インフォーマルなネットワーク内における協力によって、戦略的選択（Strategic Choice）が行われ、問題の解決が図られることを指摘している。

また、合理的包括計画理論と漸進的意思決定モデルの両者に対する批判から、アミタイ・エツィオーニ（Etzioni, 1967）は、ミクスト・スキャニング（Mixed Scanning）という第3の折衷案的アプローチの提示を行っている。具体的には、都市計画における意思決定を既存の社会的な文脈により規定された広範囲に影響を及ぼす意思決定（Contextuating decisions）と、自由度が高くその影響が限定的な意思決定（Bit decisions）の2種類に分類している。そして、それぞれの意思決定が、前者はトップダウンによる包括的なアプローチがとられ、後者はボトムアップによる現実的なアプローチがなされることの合理性を指摘している。そして、その両者を組み合わせることによって、合理的包括計画理論の持つ現実との乖離という課題を補完できるとしている。これらの論考は、都市を合理的に、そして、包括的にコントロールするための都市計画の基本的な枠組みに関するものであり、都市計画のあり方を大きく変化させる可能性を有していると言える。

5　協働の都市計画（Collaborative Planning）

合理的包括都市計画理論が有していた技術的な課題として、合理的で包括

的な都市計画を行うために必要な情報が完全にインプットされないことによる不確実性がある。さらに、政治的な課題として、従来の都市計画が描く目標像の正当性に関する曖昧さがある。この曖昧さについて、異なる主体が相互に学びあうことにより、多様な知識を獲得し、個人及び組織の意思決定を行う能力が高まるという重要性に着目した「トランサクティブ・プランニング（Transactive Planning）」という考え方がジョン・フリードマン（Friedmann, 1987）により提起されている。これは、相互作用によって紡ぎだされる合理性、具体的には、討議や対話といった相互作用を伴う活動を通して、従来から存在している不均衡（行政と住民の情報格差等）が是正され、現状の課題及び将来の目標を多様な担い手の間で共有することが可能となるという考え方である。ユルゲン・ハバーマス（Hubermas, 1984; 1987）が提起した生活世界（Life World）における対話的合理性（Communicative Rationality）という概念を援用した都市計画における新しい合理性の考え方である。

　さらに、アンソニー・ギデンス（Giddens, 1984）が提起した構造化理論（Structuration Theory）の重要性が、協働の都市計画において提起されている。構造化理論とは、社会における様々な行為が構造化される過程において、主観（体）と客観（体）という2分法では分析出来ない行為と構造の緊密で相補的な関係があることを理論化したものである。パッツィー・ヒーリー（Healey, 1997）は、上記の対話的合理性及び構造化理論から、都市における制度主義的な分析（Institutionalist Analysis）の枠組みを得ることにより、"Collaborative Planning: Shaping Places in Fragmented Societies"（1997）において、協働の都市計画の理論化を行い、現代の都市計画理論の発展に大きく貢献した。ヒーリーは、"Collaborative Planning in Perspective"（2003）の中で、都市計画とは相互作用により生み出されるプロセス（Interactive Process）であり、広範な経済、社会、自然環境によって形成される複雑で動的に文脈化された環境（Complex and Dynamic Institutional Environment）における協治（Governance）の取り組みであるとしている。（Healey, 2003）

第 7 章　創造性と都市　159

③　ソーシャル・イノベーション

　本節では、現在の都市が直面する課題を解決するために必要なイノベーションについて、ソーシャルイ・ノベーションの議論に沿った考察を行なう。都市の急速な成長に伴う課題を解決するために、都市をコントロールすることを目的とした都市計画の理論が構築されてきた。しかしながら、現在の都市が直面する課題を解決するためには、コントロールだけでは不十分であり、イノベーションを促進することが求められている。

　そこで、先進諸国を中心とした成熟した都市においては、社会経済的な秩序、あるいは、価値の変革をもたらすソーシャル・イノベーションの重要性が叫ばれるようになった。

1　ソーシャル・イノベーションの背景

　ソーシャル・イノベーションとは人間や社会に関する新しい考え方を創出、実行すること（Munford, 2002）と定義されている。このソーシャル・イノベーションという概念を理解するために、シュンペーターが資本主義への敵愾心が作り出す情況（Schvmpeter, 1976）と表現した社会における資本の分配システムについての認識が重要となる。19世紀後半から20世紀の大半においては、産業革命を契機として生まれた市場資本主義システムは大きな発展を遂げるに至ったが、21世紀を目前にして、過度の資本集中が生み出した社会経済の不安定な状況、つまり、シュンペーターが指摘した資本主義者の行動原理は、資本主義システム自身を崩壊させる傾向を有していることが現実のものとなった。

　一方、フクヤマは、1980年代に起きた社会主義国家の崩壊について、政治と経済における自由主義の際限なき発展のために、自由民主主義が自由主義経済及び市場資本主義と手を組んだ結果だとしている（Fukuyama, 1992）。つまり、共産主義の崩壊後、国家は市場資本主義メカニズムの強化、官僚主義的支配体制の弱体化、公共の縮減、そして、個人の起業家精神を伴った民間資本の発展を促進させることとなった。その結果、官と民による混合経済は

共産主義国家における社会的分配システムを置き換えるだけでなく、資本主義陣営におけるイギリスのような高福祉国家の在り方についても、民間資本との協働により再構築することを目指した。特に、1970年代のイギリスにおいては、サッチャー政権の登場により戦後に設立されたガスや電気、鉄道といった国営企業の民営化を梃子とした混合経済の推進によって、現代における新しい福祉国家を目指した（Timmins, 1995）。このような社会経済のパラダイムシフトは、「制度、具体的な国家運営、そして、国境や国家の明示的な責任等の国家の基本的構造の変化であり、政治の本質的な再構築、そして、有権者の意識に継続的な影響をもたらしている」（Hay, 1996, p.151）とされている。

　この社会的分配に関する議論は、「経済活動が我々の社会生活の基礎であり、いかにして現代の社会を成立させていくのかという、より大きな問いと切り離して理解することは出来ない」（Fukuyama, 1995, p.xiii）。このフクヤマと同様の認識は、ポランニやグラノベッターにも見ることが出来る（Amin and Thrift, 1995）。ポランニは、彼の著書 'The Great Transformation'（polanyi, 1944）の中で、経済は、社会関係及び社会制度として認識されている４つの社会経済の原則 – 相互主義（reciprocity）、再配分（redistribution）、交換（exchange）、そして、家計（householding）– のコンビネーションに組み込まれていると主張している。また、グラノベッターは、より市場資本主義寄りの経済活動も、「個人間のネットワークと密接な関係を持って組み込まれている」（Granovetter, 1985, p.504）との認識を示している。

2　ソーシャル・イノベーションの論点

　ソーシャル・イノベーションという概念の重要性について、シュンペーターは、経済の効率がソーシャル・イノベーションの鍵を握っているとしている（Schvmpter, 1943）。しかしながら、ソーシャル・イノベーションの適用範囲は、技術革新に伴う経済分野における発展におけるものだけではなく、文化、政治分野、そして、社会そのものにとっても重要な意味を持っている。フランク・ムーラーら（moulaert et. al., 2005）によれば、シュンペーターの後、ソーシャル・イノベーションという概念は、主に３つの異なる分野に於

いて発展をした。一つ目は、組織運営（organizational management）の分野
（Damanpour, 1991を参照）、そして、芸術（fine arts）の分野（Munford, 2002を参
照）、最後に、地域開発（territorial development）の分野（Marris, 1969;
Rosenbloom, 1969; Mouleart; 2000を参照）の３分野である。これらの異なる３分
野におけるソーシャル・イノベーションに関する議論において共通する重要
な概念が提起されている。例えば、パットナムが提唱した社会関係資本
（Social Capital）（Putnum, 2000）や、社会的経済や企業化精神を生かした地域経
済の開発による地域住民の生活の質を向上させるコミュニティ・エコノミー
（Community economy）（Gibson-Graham, 2006）等である。

　ムーラーは、地域開発分野におけるソーシャル・イノベーションについ
て、統合的な地域開発（integrated area development）という視点から重要な議
論を提起している（moulaert, 2000）。それは、様々な地理的スケールにおける
地域固有の文脈を基礎とした社会構造が、地域社会が新しく冒険的な試みを
行うことを妨げているという課題である。さらに、ムーラーのソーシャル・
イノベーションに関する論及は、20世紀中盤から始まった社会秩序の変革を
もたらす政治的統治の形態についても及んでいる。彼が指摘する新しい政治
的統治の形態は自発性や社会的連帯、政治的な独立性、そして、革新的な民
主的運動によって促進されたものであるとし、地域開発におけるソーシャ
ル・イノベーションへの大きな影響を指摘している（同2002; Seoane and
Taddei, 2002）。

　その後のソーシャル・イノベーションの議論においては、そのプロセスの
解明に力点が置かれている。具体的にはガバナンスとキャパシティ・ビルデ
ィングの関係や、社会運動（social movements）とその主体持つダイナミズム
ついての議論である。その一つとして、人間の基本的欲求を満たすためには
、幾つかのプロセスの組み合わせが必要であるとされている。そのプロセ
スとは、草の根運動や社会の枠組みの変化により、人間の欲求が明らかにな
る段階、次に、社会的に排除されたグループが再び労働市場や地域における
生産の現場への参入を果たす段階、そして、その労働市場への参加を継続さ
せる段階である（moulaert et al., 2005）。

3　ローカルガバナンスにおけるソーシャル・イノベーション

　マンフォードは、マルクスにより批判が展開された資本主義社会の歪み、ヘンリー・フォードによって考案され発展した大量生産システムの弊害、そして、ベンジャミン・フランクリンによって論及された社会における革新的なアイデアがもたらす大きな影響等、様々な歴史的な事実を踏まえながら、ソーシャル・イノベーションについての論考を行っている（munforcl, 2002）。そして、その論考において、マンフォードはソーシャル・イノベーションという社会のダイナミズムを考える上では、心理学、特に、人間が有する創造性が社会に及ぼす影響について考慮することの重要性を論じている。

　さらに、ソーシャル・イノベーションに関するもう一つの重要な考え方として、ヘーゲルやハバーマスによる論及が指摘されている（Gerometta, Hausserman and Longo, 2005）。まず、ヘーゲルが論じているボランタリーの重要性に関するもので、「公共的な目的を有する組織的なボランタリー活動は、新しい形の社会的連帯、社会的平等、社会の構成員としてのメンバーシップ、そして、倫理的な社会生活を創出する」（同, p.2016）というものである。さらに、ハバーマスが提起した「コミュニケーションによって形成される活動と思考により創出される公共的領域」（同, p.2017）である生活世界という概念が、社会を構成する個々人と公共との関係を示していると言える。

　ヨーロッパにおいて高福祉国家を自認していた多く国は、20世紀中盤の産業構造の大きな変化の中で、異なる社会的階層間における政治的、経済的、文化的資源の再配分の偏りが生じた。そして、その資源配分の偏りが引き起こした社会的なギャップを埋めるために、市民参加を通した市民社会の実現へと向うのである。このプロセスにおいて目指した市民社会とは、双方向性を有する社会的つながり、一般化された社会の規範と目指すべき方向性、そして、公共に資する活動を促進する能力といった社会的環境（Social Milieu）に根ざすものであった（同）。以上のような認識が示すように、ソーシャル・イノベーションによって生じる革新的な社会とは、乗り越えがたい差異を有する個人や組織が、協働の価値を共有し、公共に資する活動を実践する社会であると言える。

　また、ムーラーらは都市・地域開発におけるソーシャル・イノベーション

第 7 章　創造性と都市　163

について、以下のように定義している。

> 「ソーシャル・イノベーションは経路依存性（Path-Dependency）を有し、（地域に）文脈化されたものである。それは、様々な地理的スケールにおける多様な社会集団の中で、社会的排除を受けているグループや個人を社会的包摂へ導くアジェンダ、エージェンシー、そして、制度における様々な変化のことである」（Mouleart, Martinelli, Swyngedouw and Gonzalez, 2005, p.1978）

この定義から、ムーラーの考えるソーシャル・イノベーションによりもたらされる革新的な社会とは、社会的排除を縮減し、より広い範囲における社会的包摂を実現する社会であると言える。さらに、地理的な広がりを持った領域（＝都市、地域）こそが、ソーシャル・イノベーションの舞台であり、地域社会を構成する枠組みや、異なる地理的スケールを基礎とした地域社会における個人や集団の関係を変化させることこそが、ソーシャル・イノベーションによって達成されるとしている（Mouleart, Martinelli, Swyngedouw and Gonzalez, 2005）。言い換えると、様々な地域の担い手の間、そして、地域社会を構成する異なる要素の間に、コミュニケーションに基づく関係性の構築を通して、経済、政治、文化といった地域開発を支える活動が統合されることで、ソーシャル・イノベーションが達成されるのである（同）。

④　創造性

本節では、現在の都市・地域が直面する課題を解決するソーシャル・イノベーションを創出するための鍵となる創造性についての考察を深めていく。まず、創造性を科学の対象とした心理学分野、そして、組織の創造性へと研究を発展させた経営学分野において蓄積されてきた研究のレビューを通して、創造性の有する特質を考える。

1　心理学における創造性研究

創造性という概念は、非常に曖昧な概念である。一般的に、創造力という

言葉を用いる際、「何かを作り出す能力」「今までにない新しいものを生み出す能力」「芸術的な営みを行う能力」「特別な才能を持つ者が有する能力」といった内容が想起される。科学の対象として創造性の研究が行われてきた心理学においては、以下の創造性の定義が広く受け入れられている。

> 「創造性は、新しく（独自の、思いがけない）、適切な（有用な、課題の解決に適用出来る）コトやモノを生み出す能力のことである。……個人のレベルにおいて、創造性は重要である。例えば、仕事や日常生活における課題の解決の際に密接な関係がある。そして、社会のレベルにおいて、創造性は新しい科学的な発見や新しい芸術運動、画期的な発明、そして、新しい社会の仕組みを生み出すことが出来る」
> (Sternberg and Lubart, 1999, p 3)

この定義には、単に新しいものを生み出すことだけではなく、適切なコトやモノを生み出すこと、そして、創造性には個人レベルと社会レベルのそれぞれにおいて発揮されるものであることが述べられている。

創造性研究は第二次世界大戦前における天才の研究により本格的に始まっている（Cox, 1926）。当初は個人の創造性に焦点を当てた研究であり、個人の自律性や創造性開発の機会の獲得、文化的背景、熱意、認識能力などが創造性の開発にとって重要なものであると考えられた。また、内省を阻害する外的なプレッシャーである他者とのコミュニケーションは、創造性を阻害するものだと考えられた。さらに、個人を研究対象とする戦前の創造性研究における重要な成果として、創造性が発揮されるためにはプロセスが存在するということが挙げられる。一般的には、創造性が発揮されて何かが生み出されることは、雷に打たれるが如く、突然、新しいアイデアが湧き出るのでなく、プロセスを経ることが心理学分野の研究で明らかとなっている（Walls, 1926）。

また、第二次世界対戦後における心理学分野における創造性研究では、芸術、数学、自然科学における創造性が研究の主要課題となっていた。その後、冷戦下において宇宙開発や軍事技術等の科学技術利用の重要性が高まっていくと、工学における創造性研究が進められることとなった（Csikszentmihalyi, 2000）。さらに、冷戦が終了にともない、一般生活における

第7章　創造性と都市　165

創造性を対象とした研究の重要性が増し、創造性を計測する手法の開発等が進められた。例えば、ギルフォードは、発散思考（Divergent Thinking）[1]と収束思考（Convergent Thinking）[2]という思考の違いに着目し、創造性を計測するための試験方法を開発した（Guilford, 1950）。上記のように、創造性研究の主題は、社会的な要請、つまり、社会との応答の中でその研究対象を変化させている。

　そして、研究の対象が個人の創造性から集団の創造性（Group Creativity）へと展開すると、チームワーク、協働的学習を促進するためのコミュニケーションの方法や相互交流の重要性が着目されることとなった（Amabile, 1996; Csikszentmihalyi, 1998）。特に、ブレインストーミング、ディスカッション、メンター（助言）、社会的評価、ロールモデル（お手本）といった具体的なコミュニケーションの方法についての研究が進められた（Paulus and Nijstad, 2003）。

　さらに、個人を対象とした創造性研究において論じられることがなかった創造的相乗効果（Creative Synergy）についての論及が行われている。創造的相乗効果とは、個人では出来ないグループによるアイデアを生みだし、また、異なる特質を持った個人間における相互交流により、個人の総和以上の効果が生まれることである（Kunzburg and Amabile, 2000）。

　心理学における創造性研究は、上記のように社会と応答しながら個人を対象とした創造性研究から、集団を対象とした創造性研究へとその研究領域を広げながら発展してきた。アメリカの心理学者であるチクセントミハイは、創造性のシステムモデル（System Model of Creativity）として[3]、領域（domain）という概念を用いて心理学分野の研究成果を以下のように整理している。

　　「創造性は、既存の領域（domain）を、新しいものへと移行させるあらゆる行動、アイデア、あるいは、製品のことである。（そして、創造的な人とは）領域を変化さ

1　発散思考（Divergent Thinking）：特定の課題と関連のある情報や知識を出来るだけ幅広く、大量に想起する思考
2　収束思考（Convergent Thinking）：「発散思考」により収集した多種多様な知識や情報を、ある筋道に即して、分類／集約し、有効な課題の解決方法を模索、形成する思考
3　領域（Domain）：特徴を持った知識の組み合わせ（体系）

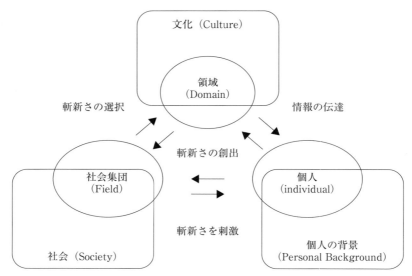

(Diagram of System Model of Creativity, Source from Csikszentmihalyi, 1996)

せたり、新しく確立する考えや行動を持っている人である。(中略) 領域に対して責任を持つ社会集団における明示的、あるいは、暗黙の同意無しに、領域は変わることがないことを胸に留めておくことは重要である。(中略) 規範や実践は領域から個人へと伝えられる。そして、個人は新しい多様性を領域の中における実質的な中身として出現する。さらに、その多様性を領域に参入するために、社会集団による選択が行われる」(Csikszentmihalyi, 1996, p.28)

このモデルは、個人から生まれる創造性をそのままの状態では社会に適用されることはなく、創造性の創り手 (Producer) と受け手 (audience) の間において創造性の適用の可否が[4]社会的集団 (Field) の判断によって決められることが述べられている。

2 経営学における創造性研究

経営学においても創造性研究が行われている。その内容は心理学における

---

4 社会集団 (Field):領域を形成する集まり

第7章 創造性と都市　167

研究成果、特に、集団の創造性という概念を土台として、より具体的に創造性開発の方法についての論及が行われている。

　まず、企業活動における創造性研究で着目されたのは、企画開発部門や研究部門のにおける創造性であった。企業という利潤の追求をその使命とする合目的な集団において、製品やサービスを生み出す部門がいかにして創造性を発揮し得るかということが研究の課題であった。創造性を高めるポイントして、部門のレベルにおいては、（個人間の）コミュニケーションの頻度、構成員各人のモチベーション（やる気）の強さ、そして、仕事に対する満足の程度であった（Plez and Andrews, 1966）。さらに、会社全体のレベルにおいては部門間のコミュニケーションの有無が大きな影響を持つことが論じられている。

　　　「創造性は、多くの人の価値判断や評価の動向を含む社会的な営みであり、社会との相互関係を築くこと無しに、創造性が創造的なコトやモノとして実体化されることはないと言える。（中略）コミュニケーションの伴わない創造のプロセスが結実することは決してない」（Negus & Pickering, 2004, p.23）

　以上のように、コミュニケーションが組織において創造性を発揮するために重要であることが示されている。

　さらに、経営学分野の創造性研究において、コミュニケーションと同様にプロセスの重要性についても指摘されている。創造性が発揮されるためには、①アイデアの創出（Idea Generation）②問題解決（Problem Solving）③実践（Implementation）というプロセスによるということが指摘されている（Tushman, 1977）。このプロセスをさらに発展させたものとして、「知識の創造（Knowledge Creation）」（Nonaka, 1994）を位置付けることが出来る。

　　　「知識の創造は、組織が直面している明らかな矛盾を乗り越えるために、個人や環境と相互作用するプロセスを組み立てることである」（野中, 2003, p.3）

　この知識創造において重要となるのはコミュニケーションによって伝えら

れる情報の質である。情報には暗黙知と呼ばれる、言葉には変換できない経験的・身体的な知識と、形式知と呼ばれる暗黙知を言葉や体系にした共有可能な知識という質の異なる2種類の情報が存在する。そして、この情報の質の違いを認識し、それぞれの情報の特質に応じた適切なよるコミュニケーションによる知識創造のシステムが、SECIモデル（ibid）として整理されている。共同化（Socialization）、表出化（Externalization）連結化（Combination）内面化（Internalization）の4つのプロセス[5]による、知識レベルの向上プロセスと知識の蓄積プロセスが循環（「知識創造スパイラル」）することにより、組織及びその構成員である個人の知識レベルが、より高いレベルに到達・昇華するというものである（Nonaka, 2003）。

SECIモデルは企業という合目的的な集団における知識創造のシステムであるが、多様な価値によって支えられる都市における計画理論の構築においても、不可欠となるコミュニケーションを考える上で有用であると言える。

⑤　イノベーションを促進する都市計画理論の構築に向けて

最終節となる本節では、第2節で論じた地域社会の課題を解決するソーシャル・イノベーション及び第3節で論じたイノベーションの鍵となる創造性の特質を踏まえ、都市計画をコントロールするためのシステムからイノベーションを促進するシステムへの転換するための理論（考え方）について創造的都市論から考察する。

5　Socialization（共同化）は、親から子へ、先輩から後輩へ、或いは熟練者から未熟練者へと共通の経験を共有することにより、言葉によらずに体験によって、知識を伝授し獲得するプロセスを言う。

　Externalization（表出化）とは、個人や組織が体で覚え共有・統合された知識（暗黙知）を、言語のような明確な形式で表わすことをいう。

　Combination（連結化）とは、Externalization（表出化）によって明確になった知識（形式知）を組合せて新たな知識を創るプロセスである。

　Internalization（内面化）とは、このようにして得られた知識をもとに個人が行動し、実践することによって、新たな経験や学習結果が個人の内部に蓄積される状態。（野中、竹内, 1996「知識創造企業」p.93）

(野中、竹内，1996「知識創造企業」p.93より)

1 創造的都市論の概要

2000年代初頭にチャールズ・ランドリーとリチャード・フロリダの2人が発表した著作により創造的都市論の議論が本格的に始められていた。当時、近代都市計画の集大成としてのグローバル・シティ（Glocal City）（Sassen, 1991）が着目される中で、グローバル・シティとは異なる都市のあり方として、あるいは、効率性や合理性への偏重を是正するポスト近代都市のあり方として創造的都市が注目を集めることとなった。

ランドリーは、"Creative City: a toolkit for urban innovators"（Landry, 2000）の中で、1980年代に欧州を始めとする世界中の都市で行われた芸術文化をテーマとした都市再生の分析から、芸術文化的な要素の可能性と消費を中心とした芸術文化の限界についての認識を示している。そこで、文化を消費するのではなく、創造するための市民の創造性（Civic Creativity）という概念を用い、これを原動力とする都市再生のあり方について論じている。

一方、フロリダは、"The Rise of the Creative Class"（Florida, 2000）の中で、世界的な産業構造の変化の中で衰退の一途を辿っていた第2次産業に変わり、1990年代にその勢いを増した創造的産業（Creative Industry）が都市再生の鍵となると考えた。そして、創造的産業が隆盛した地域を調査研究を行

い、創造的産業を支えるために必要な地域の特性を探るとともに、創造的産業を支える創造的階級（Creative Class）の存在を提起している。

2　現実と価値とのインターフェースとしての都市計画

　まず、コントロールする都市計画からイノベーションを促進する都市計画へと転換させるための論点として、創造的都市論における「資源（Resource）」に対する考え方が重要となる。創造的都市論における「資源」への認識は以下の通りである。

> 「都市は非常に有用な資源を持っている。それは、人々である。人の持つ知恵、欲望、モチベーション、想像力、そして、創造力。これらの資源は、立地や自然資源、市場性、そして、都市的な資源にとって代わるものである。」（Landry, 2000, p.xiii）

　効率性や合理性を追い求めてきた近代都市計画における都市的な資源（立地、自然資源、市場性など）から、人々が有する創造性を資源として捉えることが、都市計画を転換する第一歩となるのではないだろうか。創造的都市という考え方は、情報化社会や都市のグローバル化の進行にともなって出現したグローバルシ・ティに対するアンチ・テーゼとして出現した。ランドリーは、芸術や文化といった特定の創造性だけに着目するのではなく、一般の人々が持つ創造性に着目し、それを市民の創造性（Civic Creativity）と呼んだ。そして「市民の創造性は、公益に資する想像的な課題解決能力である。」（Landry, 2000, p.2）と定義し、その可能性について論じている。さらに、この都市的「資源」を活かすための地域運営のあり方について、以下のように述べている。

> 「2つの概念（市民と創造性）を現実に起きている地域の活動の中で結合させること、そして、創造的なアイデアの実行を許容する地域運営の方法が、個々人の持つ創造的な欲求を解放するプロセスを促進し、市民生活は新しい活力を得ることが可能となるであろう」（Landry, 2000, p.261）

第7章 創造性と都市 171

　この個々人の持つ創造的な欲求を解放するプロセスとは、都市の資源としての市民の創造性を、場所の創造性へと転換するプロセスである。コントロールのための都市計画から、イノベーションを創出するための都市計画への転換とは、創造性の源泉である市民と都市との関係を再構築するために、都市計画が両者をつなぐ「インターフェース」としての役割を高めていくことであると言える。

　近代都市計画理論の発展過程においても、現実と価値の間の「インターフェース」としての都市計画理論が、代弁都市計画としてポール・ダビドフによって提唱されている。イノベーションを促進するための都市計画においては、専門家が市民を代弁するのではなく、市民自身が直面する現実と新たに獲得する価値をつなげるためには、創造性を発揮するプロセスとしての「社会的学習」が重要となる。ヒーリーは「場所の質、それをどのように表現するかは、社会的な学習プロセスを経てその強みや妥当性を獲得する」（ヒーリー. 2015、p.61）としている。さらに、「その（社会的な学習）プロセスの中で、参加者自身が、問題の本質を学び、未来に何が起こるかを理解するようになる」（同、p.61）ことの重要性を述べている。言い換えれば、ソーシャル・イノベーションを促進する「インターフェース」としての都市計画には、この「社会的学習プロセス」が様々な形で内包されていることが求められている。

　本書第6章の卯月論文においては、「社会的学習プロセス」を生成するためのネットワーク形成や仕組みづくりについて詳しく述べられている。例えば、中間支援組織としてのまちづくりセンター、市民主体の活動を実践するための経済的な資源としてのまちづくりファンド、そして、都市デザインにおける市民参加を実現するワークショップなどである。その他、広く市民に開かれた学習の場である市民大学や行政との協働を促進する助成事業、さらに、個別の市民活動が単独ではなし得ない創発を促進するための共同プロジェクトの実施なども、多様な「社会的学習プロセス」を生成する文脈化された地域力（Institutional Capacity）を構成するものと言える。

3　コミュニケーションとプロセス

　近代都市計画においても現実と実現すべき価値の乖離を埋めるためにコミ

図　社会的学習プロセス

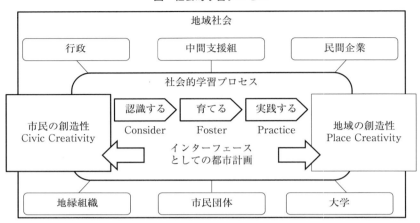

ュニケーションの重要性に着目してきた。古くはラドバーンにおける市民組合の設立やパブリックコメントを求めるための委員会の設置などに見ることが出来る。ただし、近代都市計画におけるコミュニケーションに対する認識は、より多くの情報をインプットするための手段であった。そして、多様な主体間の相互作用が紡ぎ出す合理性への認認を基礎とする協働の都市計画において、コミュニケーションは価値を創造（あるいは、判断）するための手段として認識されている。

　創造的都市論において、コミュニケーションに対する認識はさらに拡大することになる。創造性の特質として、その源泉は個人に内在し、他者との様々なコミュニケーションを通じて創造性は発見、育成、実践、さらには、相乗効果を生むことが挙げられる。さらに、コミュニケーションは、個人が潜在的に有している創造性を発揮する機会を生むだけではなく、公共的領域の形成にも寄与することとなる。

　また、近代都市計画において、特定の価値を反映させた計画と現実との乖離という課題を克服するために、計画プロセスの重要性についても着目されてきた。それは、計画の期間の設定（メイヤーソンによる「中間的な計画」）や計画の進め方（リンドブルムによる「漸進的意思決定モデル」）などである。これら

のプロセスとは、いわば、都市計画によるアウトプットの合理性が適用される範囲の設定であった。そして、都市計画とは、「相互作用が生じるプロセス」（Heuley, 2003）を内包し、「終わることのない意思決定の連続」（Freind and Jessop, 1969）てあるという認識を得ることによって、プロセスに対する認識が大きく転換することとなる。

さらに、ソーシャル・イノベーションという社会のダイナミズムを考える上で、創造性が社会に対する影響を考慮すべき（Munford, 2002）であり、また、創造性を発揮するプロセスが重要となる。創造性は突然出現するのではなく、準備 ⇒ 企て ⇒ 解明 ⇒ 実証、または、アイデアの創出 ⇒ 問題解決 ⇒ 実践というプロセスを経ることによって初めて実体を伴って現れる。都市計画のアウトプットとしてのプロセスではなく、創造性を実体化するプロセスとしての「社会的学習」を備えることが、イノベーションを促進するための都市計画には重要となる。

本書第5章の早田論文においては、都市計画におけるコミュニケーションとプロセスについて、コミュニティワークの類型化及び計画情報モデルを提示し、より具体的な論考が行われている。

4　地域の文脈づくり

第1節で概観した都市計画理論の系譜の中で、計画と現実との乖離から生じる課題解決のために、都市計画の対象となる（都市や地域という）場所に対する認識の重要性について論じた。例えば、ゲデスやマンフォードは効率や合理性を重視した近代都市計画を推し進められることにより、場所のアイデンティティが消失してしまうことを危惧し、固有の自然環境や地勢、そして、歴史・文化が複層し形成される場所の文脈の重要性を提起している。一方、ムーラーは地域固有の文脈を基礎とした社会構造が、地域社会が新しく冒険的な試みを行うことを妨げている（movloert, 2002）として、ソーシャル・イノベーションを実現する上での課題としている。

ソーシャル・イノベーションとは、地域社会における個人や集団の関係を変化させることによって実現する経路依存性を有した（地域に）文脈化されたものである（moulaet et al., 2005）。つまり、都市計画が担う役割として、ゲ

デスやマンフォードが指摘した地域性を生成する地域の文脈に対する深い理解を基礎とし、新しい「地域の文脈づくり（Institutional Desgin）」を行うことが求められているのである。

　「地域の文脈づくり」とは、地域計画や政策、補助金制度の在り方といった政策実行の資源とルールに重点が置かれたフォーマルな制度の設計だけではなく、市民の創造性（Landry, 2000）を如何なく発揮するために必要となる創造的環境を構築することである。ランドリーは創造的環境という概念を以下のように定義している。

　　　「創造的環境とは、絶え間ない創意工夫や発明の営みを創出する『ハード面』と『ソフト面』のインフラに関する必要条件を備えている場 – 建築群、都市の一部、都市や地域全体 – のことである。……そのような環境は、起業家、教養人、社会活動家、芸術家、地域を管理する人、地域の有力者、あるいは、学生などがある程度のまとまりとして、オープンで多様性を許容する文脈において、生き生きと活躍し、そして、顔と顔を突き合わせたコミュニケーションが新しいアイデア、作品、製品、サービス、そして、制度を生み出した結果、経済的な発展に寄与する有形の環境である」（Landry, 2000, p.133）

　この創造的環境と関連の深い概念として社会的環境（Social Milieu）があり、第3節で論じたソーシャル・イノベーションの議論においても重要なものとなっている。ジェロメッタ等（Gerometta et al., 2005）は、この社会的環境について、双方向性を有する社会的つながり、一般化された社会の規範と目指すべき方向性、そして、公共に資する活動を促進する能力のことであると述べている。以上のような創造的環境、あるいは、社会的環境を創出することが、これからの都市計画に求められている。

　ボブ・ジェソップらが都市計画を終わることのない意思決定の連続として捉え、その意思決定はインフォーマルなネットワークにおいて行われることの重要性が指摘した。この考え方は、都市計画というシステムが都市をコントロールするという既存の理論に転換を迫るものであった。地域の文脈づくりは、地域における様々な営み、多様な主体、千差万別の地域資源が互いに複雑な関係を構築しながらダイナミックに進行するものであり、その全てを

第7章　創造性と都市　175

デザインすることは不可能だと言わざるを得ない。このような複雑な地域社会のダイナミズムを固定的に落とし込もうとした合理的包括都市計画理論に依拠した近代主義的都市計画の限界を改めて認識することが重要である。

5　コントロールの理論から創造の理論へ

　ここまで、創造的都市論から都市計画のあり方を検討してきた。ただし、本稿では、創造的都市論を手がかりに、今後の都市計画を考える上での幾つかの論点や考え方を展開したに過ぎず、都市が直面する課題を解決へと導くソーシャル・イノベーションを促進する都市計画の理論を構築するためには、都市が直面する課題及びその解決を図る取り組みについての検証を行うことが必要である。

　理論的な組み立てを考える上で、社会学分野を中心として考察が進められてきた社会システム論を参照することが、一つの大きな手がかりとなるのではないだろうか。社会システム論は、社会学の体系的な理論として、社会の構造と機能に着目することによって、社会の仕組みの解明を目指したものである。社会システムを構成する産業や技術、文化や価値、そして、社会の構成員である市民が集積し、有機的な関係を構築する場としての都市は、まさに、社会システムを形成する場となっている。

　社会システム論は、第一世代：恒常性の維持（環境の影響からシステムを維持する）、第二世代：自己組織化（無秩序から秩序（＝構造）を組織化する）、第三世代：自己生成（構造だけではなく、構成要素を生み出すことで統一体としてのシステムを生成する）と発展してきた。

　近代都市計画が、恒常性の維持及び自己組織化することを主たる目的として構築されてきたとするのであれば、これからの都市計画は、自己生成を目指すことが求められているのではないだろうか。都市計画が終わることのない意思決定の連続であり、また、相互作用が紡ぎ出す合理性によってが支えられるのであるとすれば、インプットとアウトプットに力点を置いたシステムとしての都市計画の限界は明らかであり、自らがクリエイト（創造）するシステムであることが必要である。そして、都市には、その源泉となる市民の創造性が無限に溢れていることを忘れてはならない。

176

参考文献

Allmendinger, P. (2002) To Wards a Post-Positivist Typology of Planning Theory, *Planning Theory*, vol. 1 (1), pp.77-99.

Allmendinger, P. and Tendnr-Jones, M. (2002) *Planning Futures: New Direction for Planning Theory*, London: Rootledge.

Amabile, T. M. (1996) *Creativity in Context*, Boulder: Westview Press.

Amin, A. and Thrift, N. (1995) Globalisation, 'institutional thickness' and the local economy, in Healey, P., Cameron, S., Davoudi, S., Graham, S. and Madaripour, A., *Managing Cities*, John Wiley, Chichester, pp.91 - 108.

Cooke, P. (1983) *Theories of Planning and Spatial Development*. London: Hutchinson

Cox, C. M. (1926) *Genetic studies of genius: Vol. 2 . The early mental traits of three hundred geniuses*, Chicago: Stanford University Press.

Csikszentmihalyi, M. (2000) Creativity: An overview, in A. E. Kazdin (eds.), *Encyclopediaof Psychology*, Oxford: Oxford University Press, pp.337-342.

Csikszentmihalyi, M. (1998) *Finding Flow: The Psychology of Engagement With Everyday Life*. New York: Basic Books.

Damanpour, F. (1991) Organizational innovation: a meta-analysis of the effects of determinants and moderations, *Academy of Management Journal*, 34, pp.555-590.

Davidoff, P. and Reiner, T.A. (1962) A Choice Theory of Planning, *JAIP*, 28 (2), pp. 103-115.

Davidoff, P. (1965) Advocacy and Pluralism in Planning, *JAIP*, 31 (4), pp.331-337.

Etzioni, A. (1967) "Mixed-scanning: a 'third' approach to decision making", *Public Administration Review 27*, pp.385-92.

Faludi, A. (1973) *Planning Theory. Oxford:* Pergamon Press

Florida, R. (2000) *The Rise of Creative Class*, New York Basic Books.

Forshaw, J. H. and Abercrombie, P. (1943) *County of London Plan*. London: Macmillan.

Friedmann, J. (1987) *Planning in the Public Domain. From Knowledge to Action*. N. J. : Princeton University Press.

Friend, J.K. and Jessop, W.N. (1969) *Local Government and Strategic Choice: An Operational Research Approach to the Processes of Public Planning*. London: Tavistock Publications.

Fukuyama, F. (1992) *The end of History and the Last Man*. New York: The Free Press:

Fukuyama, F. (1995) *Trust: The Social Virtues and the Creation of prosperity*. London: Hamish Hamilton.

Geddes, P. (1915) *Cities in Evolution*. London: Williams & Norgate

Gerometta, J., Hausserman, H. and Longo, G. (2005) Social Innovation and Civil Society in

Urban Governance: Strategies for Inclusive City, *Urban Studies*, vol. 42, no.11, pp.2007-2021.

Gibson-Graham, J.K. (2006) *Postcapitalist Politics*. Minneapolis: University of Minnesota Press.

Giddens, A. (1984) *The Constitution of Society: Outline of the Theory of Structuration.* Oxford: Polity Press

Granovetter, M. S. (1985) Economic Action and Social Structure: The Problem of Embeddedness, *The American Journal of Sociology*, vol. 91, no. 3, pp. 481-510.

Guilford, J. P. (1950). Creativity. *American Psychologist,* vol. 5, pp.444-454.

Habermas, J., (1984) *The Theory of Communicative Action Volume 1 : Reason and Rationalisation of Society.* London: Heinemann.

Habermas, J., (1987) *The Theory of Communicative Action Volume 2 : Life World and System: A Critique of Functionalist Reason.* Boston: Beacon Press.

Harris,B. (1960) Plan or Projection: An Examination of the Use of Models in Planning," *JAIP*, 26 (4), pp. 365-272.

Harris, B. (1967) The Limits of Science and Humanism in Planning, *JAIP*, 33, (5), pp. 324-35.

Hay, C. (1996) *Re-Stating Social and Political Change*. Buckingham: Open University Press.

Healey, P., (1997) *Collaborative Planning; Shaping Places in Fragmented Societies.* London: Macmillan

Healey, P. (2003) Collaborative Planning in Perspective, *Planning Theory 2 (2)*, pp.101-123.

Healey, P. (2003) Collaborative Planning in Perspective. *Planning Theory, vol. 2, no. 2*, pp.101-123.

Hendler, S. (1995) *Planning Ethics: A Reader in Planning Theory, Practice and Education.* "Part II: Ethical Theory and Planning Practice", New Brunswick, N.J.: Center for Urban Policy Research., pp121-243 å

Hillier, J. (2002) *Shadows of Power: an allegory of prudence in land use planning.* NewYork: Routledge

Kurtzburg, T. R. and Amabile, T. M. (2000) From Guilford to Creative Synergy: Opening the black box of theam-level creativity, *Creativity Research Journal*, vol. 13, no. 3 - 4, pp. 285-294

Landry, C. (2000) *The Creative City: A toolkit for Urban Innovators*, London: Earthcan.

Lindblom, C.E. (1959) The science of 'muddling through', *Public Administration Review.* vol. 19, NO. 2, pp. 79-88.

Lindblom, C.E. (1965) *The Intelligence of Democracy. Decision Making through Mutual Adjustment*, New York: The Free Press.

Marris, R. (1969) Business, Economics and Society, in Rosenbloom, S. and Marris, R (eds.) *Social Innovation in the City; New Enterprise for Community Development*. Cambridge: Harvard University Press.

McLoughlin, B.J. (1969) *Urban and Regional Planning, a Systems Approach*, London: Faber and Faber.

Meyerson, M., (1956) Building the middle-range bridge for comprehensive planning. *Journal of the American Institute of Planning* 22 (2), pp.58-64.

Meyerson, M. and Banfield, E., (1955) *Politics, planning and the public interest*, New York: The Free Press.

Moulaert, F. (2000) *Globalization and Integrated Area Development in European Cities*, New York: Oxford University Press.

Moulaert, F., Martinelli, F., Swyngedouw, E. and Gonzalez, S. (2005) Towards Alternative Model(s) of Local Innovation, *Urban Studies*, vol.42, no. 11, pp.1969-1990.

Mumford, M. D. (2002) Social innovation: Ten cases from Benjamin Franklin, *Creativity Research Journal*, 14, 253-266.

Munford, L. (1938) *The Culture of Cities*. New York: Harcourt and Brace

Nonaka, I. (2003) Knowledge creating theory revised: knowledge creation as a synthesizing process, *Knowledge Management and Practice*, vol. 1, pp. 2 -10

Nonaka, I. (1994) A Dynamic Theory of Organizational Knowledge Creation, *Organizational Science*, vol. 5, no. 1, pp. 14-37

Paulus, P. B. And Nijstad, B. A. (2003) Group Creativity: an introduction, in Paulus, P. B. And Nijstad, B. A. (eds.) *Group Creativity: innovation through collaboration*, New York: Oxford University Press.

Pelz, D. C. and Andrews, F. M. (1966) *Scientists in organizations: Productive climates for research and development*, New York Wiley.

Polanyi, K. (1944) *The Great Transformation: The Political and Economic Origins of Our Time*. Boston: Beacon Press.

Putnam, R. D. (2000) *Bowling Alone: The Collapse and Revival of American Community*. New York: Simon & Schuster.

Rittel, H., and Webber, M. M., (1973) 'Dilemmas in a General Theory of Planning', *Policy Sciences 4*, pp.155-169.

Rosenbloom, S. (1969) Business, Technology and Urban Crisis, in Rosenbloom, S. and Marris, R (eds.) *Social Innovation in the City; New Enterprise for Community Development*. Cambridge: Harvard University Press.

Sandercock, L. (1998) *Towards Cosmopolis: Planning for Multicultural Cities*. Chichester: John Wiley and Sons.

Sassen, S. (1991) *The global city*. New York, London, Tokyo. Princeton: Princeton University Press.

Schumpeter, J. (1943) *Capitalism, Socialism, and Democracy*. New York: Harper & Bros.

Schumpeter, J. (1976) *Capitalism, Socialism and Democracy*. London: Allan and Unwin.

Seoane, J. and Taddei, E. (2002) From Seattle to Porto Alegre: the anti-neoliberal globalization movement, *Current Sociology*, vol.50, no. 1, pp.99–122.

Simpson, M. (1985) *Thomas Adams and the Modern Planning Movement, Britain, Canada and the United States 1900-1940*. London and New York: Mansell.

Stein, C. (1951) *Toward New Towns for America*. Liverpool: Liverpool University Press.

Sternberg, R.J., and Lubart, T. I. (1999) The concept of creativity: Prospective and paradigms, in R.J. Sternberg (eds.), *Handbook of Creativity*. London: Cambridge University Press, pp. 3 –16.

Timmins, N. (1995) *The Five Giants: A Biography of the welfare state*. London: Harper Collins.

Tushman, M.L. (1977) Special Boundary Roles in the Innovation Process, *Administrative Science Quarterly*, vol.22, no. 4, pp. 587–605

Wallas, G. (1926) *The Art of thought*, New York: Harcourt, Brace.

Webber, M. M., (1963) "Comprehensive Planning and Social Responsibility," in Frieden, Bernard J. and Robert Morris, eds., *Urban Planning and Social policy*, pp. 9 –22.

野中郁次郎、竹内弘高（1996）知識創造起業、東洋経済新報社

パッツィ ヒーリー著、後藤春彦監訳、村上佳代 訳（2015）「メイキング・ベター・プレイス：場所の質を問う」、鹿島出版会

第8章
まちづくりと都市デザインの実践

① 「都市計画」と「まちづくり」

1 「まちづくり」という言葉の誕生

　私達は今、いろいろな場面で「まちづくり」という言葉を使用している。国には「まちづくり交付金」という補助金もあるし、市町村には「まちづくり条例」がある。行政の組織にも「まちづくり部」や「まちづくり課」はすでに一般的である。また、市民レベルでも「商店街のまちづくり」、「みどりのまちづくり」、「子どものまちづくり」あるいは「震災復興まちづくり」等テーマや地区ごとに様々なまちづくりが展開されている。

　「まちづくり」という言葉が普及していくことはもちろん良いことであるが、そもそもこの言葉が生まれた背景や広がっていった理由を少し確認しておきたい。

　ただ、「まちづくり」について話しをする前に、近い言葉である「都市計画」についてまず紹介したい。日本における近代的都市計画は、明治21年（1888年）公布の「東京市区改正条例」にはじまる。それまでの江戸の町を欧米列強のロンドン、パリ、ベルリンに見劣りのしない都市に改造するためにこの法律が制定された。ヨーロッパから建築や土木の都市技術者を招聘して、明治政府は大規模なビジョンを策定した。銀座の煉瓦街や霞ヶ関の計画はその典型である。この計画は必ずしもすべてが実現されたわけではないが、国家事業としてスタートした近代的都市計画の思想は、その後東京だけでなく、全国の都市に拡大されていった。つまり、日本の都市計画は「都市を計画する行為」とはいえ、市町村という都市自治体が自らの地域を主体的に計画づくりするのではなく、国が市町村の都市計画を策定する形でスタートし、その大きな枠組みは地方分権が進んだ今でもほとんど変わっていない。これは、たとえばドイツの自治体の都市計画高権（都市計画に関する最高

の権限）は自治体の長が有するとドイツ基本法（憲法）に書かれていることと比較すると、実に大きな違いがある。つまりこの「東京市区改正条例」という法律制定以降130年間、日本の「都市計画」は自治という視点からは根本的には変わらないまま、厳然と存在してきたわけである。

　そのような流れに対して、昭和27年（1952年）雑誌「都市問題」に「町つくり」という言葉が初出した。この時は、都市計画という物的計画を意味する用語としてではなく、むしろ住民による社会運動の意味合いが強く使われたようである。しかしまちづくりが普及するのは1960年から70年代である。1963年、67年、71年の統一地方選挙によって、日本全国に革新系首長が当選したことはすでに忘れられているかもしれないが、実はこの時に当選した美濃部都知事、飛鳥田横浜市長他があえて選挙公約で使用した言葉が「まちづくり」であった。その時の使い方は、それまでの国が定める国土計画や国中心の都市計画、都市開発ではなく、地域独自の計画や開発を主体に、地域が自ら進める都市づくりや地域主権主義を高らかに訴えたのであった。その結果、選挙民は「まちづくり」という言葉に新しい自治の時代を感じ取って、革新系首長を選択し、結果として大きな地方政治の流れを築いた。つまり「まちづくり」は、国の「都市計画」に対する反語として生まれたと言える。また、この段階ですでに「まちづくり」は自治体が主体的に行い、かつ住民参加で進めることが必須条件であったと解釈できる。

2　「まちづくり条例」制定の背景

　60年代から70年代に選挙で選ばれた革新系首長が進めた事業そのものが、まさに日本の「まちづくり」の原点であるが、その中から「まちづくり条例」を紹介してみたい。日本で初めてのまちづくり条例として、1980年「神戸市街づくり条例」、そして翌年81年「世田谷区街づくり条例」が制定された。両都市は、いっしょに当時の建設省とその条例案について協議を進めていた。法律に対して条例の横だしや上乗せがなかなか認められない状況の中で、両都市の条例にはいくつかの画期的な内容が含まれていた。

　たとえば、まちづくりに参加することができる住民の定義では、土地や建物を有している住民だけでなく、地域に在住、在勤、在学する住民すべてに

参加する権利を認めた。また居住者によって構成される「まちづくり協議会」には、自治体に対してまちづくり計画を「提案する権利」を認めた。これに関しては、今多くの読者は当たり前のことと受け止めるかもしれないが、当時の1980年代初頭の状況下では、都市計画において参加する権利は基本的に地権者にしか認められていなかったことを考えると、この条例は画期的だったと言わざるをえない。

このような条例が生まれた背景には、それまで都市計画事業として行われてきた再開発の問題がある。再開発事業は、密集した市街地等で木造家屋等を除却し、高層建築の建設によって集約化や高度利用を進め、広幅員の道路や広場を生み出すことによって安全で快適な市街地を形成することを目的としている。しかしこのような家屋の全面除却を前提とするスクラップ＆ビルド方式がうまく進まないケースが次第に増えてきた。駅前再開発のようにある程度の商業集積があり、高層建築の計画が可能な地区では再開発事業が成立したが、狭小住宅が多い場合は、合意形成に時間がかかる上、最終的な高層建築の計画に対しても賛成が得られないケースが多く、別な事業手法が求められていた。その中で登場したのが、「修復型まちづくり」である。これは、全面除却を前提にしないで、家屋一軒一軒の建て替えを誘導することを通じて、災害時の避難路としての行き止まり道路の解消や、消防活動に必要な最小限での道路拡幅、さらに災害時の地下貯水槽と日常時のコミュニティ活動の拠点としての小広場整備等を行うものであった。またその計画づくりにおいて重要視されたのが、住民による「まちづくり協議会」方式である。住民の誰もが平等に参加でき、民主的に議論し、基本的には全員合意をめざすまで話し合うという新たな住民参加方式が、「まちづくり」の原則となったことは極めて評価すべきである。このような全く新しい都市づくりの技術手法を担保するために生まれたのが「まちづくり条例」であったため、建設省も当時大変積極的であったと言える。

つまり、日本の「住民参加のまちづくり」は、密集市街地における修復型まちづくりを原点としてスタートしたのである。

3 「まちづくり」の特徴

まちづくりは様々な展開の中で、そのめざすべき方向や特徴が明らかになってきた。以下に示す。

(1) 「まちづくり」は物的な改変（建築、道路、公園他）を目的とするものだけでなく、高齢者や子どもの教育や福祉、商店街の活性化や防災、水や緑等の自然環境、自治やコミュニティ等、ソフトとハードに分けられない総合的環境すべてを扱う。ちなみに「まちづくり」の中国語訳は、「社区営造」で、「社」はコミュニティ（ソフト）を、「区」は街区環境（ハード）を意味している

(2) 「まちづくり」は、ある限定的な小地域を対象とする

(3) 「まちづくり」は、地域に住み、働き、学ぶ住民の積極的な関与の上に成り立ち、主体的な参加と提案を前提にする

(4) 「まちづくり」は静的な状態をめざすものでなく、常に将来に目を向けた動的で運動論的展開を指向している

(5) その結果、地域に個性ある人間やかけがえのない景観、デザインが生まれ、さらにそれが地域や住民の誇りとなって、住民によるまちの維持管理が行われ、持続可能な社会が生まれる

4 「都市計画」と「まちづくり」の違い

さてこれまで、まちづくりという言葉が生まれ育ってきた経過と特徴を話したが、まちづくりの概念をより明らかにするために、130年の歴史を有する「都市計画」とそのおよそ半分66年の歴史を持つ「まちづくり」の基本的考え方の違いを整理したい（表1）。

発展してきた時代的な状況の違いもあるが、都市計画は「成長する都市」という拡大指向のビジョンに基づき、広域の都市基盤等インフラストラクチュア整備やニュータウン等の大規模開発を行ってきた。それに対して、まちづくりは「持続可能な都市」というビジョンに立脚し、拡大ではなくコンパクトシティを指向している。そのため郊外型スプロールではなく、既成市街地内部の修復型整備や住環境整備に力点があり、その手法も地区計画や街区整備等小さな単位ときめ細かなヒューマンスケールが求められている。

第8章 『まちづくりと都市デザインの実践』　185

表1 「都市計画」と「まちづくり」の概念比較

	都市計画	まちづくり
①ビジョン	成長する都市	持続可能な都市
②内容	広域都市基盤整備	住環境整備
	ニュータウンの開発	既成市街地の修復型整備
	大規模開発	地区計画、街区整備
	物的計画（ハード）	物的＋社会計画（ソフト）
③主体	国家、都道府県	市町村、ＮＰＯ、市民
④プロセス	トップダウン	ボトムアップ
⑤市民参加	形式的市民参加	行政と市民の協働
⑥市民活動	陳情請願型	学習提案型
	反対運動	市民活動
⑦専門家	都市計画家	まちづくりコーディネーター
	建築家	都市デザイナー
	デザイナー	ファシリテーター
⑧キーワード	垂直、縦割り	水平、パートナーシップ
	中央集権、効率	自治、分権、公正、合意

　都市計画の事業主体が国や都道府県でトップダウン的に実施されてきたことに対して、まちづくりの主体は市町村であるが、特にNPOや市民からのボトムアップや連携が不可欠である。都市計画における市民の関わりは、法的な位置づけはあまり明確ではないため、どうしても計画や事業が公表されてからの反対運動や陳情請願という時期的には極めて遅い段階での市民の意思表明しか出来ない状況である。一方、まちづくりの様々な場面では、日常的な市民の学習活動や市民の意見表明の機会が求められる。もちろん現段階ではまだ途上であるが、地域協議会やまちづくり協議会への分権と市民提案を前提とした行政と市民との連携、協働が制度的に担保された自治の仕組みこそが必要である。

　都市計画を支える専門家であるが、都市計画事業の推進においてはいわゆる都市計画家（プランナー）、建築家（アーキテクト）、個別のデザイナーという既存の職能で十分であるが、まちづくりの場面では、行政語と住民語の両方を理解し翻訳調整できるまちづくりコーディネーター、建築と都市の隙間を埋め、魅力的な風景を編み出す都市デザイナー、さらに様々な関係者の異なる意見を整理し方向づけをするファシリテーター等の新しい職能が必要であ

る。このためには、大学の教育プログラム、職能団体の研修制度、さらに発注方式や仕様書等の行政改革も必要である。

最後に、都市計画を進める場合には表面的には出ないが、「垂直、縦割り、中央集権、効率」という基本的発想があったと思われるが、まちづくりにおいては、「水平、パートナーシップ、自治、分権、構成、合意」という民主主義を基本としたキーワードが大事である。

5 「都市計画」と「まちづくり」の合体

「都市計画」と「まちづくり」の違いについて少し客観的に話してきたが、実はそのふたつが現在の日本に併存しているというのは、海外との比較から見ても極めて不自然な姿である。というのは、都市計画として進められてきた事業が地域住民のまちづくり計画と相容れない状況が生じるケースも実際少なくないからである。たとえば、都市計画法に基づいて合法的に粛々と進めてきた都市再開発事業で高層建築が提案された場合、実はまちづくり条例に基づいてまちづくり協議会が定めた、隣接地の計画方針では高層建築は認めないという内容であった場合、どちらが上位なのかという問題が生じる。現状では、都市計画が優位になるケースの方が多いと思われるが、それは大変悲しい、また不幸なことである。

今必要なのは、「都市計画」と「まちづくり」の貴重な歴史的経過やその違いを十分ふまえて、両者を合体した日本独自の新たな法律「まちづくり法」を制定することである。これまでもまちづくりの成果や経験を生かして、都市計画法が改正されてきたが、小幅の改正ではもう追いつかない。両者の長所を生かした根本的な合体作業こそが求められている。

② まちづくりセンターとまちづくりファンド

1 まちづくりセンターの誕生

1981年以降、神戸市や世田谷区等日本の先進自治体で誕生した「まちづくり条例」が市民の参加する権利やまちづくりを提案する権利をはじめて保障したことを前項で述べた。ここでは、それを受けて自治体が設置した「まち

第 8 章　『まちづくりと都市デザインの実践』　　187

づくりセンター」と「まちづくりファンド」について紹介したい。

　まず、市民が主体的にまちづくり活動を実施するためには、専門的で技術的なアドバイスやサポートをしてくれる相談可能な場所や人材が必要である。これが、現在「まちづくりセンター」や「市民活動支援センター」とよばれる機関である。市町村が設置して運営も職員が行う「公設公営型」、市町村が設置するが運営は民間が行う「公設民営型」、さらに数は少ないが、「民設民営型」等がある。

　最も古い事例は、1984年奈良県奈良町に設立された「奈良まちづくりセンター」で、地域の商店街メンバーを会員にしながら、民設民営型で奈良町の活性化をめざしている。1988年に設立された「まちづくり情報センター・かながわ」は神奈川生活協同組合が出資したのでやはり民設民営型である。会員に情報サービスをすると共に、市民活動支援や行政からの委託調査も実施しており、中間セクターの役割も果たしている。その後1992年には世田谷まちづくりセンターが、翌年93年には神戸まちづくりセンターが前述したまちづくり条例に基づき設立され、その後、97年京都市景観・まちづくりセンター、02年浜松まちづくりセンター、06年練馬まちづくりセンター、07年国分寺まちづくりセンター、草加市まちづくりセンターと、市町村が設立するまちづくりセンターが次第に増えていく。これらには、公設公営型と公設民営型の2つのタイプがある。

2　まちづくりセンターの役割

　まちづくりセンターの役割はこれまでの経験から、大きく5つに整理することができる。

　まず第1に、市民の様々な自主的活動に対する相談、助言等の情報・技術の提供である。市民ならではの思いを社会の中で実際に実現化していくには、その手段や方法、プロセス、そして法的な問題および類似の先行事例等幅広い情報が重要である。また、センターでの支援が難しい場合は、別な支援機関やNPO等のネットワークへの紹介も重要である。いずれにしても、行政とは違う市民の立場に立った身近なまちづくりの相談と支援の窓口としての役割がある。後で紹介するまちづくりファンドの事務局の役割もこれに

含まれる

　第2に、行政からの様々な委託事業や補助事業の受け入れである。行政が有しない市民参加のノウハウや地域の生の情報をもつことによって、行政が直接事業を実施したり、民間の都市計画コンサルタントに委託したりするより、まちづくりセンターに委託するほうが、事業効率および地域コミュニティの醸成のためにふさわしいケースがある。たとえば、地域の公園づくりや公共施設の計画設計、都市計画マスタープラン作成等の事例には、すでに多くの実績がある。

　第3に、企業からの委託調査や相談である。近年は企業も地域に密着した事業展開が必要になってきている。企業の種類や規模を問わず、企業が地域の活性化や雇用、アイデンティティ形成に果たす役割は大きく、市民や地域の立場から市民連携参画型事業の推進等に関するコンサルティングが出来るようなセンターが求められている。企業と市民をつなぐ計画や事業の事例はまだそれほど多くはないが、たとえば各地で頻繁に起きているマンション建設反対運動にならないように、かなり前段階からの地域の住環境形成における良い関係づくり等を期待したい。

　第4に、自主事業等の開発である。市民、行政、企業からの相談と共に、センター自らの新規事業の開発提案の役割がある。現状では行政も企業も単独では事業化しにくい「すきま産業」へのチャレンジである。たとえば住宅事業では、コーポラティブ住宅やコレクティブ住宅は、市民側にニーズは高いが、計画のノウハウを持つ企業は少ない上、通常の住宅事業より計画の時間がかかるため、企業単独では取り組みにくい。そこで、センターはこのような住宅に住みたい住民、設計を手伝いたい建築家、土地を有効活用したい地主の情報交換の場をセットし、事業化に結びつくような調整の機会をつくることができる。現状ではそれを専門にするNPOが存在するが、もっと連携を強めれば、十分増えていくと思われる。このようなエンドユーザーとしての市民からの発想に基づく事業の開発や関係者のマッチングは、まちづくりセンターやNPOならではの重要な役割である。

　さらに近年大きな課題となっている空き店舗や空き家の対策についても、市町村だけでの対策では限界がある。世田谷まちづくりセンターが所属する

図1　まちづくりセンターのあり方

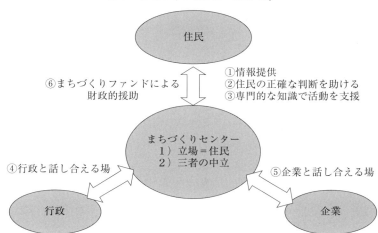

一般財団法人世田谷トラストまちづくりの「地域共生のいえ」事業では、空き家、空き室のオーナーの相談に応じながら、地域のニーズに合った利活用方法を関係者と調整し、すでに20事例以上の成果をあげている。

第5に、市民社会実現のための後方支援、啓発や交流事業がある。上記4つの事業を進めるためにも、市民、行政、企業の人々が日常的に学習、研修できるような機会の提供、様々な立場からの情報収集と交流のための新しい情報ネットワークの整備、および出版物の編集発行等、地域のプラットフォームの役割がある。世田谷トラストまちづくりの「参加のデザイン道具箱」を用いた研修会等はその良い事例である（図1）。

3　まちづくりファンドの意義

市民の主体的活動を相談支援する実際の内容は極めて幅広い。市民がなにか新たな活動をはじめようとする時に、類似の先行事例や関連する法制度等の情報は必須である。とりあえずの窓口はまちづくりセンターであるが、すべての分野の専門的、技術的なアドバイスや関連情報が入手できるわけではない。また第一段階の情報が入ったとしても、ふさわしい事例の現場を見に行ったり、専門家が見つかった後に直接ヒアリングをしたりする段階になれ

ば、それなりの資金が不可欠である。

　かつては、市民が活動するのは市民の勝手なのだから、自分たちで古紙回収やバザーをして自ら資金を調達すべきであるという考え方があり、もちろん自己調達も重要であるが、それには限界がある。現在では、市民活動の内容がいわゆる私益ではなく、公益や共益に寄与するものであれば、公的、共的な資金が使われても良いのではないかと変わってきた。もちろん、行政の補助金もそのような中で少しづつ変化してきている。しかし、補助金にも限界がある。あらかじめ、行政が定めた事業内容に合致する活動の場合においては良いが、必ずしもそうではないし、行政の考え方と合致しない点にこそ市民らしさがあったりする。そういった市民ならではの活動を支援するのが、「まちづくりファンド」である。

　市民活動を支援するまちづくりファンドの先駆的事例は、1974年に発足したトヨタ財団の市民活動に対する助成金制度で、この分野の草分け的な存在である。今では東日本大震災の被災地支援を行う市民活動やNPO活動にも、民間財団から数百万円の資金提供がされるのはあたりまえであるが、まだ市民活動やNPOに関する認識がそれほど高くない70年代に、市民社会をめざす市民活動に焦点をあてたことは極めて重要である。

　それに対して、行政が従来の補助金とは異なる形で市民活動への新たな支援をはじめたのは、80年代後半から90年代にかけてである。たとえば、世田谷区が「公益信託世田谷まちづくりファンド」をスタートさせたのは1993年で、事務局としてのまちづくりセンターが設立された翌年である。現在各地に存在する「まちづくりファンド」の仕組みは、世田谷区の公益信託制度を用いた仕組みに影響を受けたところが多い。本来公益信託とは、民間の資金によって公益事業を行うものであるが、市民主体のまちづくり活動支援のためには、「行政はお金を出すが、口を出さない」仕組みとして公益信託制度が利用されている。その結果、助成先を決める権限は公益信託の運営委員会にあり、結果に対して行政は異議を挟めない仕組みとなっている。また審査の透明性を高めるためにも、審査を伴う運営委員会は原則公開の場で行うことも現在では一般的と言ってよいだろう。

　さらに公益信託のメリットを言えば、最初の資金を出捐するのは行政とし

図2　公益信託高知市まちづくりファンドの仕組み

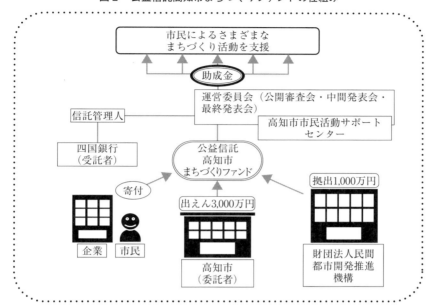

ても、その後地域のみんなのお金として拡大、運用するためには、個人や企業からの寄付を受け入れやすいようにすることが重要なので、その意味でも公益信託は比較的柔軟な仕組みであることと言える（図2）。

4　まちづくりファンドの動向

　まちづくりファンドの原資であるが、1993年に世田谷まちづくりファンドが設立された当初は、区の出資金額はわずか3000万円だったが、25年経過した現在では、行政の追加信託と個人、企業の寄付を含めて基金総額は1億3000万円程度になっている。しかし低金利のため、基金の果実だけでは年間の助成金500万円はまかなえず、事務局としての財団からの支出もある。このような「基金型公益信託」に対して、高知市まちづくりファンドは低金利を前提にした「取崩型公益信託」である。2003年に3000万円で設定され、毎年ほぼ300万円を助成してきたため、2012年で基金はゼロになった。つまり当初から10年という期間限定の仕組みであった。10年の成果を検証した結

果、次の10年も継続すべきという答申も出されたため、実際にはさらに3000万円の出捐が決定した。このような時限の仕組みも、定期的な見直しが可能になるので効果的である。

公益信託制度とは異なる仕組みを有する自治体もある。千代田まちづくりサポートは、事務局を担っている公益財団法人まちみらい千代田に企業からの賛助金があるため、その資金を充てている。また練馬区のまちづくり助成金は、やはり事務局である公益財団法人練馬区環境まちづくり公社の自転車駐輪場管理の収益金を充てている。さらに、市川市では市民税の納税額の1％以内の金額を市民が市民活動団体に充てられるような工夫をしている、それに対して、ヨコハマ市民まち普請事業は、市役所の一般会計の中で毎年予算化しており、ファンドの原資については、市町村によって様々な可能性を模索している。

事業がスタートした1990年代当初はソフトな市民活動が主で、「はじめての市民活動」に対して5万円程度（1回限り）、「少し経験のある市民活動」に30〜50万円（3回を限度）というのが一般的であった。それに対して、2006年にヨコハマ市民まち普請事業が拠点施設や空間整備等物的環境整備に500万円を助成する制度をはじめ、さらに（財）都市開発推進機構がソフト助成をしているファンドにハード助成部門を設置する場合に、大幅な補助金をつけたことから、京都、世田谷、高知等日本全国に市民が物的な環境整備をする事例が急増したことは大変興味深い。

5　海外との比較

市民の主体的なまちづくり活動を支援する仕組みについて紹介してきたが、ここで少し欧米の仕組みとの比較をしてみたい。1960年代低所得者層や外国人の人権運動としてアメリカで生まれたコミュニティデザイン活動は、物的環境に関わる建築家やランドスケープデザイナーを中心にしながら「コミュニティデザインセンター」という組織に発展していった。1976年には「サンフランシスココミュニティデザインセンター」が誕生した。たとえば、中南米やアジアから来た市民達は、母国の住宅の形式や暮らし方を前提にコミュニティが成立しているため、米国の補助金を利用した生活環境改善

事業についても、それぞれの暮らしを前提にした設計や支援活動が必要であった。そのような中で、市民の立場にたった「アドボカシープランニング」活動がセンターで行われ、そこで働く若者の新たな職能「アドボケイトプランナー」という名称も生まれてきた。

　一方イギリスでも1960年代から、地域に調和した建築やまちづくりをめざす「コミュニティアーキテクチュア」という運動が生まれた。1973年には、王立都市計画家協会が地域のまちづくり課題に取り組む市民の相談や支援をする「プランニングエイド制度」をスタートさせ、さらに1979年にはマンチェスター市とリバプール市が、同様の「コミュニティ技術支援センター」を設立した。

　さらにドイツでは、1960年代に計画された大規模な都市開発や高速道路計画に疑問を持った大学教員や学生が、行政と話し合うフォーラム活動をはじめた。そのような中でミュンヘンでは「ミュンヒナーフォールム」という都市計画やまちづくりの専門家組織が生まれ、行政と異なる立場から、市民に様々な情報を提供した結果、大規模な高速道路計画は中止になった。その後も様々な課題に取り組むミュンヒナーフォールムのNPOとしての活動は、現在も継続している。

　このように支援センターに関する欧米との比較の中から、以下のような相違点が見えてくる。まず設立時期は、欧米は1960年〜70年代が多いが、日本は少し遅れて80年代が多い。また欧米の設立主体は建築家や都市計画家の職能団体や学会が多く、大学もそれに強く関与しているが、日本はやはり行政が設立するケースが多い。

　つまり欧米では設立の動機が「市民の権利保証」であるのに対して、日本は最終的には「行政目的の達成」と言えるのではないだろうか。もちろん市民の学習機会の提供という意味もあるが、日本において行政計画に反対する市民活動を支援できるかと言えば、それには自ずと限界があると言わざるを得ない。欧米では、行政案に対して市民が対案を作成することを積極的に支援する事例は多い。対案を作成することによって、市民が問題を深く理解し、その後の民主的な協議に発展する事例は少なくない。これには、行政の制度改革も必要である。

また、これは支援組織の独立性にも関わってくる。行政とは一線を画する職能団体や学会、大学が母体となることから、企業や個人からの寄付は集まりやすいが、行政が設立した組織には、やはり寄付は集まりにくい。たとえば、ミュンヒナーフォールムは都市計画に関する良識の府と市民に認知されていることから、地元の最大の新聞社南ドイツ新聞からも寄付を得ている。

さらに、欧米では市民活動支援を専門とするアドボケイトプランナーやコミュニティアーキテクトという新たな職能と働く場所が生まれてきているが、日本では残念ながら、まちづくりセンターは一時期増えたが、財団や公社の統合縮小の中で、廃止された組織も少なくない。もちろんそこで働く若者達を応援する社会的なバックアップはほとんどないと言わざるを得ない。

今後、日本のまちづくりセンターが行政からもある程度の距離を保ちながら、独自の財源を持ち、組織の「中立性」と「自立性」を確保することが大きな課題である。まちづくりセンターの今後の展開は、従来「官」が担っていた「古典的な公共性」に対して、市民が担う新たな「市民的公共性」の拡大に大きく寄与すると私は考えている。

③ 市民まちづくりが切り開く新しい世界

1 市民まちづくり活動とは何か

市民まちづくりのきっかけは、実はひとりの「市民のつぶやき」にはじまるケースが多い。家族で食事をしていたり、近所の方と雑談をしている中で「こんな事ができたらいいよねえ」とか「こういう場所があったら便利だよねえ」というような、ちょっとした発言が重要である。しかし多くの場合、「そんな事はできっこない」とか「行政はやってくれないだろう」というような話になり、あきらめてしまう事が多い。そのような状況に対して、「市民のつぶやきを形にする」ためのアドバイスをしてくれる組織や、さらに資金を提供してくれる基金やファンドが、実はゆっくりではあるが増えてきている。この事は前項で詳しく紹介した。

これまで私がお手伝いをしてきたものだけでも、「公益信託世田谷まちづくりファンド」（事務局：一般財団法人世田谷トラストまちづくりセンター）、「千代

田区まちづくりサポート」（事務局：公益財団法人まちみらい千代田）、「NPO 支援かまくらファンド」（事務局：NPO 法人鎌倉市市民活動センター）、「公益信託高知市まちづくりファンド」（事務局：高知市市民活動サポートセンター）、「ヨコハマ市民まち普請事業」（事務局：横浜市地域まちづくり課）、「みなとみらい21エリアマネジメント活動助成事業」（事務局：一般社団法人横浜みなとみらい21）があり、もちろんこれ以外の多くの自治体、地域でも支援センターや助成金制度がある。

　このような支援組織と助成金がある程度整っていれば、あとは同じ考えを持つ同志を見つけ、企画案を練り申請書を提出すればよい。もちろん申請書の書き方についてもアドバイスをしてくれる。要は、市民ならではのユニークな発想に基づく「アイデア」があり、それを多くの市民の「汗」と若干の「お金」をうまく集約させることで、市民まちづくり事業は成立する。当初は、若干義務感もあってのスタートかもしれないが、次第に仲間が増え、活動が進むに連れて、家庭、会社とは異なる地域コミュニティの中での楽しさと新たな自分の発見、自己解放、自己実現へとつながり、ひいては市民社会の実現に近づいていく実感が得られるものである。

2　市民まちづくり活動の意義

　現在、市民まちづくりは日本各地の地域の状況をふまえて、実に多様な展開をしている。ここでは、市民の主体的なまちづくり活動が地域社会にどのような影響を与えているかを 5 つに整理して、事例を紹介してみたい。

⑴　行政の体質や仕組みを変える

　横浜市神奈川区片倉町には、「うさぎ山プレイパーク」がある。プレイパークとは、デンマークが発祥で1970年代後半に日本に導入されたもので、危険な遊びも含めてこどもが自分の責任で自由に遊ぶ事をモットーにした冒険遊び場の公園である。うさぎ山でも、活動をより広げるために小さな小屋建設を敷地内に計画した。市民まちづくりを支援する「ヨコハマ市民まち普請事業」の審査会でも大変良い企画提案として認められた。しかし横浜市の公園設置要綱には、100㎡未満の小さな小屋を設置することは制限されていた。小規模な建物の建設を認めると公園本来の機能が失われるという理由の

【写真１】 完成した「うさきちハウス」　【写真２】 工事には、こどもも両親も参加した

ために制定された要綱で、うさぎ山の場合も100㎡未満のため、建設が認められなかった。その後１年間行政と市民の関係者の間で検討した結果、横浜市が新たに「プレイパーク管理棟設置要綱」を定めることとなり、ようやく「うさきちハウス」という小屋の建設が可能となった。建設にはこどもや両親達の労働奉仕も加わり、みんなの居場所としての小屋が誕生した。これは市民が提案をして、行政がその制度や体質を大きく変革させた事例である（写真１、２）。

(2) **行政や企業ができないサービスを提供する**

　広島県福山市に山野町という過疎の集落がある。福山駅から北に30分程行った場所であるが、実際は小学校の廃校、高齢化率60％という極めて厳しい状況であった。さらに追い打ちをかけるように集落にただ一つあったＪＡのスーパーマーケットが閉店となった。それに対して、地元の高齢者が店舗を継続するために立ち上がり、福山市「魅力あるまちづくり事業」助成金を得て、新たな食材の販売、総菜の加工販売配達、食農教育の普及等や山野の活性化に取り組み始めた。かつてＪＡの職員だった女性を中心に「キラリやまの」という団体を結成し、農家の主婦が交替で店番をしながら営業をしているのは、ひょっとしたら以前のＪＡの店舗よりも活性化しているかもしれない。生活に必要な店舗が無くなるという危機をまさに市民の力を結集することによって、逆に雇用の確保やコミュニティの再生に繋げている素晴らしい事例である（写真３）。

第 8 章 『まちづくりと都市デザインの実践』　197

【写真3】　女性の力で再生したコミュニティスーパー「キラリやまの」

【写真4】　復活した「保土ヶ谷宿松並木と一里塚」

(3)　シティプライド（まちの誇り）とわがまち意識を育む

　横浜市保土ヶ谷区で、国道1号線の拡幅工事とその脇を流れる今井川の河川工事改修に合わせて、広幅員の歩行者空間が生まれるという情報が地域に入った時、「やっぱり東海道には松がなくっちゃいけない」という声が誰からともなく発せられ、それをきっかけに地域が一丸となって動きはじめた。地域のまちづくり団体が自治会・町内会、小中学校、幼稚園に呼びかけて、有志が集い、実行委員会が結成された。そして前述の「ヨコハマ市民まち普請事業」に応募し、採択された。整備にあたって、国道は市道路局、河川は県治水事務所という縦割り行政のため調整には困難を極めたが、どうしても松並木と一里塚を復活させたい、という市民の強い意思が実現にこぎつけた。実行委員会はその「愛護会」に移行し、松が立派に育つ50年先を見据えて次世代に歴史をつなげる活動を続けている（写真4）。

(4)　みんなの居場所をつくる

　高知市旭地区は、戦災を免れたために計画道路も整備されず、木造家屋が密集した状況で高齢者が多く住んでいる。都市計画的には問題地区かもしれないが、一方市内で最も高知らしいコミュニティが残っているとも言われている。この地区の空き店舗を利用して、一人暮らしの高齢者への食事提供や高齢者の手作り作品の販売委託等、みんなの居場所づくりを進めている「アテラーノ旭」という拠点がある。アテラーノという言葉は、土佐の方言で

【写真5】 みんなの居場所「アテラーノ旭」　【写真6】 復活した「干物づくり」

「私達の」という意味である。この拠点の入り口に手すりをつけ、またトイレにスロープをつける事によって、より利用者を増やしたいという企画が「公益信託高知まちづくりファンド」に提案された。すでに素晴らしい活動実績のある団体がさらなる活動の輪を広げるためという趣旨から助成が決定された。その結果、利用者が増えるとともに、提供する安全な食材確保のための農園整備や周辺河川の浄化活動等を進め、さらには計画されている区画整理や計画道路を含めた旭地区の将来まちづくりにも活動の輪を広げようとしている。当初は高齢者の福祉拠点であったが、現在では多世代の市民まちづくりの拠点として大きく発展している好事例である（写真5）。

(5) 地域経済を活性化する

　愛知県蒲郡市三谷町は、かつて漁業と水産加工で栄えた町だったが、高齢化が進む中で賑わいがなくなり、「海のまち蒲郡」の顔は衰退しはじめている。そんな状況の中で、地元出身の若者が障害児の雇用確保のためにNPO法人を設立し、国土交通省の助成金を利用しながら地元の主婦が持っていたパン製造技術を活用して、パン屋を開業した。パン屋さんが軌道に乗り始めてから、別の主婦から私にも何か仕事をさせて欲しいと相談され、何ができるかを聞いたところ、かつて水産加工場に勤務していたため、干物が作れると答えた。NPO法人主宰の彼は実は干物屋の家庭に育ったが、干物があまり好きではなく、自らは加工技術も持っていなかった。そこで、いくつかの助成金を手がかりに、地元の干物技術を復活しながら、障害者を雇用して、

干物屋の店舗をオープンさせた。当初インターネットで販路を求めたが、予想外に地元住民の支持を得て、地元での消費が伸びた。また地元保育園でのおやつにも採用され、さらに地元では別な干物屋の復活も検討され、地域活性化の兆しが見え始めている（写真6）。

3　こどものまちづくり

さて、これまでは大人の市民活動を紹介してきたが、実はこどもが自ら企画を立案し、実践するまちづくりを支援する仕組みもある。2012年にスタートした高知市の「こうちこどもファンド」は、その先駆的事例である。このファンドの審査員は、なんと小学生3人、中学生3人、高校生3人の9人のこども達である。こども達が考えて応募した企画をこども達が審査するのは、たぶん日本ではじめての試みではないかと思う。もちろん最終的な金額の決定に際しては、大人審査員の協力を仰ぐが、表決権を持つのはこども審査員だけである。

初年度は、こども達の応募があるかどうか、また応募のこども達と審査のこども達が公開審査会の場で、きちんと議論ができるかどうかと、関係者は大きな不安をいだいたが、その不安は全く不必要なものだった。小学生の団体から3つ、中学生の団体から2つ、高校生の団体から5つ、小学生と中学生が入った団体から1つ、小中高すべてが入った団体から2つ、合計13団体の応募があった。そして、公開審査での質疑応答も審査員が同年齢ゆえに結構厳しいやりとりとなり、最終的には10団体の助成が決定した。

小学生の企画では、こども夏祭りの企画運営、消防小屋のシャッターに絵を描く、中学生の企画では、地域の史跡に標識を立て、オリエンテーリングを実施する、生徒会の中にボランティアの会を結成して、地域の清掃や花植えの活動を行う、高校生の企画では、避難路の案内板設置と避難公園の清掃、市内の落書きを消す活動等に助成された。

高知市の「こうちこどもファンド」のめざすものは、大きく3つある。ひとつはこどもが自ら生活する地域に関心や問題意識を持ち、自らが改善提案を考え、実行するといういわゆる「シティズンシップ」の育成である。もちろん大人の市民活動助成の目標も同様であるが、こどもの頃から市民社会を

【写真7】 公開審査会でのこども達のプレゼンテーション　【写真8】 公開審査会の休憩中に地元テレビからインタビューを受けるこども審査員

　担う体験をする事は極めて重要である。次は、こども達が地域で活動する事によって、実は両親や祖父母はもちろん、地域の様々な世代の人たちの参加を促す事ができる点である。地域のまちづくり活動をする市民はいつも同じメンバー、という声をよく聞く。しかし、こどもが企画し運営するイベントを地域に呼びかけると、大人の参加は確実に増える。こどもには、「人と人をつなぐ力」がある。多世代が参加する地域コミュニティの形成には、この「こどもの力」は欠かせない。最後は、「こども目線のまちづくりの推進」がある。大人が気づかないこどもの視点は、都市に欠かせないすべての人にやさしいユニバーサルデザインのポイントを鋭く指摘する。

　さらに、当初難しいだろうと考えていた「こうちこどもファンド」への寄付金が、3年経過した時点で、すで840万円にも達している。高知市の大人のファンドはすでに10年の歴史があっても、なかなか寄付金が集まりにくい状況に対して、こどもファンドへの市民の関心は極めて高いことがわかる。このことから見ても、こどものまちづくり活動の必要性は多くの大人が認めるものであり、今後まちづくりのアクターとしてこどもは大変重要である（写真7、8）。

4 都市デザインとワークショップの実践

1 「現場原寸ワークショップ」の実践

　都市デザインの市民参加を進める中でも、現場でかつ原寸で行う「現場原寸ワークショップ」は、市民はもちろん関係者の意見交換と合意形成のために、極めて有意義な技術手法である。

　ユーザーとのワークショップの成果として新たに創造される建築の形態や公園や道路等都市の空間がデザイナーのひとりよがりにならず、時間の経過によって次第に地域の環境や雰囲気に馴染んでいき、確実に以前よりよくなったとユーザーが感じることがまず重要である。そのためには、空間的なデザインの質と共に、「社会的な集団合意形成のプロセス」や「個人の心理的な同調」が必要になってくる。そういった意味では、現場で行う原寸大のワークショップは、「コンピュータシミュレーション」や「縮小模型」とは異なり、「設計者の新たな気づき」を誘うと共に「ユーザーの生の声の集約」さらに「コミュニティ集団の創造的形成」という視点からも大変興味深く、効果的な手法である。以下、具体的な都市デザインの事例を通じて紹介する。

2 道路・広場の事例：自由が丘駅前広場の整備計画

　2010年2月14日に目黒区自由が丘の駅前広場で、歩行者天国時の午後3時から6時までを利用して大きな現場ワークショップが行われた。これは同年4月からはじまる駅前広場整備工事に先立ち、それまでの関係者による机上の会議では決定できなかったいくつかの項目について、現場で詳細な寸法を確認しながら決めていこうとしたものである。私は、この駅前広場のデザインを数年前からお手伝いしており、関係者の合意形成がなかなか難しかったため、敢えて現場での原寸ワークショップを提案した。検討項目は数多くあったが、大きいテーマは以下の内容である。

　①**歩車道の新しい線形**　　従前の歩道は極めて狭く放置自転車が多いため、計画では歩道幅員を大幅に拡げ、車道やタクシー待ちスペースを少なく

【写真9】 自由ヶ丘駅前広場の現場原寸ワークショップ　【写真10】 女神像の高さを確認するワークショップ

することを確認する必要があった。歩車道の新しい境界とバスやタクシーの停車帯、横断歩道には、各色テープを直接アスファルトに貼り、部分的にはカラーコーンを置いて誰もが歩道の拡幅を確認できるようにした（写真9）。

　②**女神広場**　　日常的には休憩や待ち合わせのスペースとして、そして休日時にはオープンカフェやイベントを行うための女神広場の大きさと位置の確認も必要であった。女神広場の周囲には色テープを張り、場所と大きさについて確認をした。本来は広場のスペースにテーブルとイス、パラソルを設置し、実際にカフェを提供し、オープンカフェの社会実験をする予定であったが、残念ながら許可が得られなかったため簡単なベンチを置くことと、縮尺1／50の駅前広場全体の縮小模型によって、女神広場の雰囲気を確認してもらうことになった。

　③**女神像**　　従前ロータリーの中央にあった女神像を新たな女神広場に移設することによる像の高さと向きの検討も必要であった。女神像については、高さ4.5mの原寸大の模型を発砲スチロールで製作し、新しい場所に異なる高さ2種類と異なる向き2種類の合計4パターンを、時間をずらしながら確認をした。同時に広場の入り口4カ所と改札口および高架のプラットフォームからの見え方の変化を確認するために、各パターンの写真撮影を行い比較検討した（写真10）。

　④**喫煙コーナーの設置**　　従前2カ所あった喫煙コーナーを新たに設置するか否か、設置する場合の場所と受動喫煙の防止方策の検討も大きかった。

喫煙コーナーの設置については、賛否両論があった。そこでJTの協力を得て、3カ所の設置候補場所において受動喫煙防止のためのプランターを設置しての社会実験を行い、喫煙者と非喫煙者へのアンケート調査を行った。

さらに高木や街路灯、電話ボックス、さらにバス停上屋や改札口周辺の上屋等については、現況空間に新たなものを設置できないので、先に述べた縮尺1／50の縮小模型で確認を行った（写真11）。

歩行者天国時のわずか3時間での準備、実施、片付けであったが、駅前広場という環境から数千人の市民の方々が集まり、縮小模型を見たり、女神像の高さを確認したりして、およそ600名の方々がアンケートに回答してくれた。この種のワークショップとしては極めて多くの方々の参加を得ることができた。準備期間は約2ヶ月、コアスタッフは20名、前日と当日のスタッフは地元の方々と早稲田大学、千葉大学、東京工業大、法政大学、産業能率大学の学生を含めておよそ50名程であった。ワークショップによって、多くの市民やユーザーが駅前広場という極めて公共的な空間のデザインについてまず正しい情報を得て、さらに発言する機会がセットされたことは大変有意義だったと思われる。

類似の興味深い事例としては、ドイツの住宅地における道路交通静穏化事業がある。住宅地の車道を狭めたり、ハンプを設置するなどして、車両速度を減じたり、交通量を少なくし、こどもの歩行の安全性や住環境改善をはかる計画であるが、その実施に際しては事前に現場での交通社会実験がある。地域の市民はいったいどんな道路形態になるのか、本当に使いやすい空間になるのか、大きな不安がある。市民のこの不安を取り除き、新たな道路デザインに納得してもらうことにこの交通社会実験の意味がある。実際の道路に原寸大の模型の樹木やプランター、狭さくやハンプのための小道具を置いて、実際に市民に自動車や自転車で走ってもらう。そして不適切な箇所や設計寸法の指摘があれば、小道具を動かして、ベストな寸法に改善できるメリットがある。その道具類は実はADAC（ドイツ自動車連盟）が所有するトラックに詰め込まれ、全国各地の同様の交通社会実験の現場に運ばれる。日本でもぜひ実現してみたい仕組みである（写真12）。

【写真11】 現場におかれた縮尺１/50の模型　【写真12】 道路交通静穏化事業の社会実験

(出典：ドイツ連邦　交通・建設・都市開発省の発行資料)

3　高層建築の事例：茅ヶ崎海岸のマンション計画

　2005年の秋、茅ヶ崎海岸のサザンビーチに面するレストランの敷地に14階建てのマンション計画が持ち上がった。市民は、最も茅ヶ崎らしいと感じているビーチに高層マンション建設が法的に許されることは全く信じられない、絶対に許さない、という意見が多かった。また、ビーチからは富士山や丹沢を臨むことができるため、14階建ての建築によって富士山の眺望が損なわれるという声も多く、あっという間に、数万人の反対署名が集まった。当時、茅ヶ崎市景観まちづくり審議会会長の立場にあった私は、マンション建設業者と市民団体から出された、計画マンションによって富士山がどの程度見えなくなるかというコンピュータによる景観シミュレーションの両者の画像がかなり異なることに疑問を抱き、現場でのワークショップを提案することになった。

　具体的には、計画建物の四隅にバルーンを揚げ、計画高さの45mと参考高さとして30m、15mにバルーンを時間差で高さの変化をつけ、景観上重要な周辺地点から写真撮影を行うという方法である。コンピュータではなく、実際に人間の目で確認をしようという点に大きな特徴がある。景観上重要な12の眺望ポイントを定め、標準レンズと望遠レンズのカメラで３つの高さのバルーンを写真撮影した。実際には2006年１月25日の早朝、風の弱い時間帯を選んで実施したが、風の影響を受けずにバルーンがまっすぐ揚がる瞬間を撮影するのはそう簡単ではなかった。しかし最終的には、合計500枚近くの

第 8 章 『まちづくりと都市デザインの実践』   205

【写真13】 バルーンによる景観シミュレーション　【写真14】 バルーンによる景観シミュレーション（出典：ミュンヘン市発行の資料）

写真を撮影した（写真13）。

　この「バルーンによる景観シミュレーション」に際しては、事前に高さを変化させる時刻をあらかじめ市民の方々に伝え、様々なポイントからの写真撮影を呼びかけていたため、多くの市民の関心を得て、市民からさらに500枚の写真が集まった。合計1,000枚近い写真を整理分析して、景観まちづくり審議会としては、法的には45m の高さのマンションは許されるが、富士山を眺望できるビーチの景観を守るためには、15m 程度の高さが望ましいという結論を出し、計画事業者にその内容を勧告した。その間、もちろん市長や市議会の動きもあって、最終的にはマンション建設は断念され、その後景観上影響のない３階建ての結構式場が建設された。

　建物の高さを現場で確認するという手法は、比較的多く実施されている。たとえば、ミュンヘンでは2004年５月19日に、同様のバルーンを揚げた景観シミュレーションが行われた。これは、市が計画する３棟の高層住宅の最高高さが120m であることに市民が反対をして、その高さではミュンヘン市民の誇るべき観光名所であるニンフェンブルク城の後ろに高層住宅が見えて、景観を破壊するという主張であった。しかし、市はコンピュータの景観シミュレーション結果によると高層住宅は見えないと反論していた。そこで、市民グループは現場にバルーンを揚げ実験したところ、120m はもちろん80m の高さでも後背緑地に隠れないことが判明した（写真14）。

　その結果を受けて、ミュンヘン市はただちに３棟の建物の高さをすべて

【写真15】 西経堂団地建替えにおけるバルーンによる高さのシミュレーション

60mにする計画変更案を議会に提出することになった。この高層住宅の計画地とニンフェンブルク城は数km離れていたため、その間の地盤の高さ等のデータがかなり狂っていたのかもしれないが、やはり現場でのバルーンによるシミュレーションは大きな意味を持つことが明らかになった。

さらにもう一事例を紹介すると、世田谷区の西経堂団地の建て替え計画を団地自治会が中心になって計画した際に、周辺の低層住宅に迷惑をかけない高さを探るために、バルーンを揚げた事例がある。この実験により低層住宅地に近い所では5階建てにし、敷地中心にむかって6階、7階、8階と次第に高くしていく案が計画された（写真15）。

景観において建物の高さは極めて重要な要素である。かつて京都の宇治平等院の後背地に高層マンションが建ってしまい、景観論争が起きた事例がある。その後、宇治市は周辺のマンション建設に際しては、すべてバルーンを揚げた景観シミュレーションを行い、さらにその後は厳しい高さ規制をかけることになった。実は茅ヶ崎市も当該マンション計画の経験を生かして、2009年に策定した景観法に基づく景観計画の中で、眺望景観に影響を与える重要な場所における建物の計画に際しては、現場における事前の景観シミュレーションを義務づけている。

4　一般建物の事例：グループホームあおぞら

私が南町田に痴呆性高齢者のグループホームを計画した際、建物の平面図を直接敷地に白線で描き、さらに壁や出入り口、家具の一部を段ボールで製作し、職員や将来の居住者、関係者に仮想の原寸建物内を歩き回りながら、各部屋のつながりや寸法をチェックしてもらった（写真16）。廊下の幅は車いす利用者にとって十分か、ベッドやトイレ、収納等の個室のレイアウトは居

【写真16】 グループホームあおぞらの現場原寸ワークショップ　【写真17】 個室の大きさやデザインを確認している

　住者と介護者にとって使いやすいか、キッチンで働く職員が窓から中庭にいる高齢者を十分見渡せるか、廊下と和室の高さ関係や収納家具の高さは適切か、高齢者がみんなで調理するアイランド型調理台の大きさや隅部の処理は適切か等、グループホームでの新しい生活を実現するための細かな寸法チェックを行なった（写真17）。もちろん中庭の大きさや日差しの入り方や風向き等外構植栽のチェック、さらには周囲にある建物の見えがかりや騒音等の近隣関係のチェックも重要である。最終的には設計者としてのチェックと利用者としてのチェック、さらには周辺住民にも参加していただくことによる安心感や親しみという点も福祉施設にとっては必要な視点である。

　類似の事例としては、スイスで住宅の建設許可を得る前に、実際の現場に柱と屋根をパイプフレームで組み、建物の外形を示す仕組みがある（写真18）。これによって近接する住宅との距離や道路からの見えがかり、さらには街並みの連続性等の確認が可能になる。確か2週間程そのままにしておいて、近隣からのクレームが出たら住民同士で話し合い、クレームがなければ自治体が建築の許可をするという仕組みになっている。このような制度は、直接民主主義を重んじるスイスならではルールで、すでにいくつかの州で条例化されている。

　さて、これまで国内外のいくつかの事例を紹介してきたが、私達は「現場における原寸ワークショップ」をもっと活用していきたい。もし、まちづくりの現場で課題や対立が起きたら、それをチャンスと捉え、ぜひ現場で関係者が一緒になってその課題を確認しながら、共同決定していくべきである。

【写真18】 計画中の住宅の大きさや高さを確認できるパイプフレーム（スイス）

5　今後の展開にむけて

　これまで書いてきたように、確実に市民まちづくりは広がりつつある。しかしもっともっと大きく展開させていかないと、日本は沈没してしまうかもしれない。現在の大きな経済危機も、コミュニティの崩壊も、学校教育のひずみも、また鬱病が増えている都市社会の不健康も、ほとんどが市民社会の構築を前提にじっくり治療していかなければいけない課題である。もちろん万能とはいえないが、市民一人一人が元気にならなければ、社会全体は元気にはならない。以下、市民まちづくりを拡大展開するために、都市計画分野からいくつかの制度改革の提案を行いたい。

　まずは、現行都市計画法の大幅改正による「まちづくり基本法」の制定である。新たなまちづくりの業務はすべて自治体の権限とすると共に、すべての地区に地区計画を義務づける。また地区計画を含むまちづくり計画案の策定や事業の実施に際しては、計画策定前と後の2段階の市民参加を義務づける。2段階にする理由は、計画策定前にできるだけ市民に情報を提供する事によって、策定後の市民参加がスムーズに進める事ができるからである。さらに計画案の提示に際しては、複数案を示し、比較検討ができるように改める。市民は、複数案がある事によって比較検討が可能になり、自らの考えを確認する事ができる。そして新たなまちづくり計画は、従来の都市計画審議会が決定するのではなく、市町村議会が決定することとする。

　次に市町村は、法の改正を受けてさらなる地域内分権を進め、自治を行う地区への権限委譲を行う。またより詳細な市民参加が必要な計画とその手続きを定めると共に、市民提案型のまちづくり計画の支援およびその受け皿づくりの体制を整える。

　このような行政セクターの態勢整備を進めると共に、地区のまちづくりを計画実施し、さらにエリアマネジメントを可能にする「コミュニティの地域

力」強化も必要となる。そのためには、地域協議会等が今ある地域の課題を解決するために自由になる予算と専門的アドバイスを地元の大学や NPO 組織から受けられるような環境整備が求められる。

　市民まちづくり活動の運動論的展開と新たなまちづくり基本法等の制度改革は、実は梯子段を上る時の 2 本足のようなもので、左右一歩ずつ踏み出すことによってのみ、進むことができるのである。

第 **9** 章
地域に根ざした計画プロセス
──宮城県気仙沼市階上地区の復興まちづくり現場から──

1 はじめに ──気仙沼市、および、階上地区の概要──

　本稿では、2011年3月11日に発生した東日本大震災によって甚大な被害を受けた、宮城県気仙沼市における復興まちづくりの事例を取り上げる。すなわち、住民主体の復興計画の策定、そして、計画にもとづいたまちづくりの過程において、どのようなコミュニケーションが行われ、どのように地域の声が計画に反映され、そして、共通意識が醸成されていったのかを論じる。なお、筆者は、土方正夫教授（早稲田大学社会科学部（当時））とともに、気仙沼市における専門家派遣事業による嘱託を受けて、同市階上（はしかみ）地区まちづくり協議会にアドバイザーとして参画し、地域の復興とともに歩んできた。したがって、本稿を執筆する上で、外部専門家としての客観的な視点を持つとともに、専門家自身の立ち振る舞いという主観的な視点も併せ持つことになる。

　気仙沼市は、宮城県の北東端に位置し、面積333㎢、震災前人口73,489人[1]、漁業・水産加工業を主産業とする港町である。三陸の豊かな自然環境に恵まれ、2003年には「スローフード」都市宣言を行い、2013年には日本で初めて「スローシティ」に認定され[2]、スローな生活と環境を維持し、住みよいまちづくりを推進してきた。しかし一方で、震災以前から、とくに若年人口の流出による高齢化・過疎化が進んでいた課題先進地域であり、また、たびたび津波に襲われてきた歴史をもつ地域でもあった。現在の気仙沼市

1　参照：気仙沼市役所ホームページ「気仙沼市の人口と世帯数」<http://www.city.kesennuma.lg.jp/www/contents/1146185553349/>（2016年7月28日閲覧）

2　参照：気仙沼市役所ホームページ「スローシティ」<http://www.city.kesennuma.lg.jp/www/contents/1387261940195/>（2016年7月28日閲覧）

212

は、隣接する唐桑町、および、本吉町が、それぞれ、2006年、2009年に、旧気仙沼市に合併されて誕生しており、合併後の行政移管が進む最中に、今回の大震災が起きた。市全域において、地震・津波による人的被害1,359人（内訳：直接死1,031人、関連死108人、行方不明者220人/2016年2月29日時点）、住宅被災棟数：15,815棟（2014年3月31日時点）、被災世帯数：9,500世帯（2011年4月27日時点・推計）を数える[3]。震災後の人口は、65,367人（2017年5月末現在）[4]と、震災前より約10%減少した。

　事例の対象となる階上地区は、市町村合併前の旧気仙沼市の南端、合併後の気仙沼市のほぼ中央に位置しており、人口は4,206人（2017年5月末現在）[5]を数える。主産業は一次産業であり、漁業は、小規模な漁港が点在し、定置網漁や沿岸養殖業を営み、農業は、稲作や園芸等を中心とした複合経営が主であった。地区内には、三陸復興国立公園、および、日本ジオパークに認定された岩井崎海岸、そして、環境省「快水浴場百選」に選ばれた白砂青松のお伊勢浜海水浴場、といった景勝地を擁し、市内の観光産業を支えてきた。同地区においても、東日本大震災による被害は過去に類を見ない規模となった。津波による浸水面積率は市内で最も高く、市の南北を走る大動脈である国道45号も冠水するなど、基礎的な生活インフラの復旧作業すらままならない惨状であった。上述の観光資源も大きな打撃を受け、とくにお伊勢浜海水浴場は、震災による地盤沈下の影響もあって砂浜面積が著しく減少し、2017年現在に至るまで、再開の目処が立っていない。地区内に立地する唯一の高校である宮城県立気仙沼向洋高校（かつての気仙沼水産高校）も津波によって校舎の4階部分まで浸水する被害を受けたが、教員・生徒は、校舎屋上、あるいは、内陸の階上中学校まで避難して、辛くも難を逃れた。震災後は、宮城県立気仙沼高校の運動場内に設けられた仮設校舎で授業を実施しており、2018年3月を目標に、階上地区内に新校舎を新設移転する計画となっている。

3　参照：気仙沼市役所ホームページ「被害の状況」<http://www.city.kesennuma.lg.jp/www/contents/1300452011135/>（2016年7月28日閲覧）

4　同注1

5　同注1

図1　宮城県気仙沼市階上地区所在地

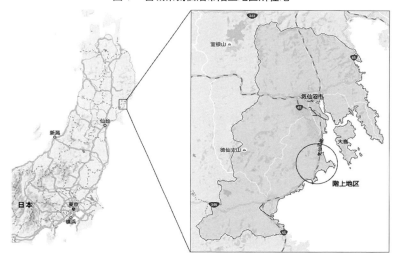

2　復興まちづくりの経緯

1　気仙沼市における復旧・復興事業の進捗

　ここからはまず、階上地区を取り巻く状況を整理する意味も含めて、気仙沼市でどのような復興計画が作られ、どのような復旧・復興事業が進められてきたのかを概説する。

　気仙沼市では、発災直後から約3ヶ月間は、いわゆる応急復旧段階に位置付けられ、兎にも角にも、避難所の生活支援、行方不明者の捜索、ライフラインの復旧、応急復旧道路・橋梁整備、そして、仮設住宅の建設が最優先された。それと同時に、同市においては、そのシンボルと言える気仙沼漁港の復旧が急ピッチで進められた。それは、漁業・水産加工業従事者の多い気仙沼市における、生業の再建という意味合いもさることながら、日本を代表する港町としての矜持を保ち、気仙沼市民の精神的支柱を再興することも意味していた。2011年6月、気仙沼漁港はその一部で水揚げを再開し、それまで14年連続で生鮮カツオの水揚げ日本一を誇っていた港にカツオ漁船が帰って

きた。震災以前より漁獲高は大きく減少したものの、2011年も日本一の地位を守り、大いに市民を勇気付けた。

そして、同じく2011年6月には、菅原茂市長を座長とし、学識経験者や市総合計画審議会委員からなる気仙沼市震災復興会議が設置され、復興計画の策定が開始された。計画策定にあたっては、市長を本部長とする震災復興計画策定本部がワーキンググループとなり、併せて、気仙沼市在住または出身者による震災復興市民委員会（高橋正樹議長）を設置し、市民の立場からの意見を計画に可能な限り反映する、という手順が採られた。震災復興市民委員会による震災復旧・復興に向けた提言を受けて、2011年10月、気仙沼市震災復興計画が策定された[6]。この計画は、「海と生きる」という、象徴的な副題が掲げられており、そこには、「いまを生きる世代が再び海の可能性を信じ、復興をなしとげることが犠牲者への供養となり、次世代への希望となる」という強いメッセージが込められている。

図2　気仙沼市震災復興計画

震災復興計画策定後の具体的な復旧・復興事業の取り組みは多岐に渡るが、以下、代表的なものを紹介していく。なお、各種データは、主に気仙沼市役所ホームページ「気仙沼市震災復興サイト[7]」を参照している。

まず、最優先で進められた仮設住宅の建設は、早いところでは震災から1ヶ月後の2011年4月から徐々に完成し、順次入居が進んだ。2011年末までには、すべての避難所が閉鎖され、2012年1月時点で、仮設住宅3,360戸に8,288人が入居し、応急的ではあるが住環境が復旧した。次いで、恒久的な住宅再建事業となる、防災集団移転促進事業[8]、災害公営住宅整備事業に着手することとな

---

[6] 参照：気仙沼市役所ホームページ「気仙沼市震災復興計画」<http://www.city.kesennuma.lg.jp/www/contents/1318004527115/>（2016年7月28日閲覧）

[7] 参照：気仙沼市役所ホームページ「気仙沼市震災復興サイト」<http://www.city.kesennuma.lg.jp/www/contents/1375178463618/>（2016年7月28日閲覧）

[8] 「災害が発生した地域又は災害危険区域のうち、住民の居住に適当でないと認められる区域内

第 9 章　地域に根ざした計画プロセス　215

り、それに先立って、2012年 6 月、住宅等の建設が制限されるエリアを定める災害危険区域に関する条例が制定され、それを受けて災害危険区域が指定された。この災害危険区域は、新たな大規模津波を想定した浸水域のシミュレーションに基づいている。防災集団移転の整備計画数は1,070区画、災害公営住宅の整備計画数は2,000戸（ともに2012年12月末時点）であり、2013年 5 月から工事が着工されることとなった。

　また、宮城県は、気仙沼市内の被災した都市計画区域内の一部地域について、土地の集約化を進め、無秩序な建築を防ぐことで、計画的に復興を推進するために、発災直後から建築基準法に基づく建築制限（新築・増築・改築・移転の制限）を行った。制限対象区域は、気仙沼地区（南町・魚町、南気仙沼）、鹿折（ししおり）地区、松岩地区、面瀬（おもせ）地区、階上地区（最知、波路上）の各一部である。建築制限によって、水産加工場などの再建にも制限がかけられたため、関連産業への打撃が懸念されたが、中長期的な復興を見据えた政治的な判断であった。制限は、2011年 9 月11日に約 4 割の区域で解除されたが、残りの区域ではさらに同年11月10日まで延長された後、同年11月11日付けで被災市街地復興推進地域[9]に指定され、2013年 3 月10日まで制限期間が延長された。その後、住宅地・商業地・工業地の密集地域であった気仙沼地区（南町・魚町、南気仙沼）、および、鹿折地区においては、換地による土地の集約、盛土嵩上げによる安全対策を行うことを盛り込んだ土地区画整理事業が実施される運びとなった。2013年 6 月ごろ造成工事に着工し、2017年から2018年にかけて完成する計画で事業が進められている。

にある住居の集団的移転を促進するため、当該地方公共団体に対し、事業費の一部補助を行い、防災のための集団移転促進事業の円滑な推進を図るもの」（参照：国土交通省ホームページ「防災集団移転促進事業」<http://www.mlit.go.jp/crd/city/sigaiti/tobou/g 7 _ 1 .html>（2016年 7 月28日閲覧））

9　阪神・淡路大震災（1995年）後に制定された被災市街地復興特別措置法第 2 章に基づく。同法第六条によれば、「市町村は、被災市街地復興推進地域における市街地の緊急かつ健全な復興を図るため、緊急復興方針に従い、できる限り速やかに、都市計画法第十二条の四第一項第一号に掲げる地区計画その他の都市計画の決定、土地区画整理事業、市街地再開発事業その他の市街地開発事業の施行、市街地の緊急かつ健全な復興に関連して必要となる公共の用に供する施設の整備その他の必要な措置を講じなければならない」（参照：電子政府の総合窓口（e-Gov）「被災市街地復興特別措置法」<http://law.e-gov.go.jp/htmldata/H07/H07HO014.html>（2016年 7 月28日閲覧））

気仙沼市に限らず、被災各地で大きな議論を呼んだのは、国、そして県が推し進めようとした防潮堤建設事業であった。2011年4月、国土交通省 東北地方整備局、農林水産省 東北農政局、および、宮城県庁の担当各課による、宮城県沿岸域現地連絡調整会議[10]が設置され、海岸保全施設の復旧、内水対策を含めた面的な対応についての協議がはじまった。一方、同年同月、内閣府 中央防災会議において、東北地方太平洋沖地震を教訓とした地震・津波対策に関する専門調査会[11]が設置され、全12回に渡る審議を経て、同年9月、専門調査会報告が取りまとめられた。その骨子は、数十年から百数十年に一度発生する頻度の高い津波（＝「L1津波」）から住民の生命・財産を守るための海岸堤防整備の必要性を訴えるとともに、最大クラス、すなわち、東日本大震災クラスの津波（＝「L2津波」）については、費用や環境への影響の観点から、堤防による防御は非現実的であり、住民の避難を軸とした多重防御を目指すべき、という方針を示すものであった。同年9月、宮城県沿岸域現地連絡調整会議は、この方針に基づいて、宮城県内の海岸堤防高を決定した。しかし、それは、高さ10mに迫る（地域によっては10mを超える）巨大な構造物であり、「海と生きる」ことを選択した気仙沼市民にとっては、「海を拒む」壁に感じられても不思議ではなかった。この問題は、さまざまな論争を引き起こしたが、詳細は後述する。

　ところで、震災がれきの処理もまた、喫緊の課題であった。172万トンに達した気仙沼全域の災害廃棄物は、震災直後、市内24ヶ所の一次仮置き場に集積された。2011年5月からは、私有地のがれき、損壊家屋、自動車などの撤去が開始され、それらは一次仮置き場に合わせて集積された。気仙沼市内にはまとまった公有地を確保することが困難であったため、民有地を借用して、階上地区、および、小泉地区の2ヶ所に二次仮置き場を造成することとなり、二次仮置き場内に破砕・選別・焼却施設を設置し、廃棄物処理を進

10　参照：国土交通省 東北地方整備局ホームページ「宮城県沿岸域現地連絡調整会議」<http://www.thr.mlit.go.jp/bumon/b00037/k00290/river-hp/kasen/shinsaikanren/data/04kaigankaigi/newpage1.html>（2016年7月28日閲覧）

11　参照：内閣府 防災情報のページ「東北地方太平洋沖地震を教訓とした地震・津波対策に関する専門調査会」<http://www.bousai.go.jp/kaigirep/chousakai/tohokukyokun/>（2016年7月28日閲覧）

める計画が示された。二次仮置き場施設建設は2012年5月にはじまり、2012年9月には、一次仮置き場から二次仮置き場への廃棄物の運搬、破砕・選別・焼却処理が開始された。2013年度中にはすべての処理を完了し、施設は解体され現状復旧された上で、土地が地権者へ返却された。[12]

　さらに今回の震災で浮き彫りになったのは、気仙沼市を含む三陸沿岸地域へのアクセスの問題である。三陸沿岸一帯は、東北地方全体を貫通する大動脈である東北自動車道から距離が離れており、沿岸を走る国道45号が随所で冠水被害に遭うとともに、三陸沿岸を走る鉄道網も大打撃を受けたために、半ば陸の孤島と化した地域も少なくなかった。こうした状況を踏まえて、「命の道」の役割を担う「復興道路[13]」として、宮城県仙台市から青森県八戸市を結ぶ三陸沿岸道路（三陸縦貫自動車道、三陸北縦貫道路、八戸・久慈自動車道）の早期実現への期待が高まり、2011年11月、第三次補正予算により事業化された。そもそも、三陸縦貫自動車道は、1987年の第四次全国総合開発計画において構想された、宮城県仙台市から岩手県宮古市を結ぶ高規格幹線道路である。構想から20年以上が経過した2011年時点においてもなお、開通していた区間は一部のみであったが、震災を契機に計画は一気に加速した。2016年から2020年にかけて、順次開通が予定されている。他方、駅舎・線路の流失、鉄橋の破損など甚大な被害を受けた鉄道網の復旧は容易ではなかった。気仙沼市を通る鉄路は、JR大船渡線（一ノ関駅〜気仙沼駅〜盛駅）、JR気仙沼線（前谷地駅〜気仙沼駅）の2路線であったが、両路線とも、本復旧の検討と並行して、「BRT（Bus Rapid Transit）[14]」方式による仮復旧の方針がJR東日本によって示され、2012年5月、沿線自治体が合意した。JR気仙沼線は2012年8月から、JR大船渡線は2013年3月から、それぞれバスによる運行が開始された。

12　参照：宮城県庁ホームページ「災害廃棄物処理業務の記録」<http://www.pref.miyagi.jp/site/ej-earthquake/gyoumukiroku.html>（2016年7月28日閲覧）

13　参照：国土交通省 東北地方整備局ホームページ「復興道路」<http://www.thr.mlit.go.jp/road/fukkou/>（2016年7月28日閲覧）

14　参照：JR東日本ホームページ「気仙沼線・大船渡線BRT（バス高速輸送システム）」<http://www.jreast.co.jp/railway/train/brt/>（2016年7月28日閲覧）

2 階上地区まちづくり協議会設立から復興計画策定まで

　ここからは、階上地区に焦点を絞り、その復興まちづくり過程を時系列に沿って詳述していく。階上地区内で住民自らの手によるまちづくりの動きが見え始めるのは、震災から1年余りが経過し、仮設住宅に入居した人々がようやく落ち着きを取り戻した頃であった。

　2012年5月、階上地区内で発足した気仙沼みなみ商工ネット（川那邊弘志会長）は、地区内の商店主による有志連合であったが、商店街の再興のみならず、地域全体の復興にも関心を抱き、住民主体のまちづくりの担い手として積極的な動きを開始していた。一方、すでに気仙沼市本吉町大谷地区においてまちづくり支援活動を開始していた、土方正夫教授（早稲田大学）、そして筆者を含むまちづくり専門家チームに対して、気仙沼みなみ商工ネットから、まちづくり活動への支援の要請があったのは、同年9月のことであった。市役所まちづくり推進課（現地域づくり推進課）の仲介のもと、初顔合わせの場が設けられ、階上地区の復興が遅れている実情とそれを踏まえた住民主体の取り組みの方向性について意見交換が行われた。そのなかで、まずは階上地区の人々が、何を地域資源と捉えているのか、現在の地域の課題とは何か、そして、どのような復興のアイデアをもっているのか、それを聞きとることが必要との意見で一致し、まちづくりワークショップを企画することとなった。2012年10月と2013年1月の計2回に渡り開催されたワークショップそのものは、各回とも100名を超える参加者を集め盛況であったが、ここで上がってきた住民の声を、どのように行政へ届けるのか、という段階で新たな壁に直面した。それは、気仙沼みなみ商工ネットが、実質的には商店主連合であり、行政から公的に認められた階上地区を束ねるまちづくり団体ではなかったからである。ただし、この時点では、階上地区内にはまちづくりを掲げる団体がほかに存在しなかったこともまた事実である。

　ところで、階上地区には、震災以前から、階上地区振興協議会（菊田皓会長（当時）。以下、振興協議会）と呼ばれる地域内諸団体を統括する会議体を中心とした職能別組織体制が構築されており、漁協・農協といった産業母体からなる組織や、行政区ごとの自治会組織、消防団や婦人会、小中学校PTA等、地区内のほぼすべての住民団体が傘下に治められていた。震災後に地区

内に立地することになった仮設住宅自治会も振興協議会の傘下に入った。同地区で精力的に活動する、守屋守武市議会議員（当時。現宮城県議会議員）を中心とする市議会議員連は、震災後、これら従前の組織をバックアップしながら、住宅再建（防災集団移転、災害公営住宅）に向けた被災住民意向の取りまとめ、漁業・農業の復旧に向けた調整を行うとともに、振興協議会を中心とした復興計画立案の可能性を模索していた。また、地区内に建設される防潮堤の問題がクローズアップされると、2012年6月、振興協議会を主催者として、行政担当者を招いた防潮堤の勉強会を開くなど、関係する住民の合意形成に奔走した。2013年1月には、地区内の防災・避難道路の整備、地区内を通る三陸縦貫自動車道のインターチェンジ設置、および、防潮堤整備における景観への配慮や位置の変更などを盛り込んだ「階上地区震災復興の要望事項」を取りまとめ、振興協議会会長名で気仙沼市長へ提出した。

　振興協議会と市議会議員連による、行政の事業計画に根ざしたインフラ整備と産業再生を目指す動きは、たしかに、行政との太いパイプをもち、実質的な効力をもち得るものであった。しかし、上述した気仙沼みなみ商工ネットによる地道なまちづくりの取り組みとは連動性を欠いていたことも事実であった。専門家の立場からは、気仙沼みなみ商工ネットのワークショップを中心とした住民を巻き込む取り組みを推進する一方で、振興協議会による行政と一体化した実質的なまちづくりの取り組みといち早く連携する必要を感じると同時に、住民団体間の権力闘争へと発展することがないよう、細心の注意を払う必要があった。ただし、その懸念は取り越し苦労であったとも言える。というのは、2013年5月ごろから、両団体が互いに相手方との折衝の必要性を自ら感じ取り、水面下での調整を進め、新たなまちづくり団体を設立する方針が確認されたためである。この間、早稲田大学の専門家チーム、および、震災後に気仙沼市内に常駐してボランティア活動を行っていた国際NGO・シャンティ国際ボランティア会気仙沼事務所（白鳥孝太代表（当時））が、仲介役を務める場面もあった。

　2013年7月、階上地区まちづくり協議会（菊田篤会長（当時）。以下、まちづくり協議会）を立ち上げる運びとなり、振興協議会の下部組織として位置づけられるとともに、気仙沼みなみ商工ネットは、震災後に立ち上がったほかの

住民団体とともに、まちづくり協議会の傘下に入ることで、両団体のまちづくりの取り組みはここに結集することとなった。まちづくり協議会の運営委員は各住民団体の代表者から構成され、加えて、行政計画進捗状況等に関する情報提供を担うサポーター役として、地区選出の市議会議員3名（畠山光夫氏・守屋守武氏・辻隆一氏）が、ワークショップなどの方法論の提案や運営支援を行うアドバイザー役として、土方正夫教授（早稲田大学）、白鳥孝太氏（シャンティ国際ボランティア会）、そして、筆者の3名が、それぞれ参画した。

よりよい復興まちづくりのために一致団結した階上地区では、2013年8月から同年11月にかけて、計4回の報告会・意見交換会と計2回のワークショップを開き、広く地域住民の声を収集しながら、住民の総意としての復興計

図3　階上地区復興まちづくり計画図

画の策定を目指した。気仙沼市役所の次年度予算作成に間に合わせるために、2014年2月が計画提言の期限に定められ、上記スケジュールはそこから逆算した非常に窮屈なものであったが、まちづくり協議会メンバーの意欲は高く、是が非でも計画を作り上げようという機運に満ちていた。計4回の報告会・意見交換会は、まちづくり協議会に参画するすべての住民団体から、それぞれの現況と復興に向けた取り組みを報告してもらい、それに対する意見を出し合う形式を採った。ワークショップでは、より地域横断的な課題についてテーマを設定してグループ討議を行うこととなり、1回目（2013年10月13日）は、「階上の産業（漁業・農業）」、「地域防災と避難道（地域の見守り体制も含む）」について、2回目（2013年11月24日）は、「暮らしたい街（福祉＆教育）」、「健康の街（健康＆スポーツ）」、「人々が集まる街（観光＆産業）」、「災害を経験した街（基盤整備＆防災）」について、それぞれ闊達な意見交換が行われた。さらに、2013年12月には、階上小学校5・6年生、および、階上中学校生徒を対象としたワークショップを開催し、地区の子ども達の意見も反映させるための試みを実践した。

　こうして作成された「階上地区復興まちづくり計画（案）」は、2013年12月22日、まちづくり協議会主催の最終報告会において地域住民へ諮られ、2014年1月22日、まちづくり協議会の上位団体である振興協議会の承認を以て「階上地区復興まちづくり計画[15]」となり、同年2月12日、振興協議会会長名で気仙沼市長へ提言された。「階上地区復興まちづくり計画」は、「階上地区を取り巻く社会環境」、「階上地区まちづくり大綱」、および、「具体的施策」の3章立てとなっており、「階上地区まちづくり大綱」には、「基盤整備・防災－災害に強い街－」、「福祉・健康・環境－多世代・自然共生の街－」、「教育－地域一貫教育の街－」、そして、「産業－自然の恵みを享受する街－」の4項目が掲げられた。「具体的施策」は、全18項目からなるが、そのうち、行政に対して事業化を要望する項目は、「気仙沼向洋高校の震災遺構認定要望」、「基盤整備」、「『災害に強い街』へ向けた取り組み」など3割

15　参照：階上地区まちづくり協議会ホームページ「復興まちづくり計画」<http://hashikami-machikyo.jp/proposal/>（2016年7月28日閲覧）

程度であり、そのほかは、住民自らが主体的に取り組み項目を盛り込んだことが、その大きな特徴である。

3 復興計画策定後の取り組み

まちづくり協議会は、当初設定した期限までに復興まちづくり計画を提出して、その最初の役割を果たし、次のステップへと歩みを進めることになった。2014年2月25日、計画策定後、最初に行われた運営委員会で協議された新たな課題は、住民主体の具体的施策に向けてより具体的なアクションプランを立案すること、そして、その実施主体となる幹事団体を決めて施策を推進することであった。市への要望事項として掲げた項目については、振興協議会が窓口となり、その進捗を管理していくこととなった。また、気仙沼市が各地区のまちづくり協議会へ配分したまちづくり補助金を用いてホームページを立ち上げ、広く内外へ情報発信していくことにした。

しかしながら、計画策定までのスタートダッシュの反動からか、続くアクションは、思いの外ゆるやかな立ち上がりとなった。その一因には、まちづくり協議会の運営委員が、各団体からの代表制を採っていたことが挙げられる。この方式は、計画策定の段階においては、上述のように効力を発揮したが、しかし、その継続性という点で、困難を伴う制度であったことが露見した。階上地区内の諸団体の役員は、概ね1〜2年で任期を終えることが多く、多くの団体で、春、4〜5月は、役員の改選の時期にあたった。したがって、各団体の新役員が出揃った後でなければ、まちづくり協議会の運営委員に選出する者を選ぶことができず、結果的に、まちづくりの動きはしばし停滞することを余儀なくされた。しかし、停滞していた、というのはあくまでも外部者からみたまちづくり協議会の姿であり、内部にいる者にとって、それまでの、計画策定のための団体と、これからの、計画推進のための団体という、全く異なる組織体への脱皮を図るための過渡期として必要な空白期間であったのだろう。

2014年6月26日、振興協議会副会長・階上観光協会会長・前市議会議員である辻隆一氏を新たに会長に選出し、まちづくり協議会は新たな船出を迎えた。先の復興まちづくり計画に記された具体的施策は、中長期的な展望から

短期的な取り組みまでを含むものであったが、どうしても重点施策としては大きな目標に目がいってしまいがちであり、結果的に、目の前のアクションプランを立案することが覚束なくなるようであった。そのため、まずは比較的取り組み易い施策に目を向けることを提案し、その取っかかりとして、「階上地区催事カレンダーの発行」を推進していくことを決めた。これは、地区内に多くの住民団体があり、各団体が年中行事を実施しているにもかかわらず、それらを総覧できるカレンダーがない、という課題認識から生まれた施策であった。さらに、先だって設置したホームページの運用方針、そして、前年度から報告会・ワークショップのお知らせ用に発行していたまちづくり新聞の編集方針を見直し、地域内でのコミュニケーションの活性化を図ることを目指した。また、次代のまちづくりを担う世代の育成にも力を入れていくこととし、階上中学校の協力を得ながら、2014年11〜12月にかけて、中学全校生徒を対象としたまちづくりワークショップを開催した。このワークショップは、階上地区青少年育成協議会が主催し、まちづくり協議会が共催するという形で実施された。

　ところで、少し時間を戻して、2014年9月、気仙沼市は東日本大震災遺構検討会議を設置し、気仙沼向洋高校を震災遺構として保存する是非、および、具体的な公開活用のあり方についての方針の検討をはじめた。まちづくり協議会としても、行政側との対話チャネルを継続的に保ち、「気仙沼向洋高校の震災遺構認定要望」の進捗を確認する必要が生じた。それとともに、それ以外の行政への要望事項である、「三陸縦貫自動車道インターチェンジの設置」、そのほか道路整備事業等についても、市担当課を招いて確認する場を設けることが提案された。その結果、同年12月、まちづくり協議会主催の報告会を実施する運びとなり、気仙沼市震災復興・企画部長の赤川郁夫氏（当時。現気仙沼市副市長）から、復興まちづくり計画の行政への要望箇所全項目について、逐一進捗状況の報告を受けた。

　年を越して、2015年1月31日に開催された運営委員会では、定例会制度を導入し、運営委員会を月例で開催することが提案された。これまでは、議案が生じるたびに委員を招集するスタイルを採ってきたが、そうしたプロジェクトベースの動き方から、腰を据えて一つ一つの課題に取り組む時期へと移

り変わりつつあることを感じさせた。この日の会議では、すでに動き始めていた催事カレンダーの作成に加えて、定期清掃活動、スローフード運動（郷土料理づくり）を進めていくことを決定した。

2015年3月、先の報告会を受けて、現時点で見通しの立っていない箇所に絞った要望書を改めて市へ提出することを決めた。「気仙沼向洋高校の震災遺構認定要望」の目処は立ってきていたが、校舎に隣接するグラウンド部分の整備計画は全くの白紙であり、地区として、老若男女が集う多目的広場として整備してもらいたい旨を再度要求した。また、震災によって全壊していた観光・体験学習施設、岩井崎プロムナードセンターの復旧について、その再建場所が未定となっていたが、これを震災遺構に隣接させることで、従前の役割に加えて、地区内の観光拠点として整備する方向性を示した。2015年4月、東日本大震災遺構検討会議報告において、「気仙沼向洋高校は保存し活用すべき」との方針に至り、それを受けて、気仙沼市が震災遺構として正式に認定した。しかし、グラウンド、および、岩井崎プロムナードセンターについては言及されておらず、まちづくり協議会としては、引き続き、市との対話を続けていくことを確認した。

2015年4月14日、新年度に入り最初に行われた運営委員会は、前年同様、春先の運営委員の改選が大きなテーマとなった。この年は、前年より多くの団体で役員改選の時期にあたったため、まちづくり協議会の運営委員も大半が入れ替わることが見込まれた。しかし、これまでの議論の継続性を考慮して、半数以上の委員を留任させる方針を打ち出し、そのために、会則の改訂も含めた、運営委員体制の抜本的な見直しも協議を進めることとした。また、この年の地区内の大きな出来事としては、災害公営住宅が順次完成を迎えるため、その受け入れ態勢をどのように整えていくか、という課題がもち上がった。市が主催する交流会等が開催される予定となっていたが、まちづくり協議会としても受入れキャンペーンを展開することを決め、気仙沼みなみ商工ネットの音頭のもとで、歓迎会が催されることとなった。同年7〜8月にかけては、階上郷土料理づくり部会、および、歴史・語り部部会を設置し、それぞれ取り組みを強化していくこととした。階上郷土料理づくり部会は、「スローフード」運動の一環であり、地区内の郷土料理を残し伝えてい

くためのレシピ集を作成することをその目標に置き、婦人会らが中心になって活動をすすめた。歴史・語り部部会は、震災遺構を軸とする階上地区の観光を考えた場合に、今回の震災の、あるいはさらに遡った歴史物語の語り部が必要になる、という判断から、そうした物語を集め編纂する仕事を請け負うこととした。

　2015年11月、気仙沼市震災復興・企画課より、震災遺構、および、岩井崎プロムナードセンターの復旧の進捗についての情報がまちづくり協議会にもたらされた。岩井崎プロムナードセンターを震災遺構に隣接させて再建する見通しが立ったことから、まちづくり協議会では、早速同年12月、新岩井崎プロムナードセンター検討部会を設置し、ハード・ソフトの両面から、その要件についての意見交換を開始した。

　2016年１月12日に開催された運営委員会では、提出から早くも丸２年が経過しようとしていた復興まちづくり計画について、施策の進展や、周辺環境の変化などにより、実情にそぐわない内容も散見されるようになってきたことが指摘され、全面的な見直しを進めていくことを専門家サイドから提案した。これについては、見直しの方針について大筋で合意を得たものの、具体的な見直し作業の担い手がいなかったこと、具体的な見直しのスケジュールが示されなかったことから、非常にゆっくりとした歩みとなったことは否めない。2016年６月18日には、これまでのまちづくりの進捗を地域住民向けに説明し、意見交換を行うための、まちづくり報告会・ワークショップを開催し、計画見直しに向けた具体的な取り組みを行っている。結局、見直し作業は、提案から１年以上の歳月をかけて、ようやく市へ再提言するための案がまとめられた。

　ところで、2016年度以降のまちづくり活動は、部会単位での実践へと徐々にシフトしてきている。新岩井崎プロムナードセンター検討部会は、主に、市の設置している新岩井崎プロムナードセンター整備検討会議と連携を図り、市の意向を吸収しながら、地域からの要望を具体的に形にするための折衝を行ってきた。階上郷土料理づくり部会は、2016年３月、郷土料理３品を実際に試作し、参加者へと振る舞う試食会を開き、その成果を確認するとともに、それまでの労をねぎらう場となった。この取り組みは、地域内に着実

図4　まちづくりワークショップ 2013年11月　　図5　階上中学校ワークショップ 2014年12月

に根付きつつあり、2017年3月には二度目となる試食会の開催にこぎつけている。歴史・語り部部会は、残念ながら、これまでに目立った実績を残せていないが、震災遺構・新岩井崎プロムナードセンターの整備が具体化する過程においては、震災を含む郷土史の編纂は欠かせない一大事業になるはずである。また、2017年1月には、新たに、健康・子育て・スポーツ部会が発足した。これは、地域の健康増進、子育て支援、スポーツ支援を目的とした取り組みを担っており、具体的には、震災遺構・新岩井崎プロムナードセンターを含む「はしかみセントラルパーク（仮）」構想のなかで、地域に付加価値を埋め込んでいくためのアイデアの立案が急ピッチで進められている。

　このように、震災から7度目の春を迎え、階上地区のまちづくりは、未だ多くの難題を抱えながらも、しかし、確かな足取りで一歩ずつ歩を前へと進めている。

3　大きな山場

1　防潮堤建設の是非をめぐって

　ここからは、階上地区のまちづくりにおいて大きな山場となった二つの問題、防潮堤建設の是非をめぐる合意形成と、震災遺構保存に向けた機運について、当事者たちの生の声を交えながら、より詳細な議論のプロセスを紐解いていこう。

　国、そして、県から示された巨大防潮堤建設計画をどのように受け止める

のか、という課題は、階上地区をはじめ、市内各地区、あるいは、県内外の
ほかの市町村においても大きな挑戦となった。想定を超える高さで三陸沿岸
一帯を覆う計画がもち上がった巨大防潮堤に対しては、壁に囲まれ海の見え
ない生活を強いられることへの不安を抱く地域住民や、三陸沿岸の豊かな生
活空間が破壊されることを危惧する有識者から、徐々に反対の声が上がりは
じめていた。2012年8月、気仙沼市全域において高まる問題意識に呼応する
形で、震災復興市民委員会で議長を務めた高橋正樹氏ら気仙沼市民29名が発
起人となり、防潮堤を勉強する会が組織された。同年8月8日に開かれた第
一回の会議の冒頭、発起人の一人である菅原昭彦氏は、会の趣旨を次のよう
に説明した。

> 　各地域の住民や関係者の間で十分な議論がなされた上で各地の住民や関係者が納
> 得して防潮堤についての結論を出せるために「学習の場」を設けるという趣旨でこ
> の勉強会を設立した。本会を設けた趣旨について勘違いをされがちだが、この勉強
> 会は、① 基本情報を整理して住民や関係者が納得できるための基盤作りのための会
> であり、防潮堤に賛成もしくは反対するための会ではない。② 各浜、各地域で行わ
> れている復旧整備の動きを遅らせるためのものではない。という趣旨をご理解頂き
> たい。あくまで、未来の気仙沼において孫や子どもたちに対して「どうして防潮堤
> が建ったのか?」について、きちんと説明ができるようにして行こうという趣旨の
> 会である。[16]

　本音を言えば反対であったにもかかわらず、このように直接的な反対の表
現を避けた経緯について、同氏はこう述懐する。

> 　私たち住民は復興の予算とスピードを人質に取られているようなもの。文句を言
> うことで復興全体が遅れることがあっては困るから。(中略)防潮堤計画には背後地
> の利用計画がセットにされていて、復興を進めようとしたら計画をのまざるをえな
> い。[17]

16　参照:防潮堤を勉強する会ホームページ「第1回『防潮堤を勉強する会』議事録」<http://
　　seawall.info/pdf/01-giji-120808.pdf>(2016年8月5日閲覧)
17　参照:毎日新聞「特集ワイド 巨大防潮堤 被災地に続々計画」2013年2月6日(夕刊)

気が付けば、抗えない大きな力で強引に計画が進められようとしているなかで、それでも、なぜそのような事態に至ったのか、どうしても防潮堤を建設しなければならない行政の論理とは何なのか、それらを紐解くことは決して無駄ではない、との苦渋の思いがそこには見え隠れしている。

　2011年9月、内閣府 中央防災会議 東北地方太平洋沖地震を教訓とした地震・津波対策に関する専門調査会報告によって、L1津波、すなわち、数十年から百数十年に一度発生する頻度の高い津波から住民の生命・財産を守るための海岸堤防整備の方向性が示された。国はこの方針をもとに、L1津波のシミュレーションを行い、その想定高を全国共通の基準として各県通達したが、「その最大値とは決めず、環境、景観、経済性などを考慮する項目も付け加え」、「首長の判断で下げることもできるように配慮した」。しかし、宮城県の担当者が、「行政の責任を考えれば最大値を選ぶ」と語るように、命を守る基準として提示されている以上、最大値未満の高さを選択して、万が一、新たな被害が発生した場合、その行政責任が追求されるのは明らかであり、実質的には選択肢は存在しなかった。村井嘉浩宮城県知事は、「やめたらもう先にはどんな理由があってもやれない。これがチャンス」と訴え、想定される最大値の高さの防潮堤を三陸沿岸に張り巡らせることを決断した。[18]

　防潮堤計画が市のレベルまで降りてきたとき、すでに計画は一人歩きを始めていた。2012年7月、気仙沼市で指定された災害危険区域は、計画どおりの防潮堤を建設する前提で、L2津波、すなわち、最大レベルの津波で浸水が想定される地域とされた。菅原昭彦氏による「背後地の利用計画がセット」にされているという指摘は、この問題に符合する。つまり、もし、防潮堤を建設しない、あるいは、防潮堤の高さを下げる場合には、当然、浸水想定域が拡大し、それに伴って災害危険区域も拡大する。それは、住宅や宿泊施設の建築が著しく制限され、実質的に、まちづくりの幅を狭める選択となることを意味した。

　いわゆる縦割り行政の弊害も指摘された。防潮堤が建設される海岸は、位

18　参照：朝日新聞「(てんでんこ) 防潮堤：18 基準」2016年4月28日 (朝刊)

第9章　地域に根ざした計画プロセス　　229

置や機能によって管轄する官庁が異なる。県や市が管理する漁港もあれば、水産庁管轄の港湾、林野庁管轄の防災林など、関係官庁が多岐に渡ることが、事態を複雑化させている。気仙沼市を含む宮城県第六区選出の小野寺五典衆議院議員は、2012年8月、第180回国会 東日本大震災復興特別委員会において質問に立ち、次のように話している。

> この防潮堤、住民から見たら全て同じ防潮堤でありますが、その所轄する場所によって事業主体がそれぞれ違ってくる。例えば、これは実際にあった例ですが、気仙沼市の階上地区というところ、ここは四・八キロの海岸、ここの管轄が、気仙沼市、宮城県の土木、宮城県の漁港、そして宮城県の農林、この四つの機関がそれぞれ担当するということで、実はばらばらにそれぞれ住民説明会を行っています。ですから、住民にしたら、こっちから見える左側のところは県の土木で、そしてその真ん中のところは気仙沼市で、右側の方は農林で、左側の方は漁港だ。一つの防潮堤なのに、四つの機関がそれぞれ説明会を行う。もうわけがわからない。[19]

ところで、階上地区では、先述したまちづくり計画策定の動きに先駆けて、防潮堤の議論が先行して走り始めていた。巨大防潮堤は、コンクリート構造物が海に張り出すことによる海洋生態系の破壊、海岸沿いに集中している観光資源の実質的喪失、そして、海が見えなくなることによる防災意識の低下を招く、という声が上がりはじめると、2012年6月には、階上地区市議会議員連の働きかけを受けて振興協議会が主催し、行政担当者を招いた防潮堤の勉強会が開かれた。これは、2012年7月、行政が主催する防潮堤の説明会よりも前に行われており、同地区で、防潮堤問題への関心が高まっていたことを伺わせる。

2012年8月19日、防潮堤を勉強する会に招かれた守屋守武市議は、「防潮堤の設置による災害危険区域の設定が、生活再建の方向性や、被災地域の発展的な土地有効活用に大きく関係してくる」との考えを示した上で、次のように述べている。

19　参照：衆議院ホームページ「第180回国会 東日本大震災復興特別委員会 第9号（平成24年8月7日（火曜日））」<http://www.shugiin.go.jp/internet/itdb_kaigiroku.nsf/html/kaigiroku/024218020120807009.htm>（2016年8月5日閲覧）

230

> 　復興重点区域等々を除いた、地方の集落部分はどうやって地域を復旧させるか、どんな予算があるのか、どこから予算がでるのか、理解ない方が多い。実際にはそれに対する予算はない。そうすると、階上に帰ると何も計画がないのかという話になる。どうやって地盤沈下したとこを直す、側溝が落ち込んだとこを直す、道路を直す、など問題はある。漁業集落防災機能強化事業や防潮堤事業を柱にしながら組み合わせをして、自分たちがこれからどういう進め方をしていくのかしっかり話していかなければできない。[20]

　こうした実情を踏まえて、守屋市議は、階上地区内において、防潮堤の直接の利害関係者となる沿岸居住者や沿岸養殖業者は、「防潮堤は県で示した高さでの整備を望んでいる」との声を紹介した。一方で、盲目的に防潮堤計画を受け入れるということではなく、例えば、お伊勢浜海水浴場については林野庁の管轄となるが、示された計画のままでは砂浜が防潮堤に覆われてしまうため、機能の復旧を前提とした調整が必要との見解を述べた。その上で、2012年8〜9月にかけて、地区内の各自治会単位で、「漁業集落防災機能強化事業を活用した集落部の復興案を、防潮堤議論も含めて取りまとめていく」という今後の見通しを示した。

　2013年1月、市議会議員連が中心になって取りまとめ、振興協議会から提出された「階上地区震災復興の要望事項」において、防潮堤に関する要望は、「岩井崎地区における防潮堤については、国立公園内に係る部分を天然石を活用して整備頂き、観光地としての魅力が損なわれない様に対応して頂きたく要望致します」という項目、ならびに、「お伊勢浜海水浴場の防潮堤整備について、海水浴場の再開を目的にして、その位置を現在の波打ち際から50M陸側に後退させ、自然界の中での砂浜を復旧して頂きたく要望致します」という2項目に留まった。そのほか、漁港部分、集落部分に隣接する防潮堤建設については、利害関係者、地権者の意見を聴取した上で、すでに、合意は成されたとの判断が下されていた。

　しかしながら、その後、2013年7月に立ち上がったまちづくり協議会が、復興まちづくり計画を策定する段に及んで、再び議論が巻き起こった。同年

20　参照：防潮堤を勉強する会ホームページ「第4回『防潮堤を勉強する会』議事録」<http://seawall.info/pdf/04-120819-giji.pdf>（2016年8月5日閲覧）

第9章　地域に根ざした計画プロセス　231

　8月から11月にかけて実施された報告会・意見交換会、ワークショップで
は、現時点で進捗している行政による事業計画を再三説明することになった
が、その都度、防潮堤計画を決定済みの案件とみなしていることに対して疑
問を呈する声が上がった。2013年10月31日、まちづくり協議会 運営委員会
で展開された象徴的な議論をここで紹介しておこう。
　防潮堤建設に疑義を唱える運営委員の一人から、「本当のまちづくりにな
っていないのでは。環境も含めた地域を作っていくべき。地域の観光はこの
ままではダメになる」との指摘があり、防潮堤の問題を含めて、もっと地域
の目線で一から議論を尽くすべき、との問題提起がなされた。サポーターと
して同席していた守屋守武市議は、「現実に事業が動く可能性が無い場所に
ついて議論するよりも、例えば、防潮堤の背後地の緑地帯を公園化しよう、
という案なら考える余地がある」と語り、防潮堤に真っ向から対立するより
も、防潮堤計画を上手くまちづくり計画のなかに取り込んでいくことが肝
要、との見方を示した。気仙沼みなみ商工ネットの代表、及川芳夫氏（現ま
ちづくり協議会副会長）は、守屋市議の議論を引き取りながら、「時限条件のな
かで、できないことよりも、できることをしっかり実現していくのが、この
まちづくり協議会に求められている使命だということを共通認識としてもち
たい」と述べ、議論の収束を促した。もう一人のサポーター、辻隆一市議
は、地区内の住民間の対立を生む構図は避けたいと考えており、「（すでに示
されている）地権者の意向が最大限尊重されなければいけない」と発言した。
　たしかに、結果的に一方の声が封殺される形になった点は否めない。これ
を境に、徐々に反対の声は尻すぼみになっていった。ただし、間違えてはい
けないことは、防潮堤建設を容認した立場をとった方々も、積極的に防潮堤
に賛成したわけではない、ということであろう。あくまでも事業そのものへ
の疑義を貫き通すか、あるいは、事業は妥協し、その範囲内で最大限のまち
づくりを見据えるか。きわめて政治的な判断に基づいて、階上地区では後者
を選択した、ということにほかならない。そこには、防潮堤の要不要で議論
しては地域が分断される、との思いが透けて見える。防潮堤の議論を巡って
は、合意形成という言葉が繰り返し用いられた。しかし、この事例に限ら
ず、地域を二分する類の問題において、多数決ではなく総意を結集する、と

いうことは限りなく不可能に近い。階上地区においては、そもそも、地区全体での合意形成を目指さなかった、と言える。地区として決めたのは、地権者、漁業関係者への配慮を最優先する、という点のみであり、結果として、当事者の声が防潮堤建設を決めた。一方で、当事者の決断もまた、苦渋に満ちたものであったであろうことを慮り、彼らを追求することは決してしなかった。他方、地権者、漁業関係者以外の地区住民も間接的には当事者であり、議論の余地すら無いのはおかしい、との批判は当然あった。このように、異論を唱える声は依然として残ったものの、直接的な地域内でのコンフリクトを回避し、階上地区のまちづくりは、たしかに一歩前進した。

　ここで、少しだけ、気仙沼市内の他地区における防潮堤を巡る議論を紹介しておこう。

　市の中心市街地である気仙沼地区（南町・魚町）、通称内湾地区に対して示された防潮堤高は、当初6.2m。気仙沼の水産業は観光産業を支える土台であり、港町として、海が見えるか否かは、文字どおり死活問題であったために、階上地区とは異なり、むしろ、漁業関係者が積極的に反対の声を上げ、商店街もそれに呼応した。その後、シミュレーションの見直しにより、2012年12月、高さが5.2m に変更されたが、海が見えない状況に変わりはなく、依然として反対の声は根強く、県、市との話し合いのテーブルにつくことすらままならなかった。2013年7月、防潮堤を勉強する会発起人の一人、菅原昭彦氏が内湾地区復興まちづくり協議会会長に就くと、県、市との対立を深めては問題がこじれるだけだと考え、住民を交えた三者の信頼関係を取り戻すことに奔走した。その結果、県も譲歩の姿勢を見せ始め、2013年9月、村井嘉浩知事が、「『高さは絶対に変えない』という従来の頑とした姿勢について『誤解を招いた』と釈明。『（防潮堤の）基準は変えないが、高さが多少変わってくることは十分考えられる』と述べるに至って、膠着状態に変化の兆しが現れた[21]」。内湾地区復興まちづくり協議会は、2013年末にかけて、県に改めて依頼したシミュレーション結果を検討し、防潮堤高5.1m、内1mは、津波襲来時のみ可動するフラップゲート式を採用し、陸側を2.8m 嵩上

21　参照：東洋経済 ONLINE「気仙沼住民を泣かす "高すぎる" 防潮堤計画」<http://toyokeizai.net/articles/-/23574>（2016年8月5日閲覧）

第9章　地域に根ざした計画プロセス　　233

げすることで、海が見える環境を取り戻すことができると判断し、計画を進
めることを了承した。このように、内湾地区では、防潮堤の高さに議論の焦
点を絞り、現実的な着地点を見据えながら交渉した末に、一つの解に行き着
いた。

　階上地区の南に位置する大谷地区では、防潮堤問題とは、地区のシンボル
である大谷海岸海水浴場を守る活動であった。当初、宮城県から示された計
画は、大谷海岸の砂浜を高さ9.8mのコンクリート建造物で覆い、海水浴場
としての機能を消失させるものであり、住民が容認できる計画ではなかっ
た。海岸管理者および関連主体が多岐に渡ることもまた、問題を根深くさせ
ていた。海岸部分は林野庁管轄、その背後を走る鉄道線路は民間であるJR
が所有、さらにその背後の国道を管轄するのは国土交通省、となっており、
建設される防潮堤をセットバックして砂浜を確保するためには、JRの用地
買収、国道の嵩上げが必要となる。しかし、防潮堤建設事業にはそれらの予
算は含まれていなかった。地区住民有志は、2012年7月、計画を一時停止
し、住民の意見を反映した計画にするよう求める署名活動を行い、全地区住
民の1/3を超える1,324名の署名を集めた。防潮堤建設の反対署名としなか
ったのは、防潮堤の要不要で地域が二分されることを防ぐ狙いがあった。署
名を受けて、大谷地区振興会連絡協議会（自治会連合会に相当）も、「防潮堤を
内陸へセットバックし、砂浜（海水浴場）を確保する」ことを最低要件とし
て市へ要望した。あくまでも住民間の対立を回避しながら粘り強く調整を続
けることを選択し、反対運動やデモといった手法は採らなかった。議論は大
谷里海（まち）づくり検討委員会に引き継がれ、震災から5年4ヶ月の歳月
をかけて、2016年7月、地元案の採用にこぎつけた[22]。

　防潮堤問題とは、行政が示す価値と住民にとっての意味の間の相克を顕著
に示している。計画を推進する側はときに、人命に代えられる価値のあるも
のは無い、と強弁した。一方、反対する者は、環境や景観の保護を訴える
者、観光等の地場産業への悪影響を懸念する者、あるいは、防災面からも税
金投入のコストパフォーマンスの面からも防潮堤を建設することはナンセン

22　参照：河北新報ONLINE NEWS「＜防潮堤＞住民意向受け国道『兼用堤』に」＜http://www.
　　kahoku.co.jp/tohokunews/201607/20160731_11014.html＞（2016年8月5日閲覧）

スであると主張する者など、多種多様な声の混合体であった。生命を守ることと、豊かな暮らしを維持することは、似て非なるものであり、どちらが上位という概念でもない、いわば、互いに対話不可能なねじれた対立軸である。こうした二項対立に陥ることなく、両者の間の妥結点を見出していく議論が各地区で行われてきたわけだが、そこには、まちづくりのプロセスそのものが凝縮していたと言うことができるだろう。

2　震災遺構保存の機運

　次に、震災遺構を巡る議論の経過を見ていこう。震災後、復旧が進むなかで、意図的に手つかずのまま残された建造物、遺留物が、気仙沼市を含む被災各地に点在していた。それらは、ゆくゆくは震災の悲劇や教訓を伝えるモニュメントとして整備することが企図されたものであり、やがて「震災遺構」と総称されるようになっていった。

　気仙沼市で最も注目を集めていた震災遺構は、鹿折地区に打ち上げられた大型巻き網漁船、第十八共徳丸であった。注目を集めた最大の理由は、その異様さにある。その巨大な船体は、本来在るはずのない場所に鎮座し、訪れるものを圧倒する迫力を有していた。鹿折地区は、気仙沼市の中心市街地からほど近かったこともあり、震災後、マスメディアにも数多く取り上げられ、多くのボランティアや観光客が訪れる、目玉スポットとなりつつあった。一方、階上地区に立地する気仙沼向洋高校は、県立の水産高校であり、津波によって校舎の4階まで浸水する甚大な被害を受けたが、奇跡的に一人の死者も出すことなく、校舎もほぼ原形を留めて残存した[23]。震災後、同校の生徒は、気仙沼高校に仮復旧した校舎へ通学しており、2018年までに階上地区内の別の土地へ新校舎が再建される予定である。被災した土地は、震災がれきの二次処理場として利用された後、県へ返却され、その後の用途については未定となっていた。また、気仙沼市最南端に位置する小泉地区では、

23　気仙沼向洋高校における東日本大震災当日の克明な様子を記録したレポートが掲載されているので、ぜひ、一度参照されたい。(参照：気仙沼向洋高校ホームページ「3.11の震災直後の動向」<http://www.kkouyo-h.myswan.ne.jp/date/00%20index/file/sinsaigenkou (kesennnumakouyou).pdf>（2016年8月5日閲覧）)

第9章　地域に根ざした計画プロセス　　235

南三陸シーサイドパレス（ホテルを含むレジャー施設。1987年閉鎖）を保存すべきとの声が上がっていたが、その頃、地区内の主たる議論は防潮堤問題を含む地域課題に集中しており、地元住民の震災遺構として保存を望む意向はまとまりを欠いた。

　国による震災遺構保存に関わる最初の方針が示されたのは、2011年 6 月、東日本大震災復興構想会議による「復興への提言」であった。その冒頭に掲げられた「復興構想 7 原則」のなかに、「失われたおびただしい『いのち』への追悼と鎮魂こそ、私たち生き残った者にとって復興の起点である。この観点から、鎮魂の森やモニュメントを含め、大震災の記録を永遠に残し、広く学術関係者により科学的に分析し、その教訓を次世代に伝承し、国内外に発信する[24]」との文言が綴られている。宮城県では、2011年10月に策定された「宮城県震災復興計画」のなかで、「今回の大震災及び津波災害についての記録・研究・研修・学習を目的とし，最先端の震災・津波研究を行う『（仮称）震災・津波博物館』を中核とした『（仮称）東日本大震災メモリアルパーク』の整備を国に提言するとともに，市町村が設置する復興祈念施設の整備を支援します[25]」と記され、行政が主体的に震災遺構整備を担っていく方針が示された。その後、2012年11月に開かれた宮城県震災復興本部会議において、「震災遺構に対する宮城県の基本的考え方について[26]」取りまとめた。

　気仙沼市で、行政負担による震災遺構保存整備の第一候補となったのは、第十八共徳丸であった。菅原茂市長も、保存に前向きな姿勢を強く打ち出していた。しかしながら、地元住民にとっては、壊滅的な被害を受けた市街地に忽然と佇む船影は、みるたびに悲惨な出来事を想起させるものであり、「あの船で家が壊された。鎮魂の対象としてふさわしいのか[27]」など、異論も燻り続けていた。また、第十八共徳丸とその周辺整備を含む震災祈念公園

24　参照：内閣官房ホームページ「東日本大震災復興構想会議」<http://www.cas.go.jp/jp/fukkou/>（2016年 8 月 5 日閲覧）

25　参照：宮城県庁ホームページ「宮城県震災復興計画」<http://www.pref.miyagi.jp/site/ej-earthquake/fukkou-keikaku.html>（2016年 8 月 5 日閲覧）

26　参照：宮城県庁ホームページ「震災遺構に対する宮城県の基本的考え方について」<http://www.pref.miyagi.jp/uploaded/attachment/235586.pdf>（2016年 8 月 5 日閲覧）

計画が遅々として進まないことが地域の復興計画策定に支障を及ぼしていることも指摘され、一刻も早い解体を望む声が日増しに高まっていった。2013年7月、市民アンケート調査で7割が保存の必要なしと回答したことから、市は保存を断念し、同年9月、解体作業へ着手する運びとなった。これによって、気仙沼市の震災遺構保存整備は、一旦白紙に戻された格好になった。

　復興庁は、2013年11月、「震災遺構の保存に対する支援について」と題する記者発表を行い、「① 各市町村につき、1箇所までを対象とする」、「② 保存のために必要な初期費用を対象とする（目安として、当該対象物の撤去に要する費用と比べ過大とならない程度を限度とする）」、「③ 維持管理費については、対象としない」、「④ なお、住民意向を集約し、震災遺構として保存するかどうか判断するまでに時間を要する場合、その間必要となる応急的な修理等に係る費用や結果的に保存しないこととした場合の撤去費用については、復興交付金で対応する」という具体的な方針を明示した[28]。それを受けて、宮城県では、同年12月、宮城県震災遺構有識者会議が招集され、県内の震災遺構についての評価がはじまった。また、ときを前後して同年11月、気仙沼市東日本大震災伝承検討会議が設置され、震災遺構を含む、ハードとソフト両面からの震災伝承の方法・方策について整理が進められた。

　第十八共徳丸の保存の是非が大詰めを迎え、国、県、そして、市が震災遺構の具体的な保存方針について検討をはじめていた、まさにそのとき、階上地区ではまちづくり協議会が立ち上がり、ワークショップのなかで、震災の記憶を伝える公園の建設等のアイデアが話し合われていた。この時期のまちづくり協議会 運営委員会の議事録から、刻々と移り変わっていく状況の有り様が見て取れる。

　　　向洋高校跡地利用。復旧事業や効果促進事業には該当しないため、事業化には工
　　夫が必要。一方で、地域内に多目的広場（運動公園）がほしい、という議論が主に

27　参照：日本経済新聞「打ち上げ船、『震災遺構』か解体か 気仙沼市で賛否」2013年2月6日
　　（朝刊）.
28　参照：復興庁ホームページ「震災遺構の保存に対する支援について」<http://www.
　　reconstruction.go.jp/topics/m13/11/20150121091851.html>（2016年8月5日閲覧）

PTA からあがっている。地域のイベント（荒磯祭りなど）会場としての広場、という側面も必要。このような多目的広場を階上地区内に整備するとしたら、上記向洋高校跡地が第一候補となる。グラウンド造成のための盛り土工事など、現時点では事業化が難しい部分もあるが、地域としての合意を取り、要望を上げていけば実現可能性はある。(2013年11月14日 運営委員会議事録より)

　　震災遺構保存は市に一つ、初期費用は復興交付金、ランニングコストを想定。震災記録伝承館として、地区ごとの写真の展示。防災教育拠点として、階上中学校の防災教育の展開、浸水域の確認ができるように。防災ビルとして、漁業者、農業者、観光客のため。スポーツコンベンション施設として、多目的広場（芝生）整備、管理施設（トレーラーハウス）。駐車場整備は、東側宅地部分（舗装済）の買い取り（市有地化）した部分。(2013年12月10日 運営委員会議事録より)

　こうした議論を踏まえて、2014年2月、階上地区復興まちづくり計画が市へ提出された。計画のなかでは、気仙沼向洋高校を市の震災遺構として認定するよう要望するとともに、震災遺構を、階上地区だけの地域資源ではなく、気仙沼市全域の共通資源として活用し、他地区住民からの理解と協力を得ることが何よりも大切である、との見解で一致し、校舎内に市内全域の震災の記録を留める「震災伝承館」を設けることや市の防災教育の拠点とする案を盛り込んだ。また、気仙沼向洋高校を含むエリアを「はしかみセントラルパーク（仮）」と呼称し、災害に強い街、そして同時に、自然の恵みを享受する街の中心を担う場所として総合的に整備する計画を打ち出した。

　地区からの強い要望を踏まえて、気仙沼市東日本大震災伝承検討会議は、2014年5月、気仙沼市東日本大震災伝承検討会議報告書[29]を提出し、第十八共徳丸に代わる候補として「『(旧) 気仙沼向洋高校』」が候補となる可能性がある」と言及した上で、「校舎一つを遺して遺構とするのではなく、被災した地域の歴史や生活を踏まえ位置付けを明確化することが大切であり、また、保存・維持費用確保策の検討及び市全体としての震災伝承につなぐ工夫が必要であると考える」と結んだ。この報告に則り、気仙沼市は、復興交付

29　参照：気仙沼市役所ホームページ「気仙沼市東日本大震災伝承検討会議」<http://www.city. kesennuma.lg.jp/www/contents/1401844145376/>（2016年8月5日閲覧）

金制度を活用して気仙沼向洋高校保存の為の調査費を申請することを決めた。そして、調査の結果、保存の見込みがあるとの判断を下し、2014年10月、気仙沼市東日本大震災遺構検討会議を設置して、気仙沼向洋高校を第一候補とする気仙沼市震災遺構の保存に向けた具体的な検討に入った。一方、2015年1月、宮城県震災遺構有識者会議報告書[30]が提出され、気仙沼向洋高校は、「震災遺構として保存する意義は認められる」との評価が下され、宮城県としても保存計画を後押ししていく方針が示された。

　気仙沼市東日本大震災遺構検討会議は、気仙沼市東日本大震災伝承検討会議の委員5名（学識経験者、各種専門家）が留任し、階上地区から、及川芳夫氏（階上地区まちづくり協議会副会長）、辻隆一氏（階上観光協会会長）、近藤公人氏（階上地区自治会長連絡協議会会長）、そして、三浦博之氏（階上小学校 防災担当主幹教諭）の4名が加わり、市の職員3名を含む計12名で構成された。辻氏、近藤氏の両名は、まちづくり協議会の運営委員を兼任しており、まちづくり協議会との実質的なパイプが構築されたと言える。およそ月に一度行われる会議の頻度は、まちづくり協議会の定例会の頻度とも即応しており、緊密な連携を図りながら震災遺構保存の基本方針が形作られていった。ただし、会議のなかで、「向洋高校は階上地区の遺構でなく、市全体の遺構として検討していく必要がある[31]」との発言（発言者不明）もあり、階上地区が主導的に方向性を決めていくことに釘を刺される一面もあった。2015年4月、東日本大震災遺構検討会議報告[32]において、「気仙沼向洋高校は保存し活用すべき」との結論とともに、「内部の公開活用を前提とする」、「ありのままの姿を現状保存する」といった、保存整備の基本方針が示された。それを受けて、気仙沼市が震災遺構として正式に認定し、具体的な保存方法と運用についての検討に入った。

30　参照：宮城県庁ホームページ「宮城県震災遺構有識者会議」<http://www.pref.miyagi.jp/site/hukkousien/ikoukaigi.html>（2016年8月5日閲覧）

31　参照：気仙沼市役所ホームページ「気仙沼市東日本大震災遺構検討会議について（開催報告）」<http://www.city.kesennuma.lg.jp/www/contents/1414040791151/files/houkoku.pdf>（2016年8月5日閲覧）

32　参照：気仙沼市役所ホームページ「気仙沼市東日本大震災遺構検討会議」<http://www.city.kesennuma.lg.jp/www/contents/1413793952839/>（2016年8月5日閲覧）

第9章 地域に根ざした計画プロセス　239

　このように、比較的順調に認定までこぎつけた震災遺構本体とは異なり、校舎に隣接するグラウンド部分の整備計画、また、震災によって全壊した観光・体験学習施設、岩井崎プロムナードセンターを震災遺構に隣接させて移転再建する計画については、この時点でほぼ白紙の状況であった。東日本大震災遺構検討会議報告に先駆けて、2015年3月、まちづくり協議会は、上記2点を震災遺構と合わせて整備するよう改めて市に要望した。気仙沼市は、震災遺構について、極力手を加えずに現場保存とし、また、保存対象とする校舎も、最も被害の様子を生々しく残す4階建ての南校舎のみを残すことで、維持管理費用を抑える方針で検討を進めており、管理・運営や展示、セミナーなどを行うための施設を別途整備する必要に迫られていた。岩井崎プロムナードセンターは、震災によって全壊した施設であり、同規模、同機能（観光・体験学習）の施設であれば、国の予算で復旧が可能と判断されており、これを震災遺構に隣接させることで、相乗効果を生み出すことができると期待された。2015年11月、震災遺構を管轄する気仙沼市震災復興・企画課の小野寺憲一課長は、岩井崎プロムナードセンターを震災遺構に隣接させて再建する見通しについてまちづくり協議会へ報告し、それを受けて、まちづくり協議会では、同年12月、新岩井崎プロムナードセンター検討部会を設置し、震災遺構と一体となった施設の有り様について協議を開始した。新岩井崎プロムナードセンター検討部会では、2016年2月、中間報告段階として、「『新岩井崎プロムナードセンター（以下、新プロムナード）』に関する意見交換書」を市へ提出した。その内容は、まず、今後の事業の進め方として、「震災遺構と新プロムナードを一体として検討を行うための協働体制」を構築し、「地域のまちづくりの取り組みとの連携」を図ること、そして、新プロムナードの方向性として、「震災遺構と一体となって地域内・外へメッセージを伝える」こと、「震災遺構の実質的な活用と管理・運営機能を備える」こと、さらに、「地域を回遊するための玄関口」となり、「市民に愛される施設」となること、が盛り込まれた。こうした議論を、地域の住民自らが、自らの伝えたいという思いに基づいて行っている、という点に、大いに注目すべきであろう。

　ところで、震災直後、注目を集めた第十八共徳丸と、震災からおよそ4年

図6　気仙沼向洋高校全景　　図7　南校舎3階に打ち上げられた車両

の歳月をかけて、震災遺構として保存されるに至った気仙沼向洋高校には、いくつかの決定的な相違点がある。まず、第十八共徳丸が私有物であったのに対し、気仙沼向洋高校が県立高校であった点が挙げられる。とくに前者は、船主が気仙沼市民ではなかったために、「震災遺構」となった場合の直接の当事者に成り得ず、結果的に、市民感情への配慮を最優先させるべき、との立場をとったことが、保存断念の大きな決め手となった。また、気仙沼向洋高校が震災以前から階上地区に立地し、教員・生徒との交流を通じて地域に溶け込んでいたのに対し、第十八共徳丸は震災後に忽然と現れた「異物」であった点も大きな違いであろう。階上地区においては、気仙沼向洋高校が震災遺構認定を受けることは、まちづくり過程における象徴的な出来事であり、そのために、地域一体となって後押しするに足る対象であった。事実、震災遺構として認定された後、まちづくり協議会では具体的な利活用の方法について、より熱を帯びた議論が続けられており、地域の財産として皆に愛される施設であり続けている。

4　おわりに ――現場目線からの評価と課題――

　階上地区をはじめ、被災地では、今回の震災で多くのものが失われた。それは、基盤インフラであり、住居であり、または、生業の場といった物理的損失、さらには、コミュニティ、暮らしの豊かさ、あるいは、地域の誇りという精神的喪失による、複合的な「まちの消失の危機」を意味していた。物

第 9 章　地域に根ざした計画プロセス　　241

理的損失を取り戻す過程を復旧と呼び、精神的喪失を再興する過程を復興と呼ぶのであれば、階上地区においては、まちづくり計画策定までは、復旧の過程、そして、計画策定後が、復興の過程と言い換えた方がいいかもしれない。まちづくり計画には、たしかに、多くの復興プロセスが含まれていたものの、それらは計画時点では、ずっと先のまちの理想像を描いたものにすぎず、どこか他人事であった感は否めない。それは、批判的な意味ではなく、あの時点では、現実的なまちの復旧が喫緊の課題であり、また、そこに注力することを階上の住民たちが、意識的にせよ、無意識的にせよ、選択せざるを得なかった、数々の外的要因、すなわち、復興予算の問題や法的な制限に起因している。それでもなお、市に提出した計画の大半が、要望事項ではなく、地域住民自らが主体的に行う内容であったことに大きな特徴が見出せる。計画提出後も、まちづくり協議会は、毎月定例会を設けて議論を継続し、ときには計画の実施主体としてまちを牽引していることは、それ自体が一つの復興の有り様でもある。

　翻って、このような未曾有の災害後のまちづくりには、大きなリスクが内在している。それは、防潮堤の問題に代表されるような、役所の論理による一元的な政策の実施、より大きな物言いをするならば、都市の価値観による地方の空間的支配が、予算配分という配給制度にしたがって公然とまかり通る、という事実である。下手をすれば、どこもかしこも似たようなまちが出来上がってしまう。一方で、地域とは、単なる物理的空間ではなく、固有の環境、文化をもつ「場所」とみなされるべきであるが、そうした環境や文化、言わば「場所」としての意味は、普段から明示的に外在化しているわけではない。まちづくりとは、コミュニケーションと意思決定の連鎖によって、地域の「場所」としての意味を抽出し、結晶化していくプロセスと言い換えてもいい。そのとき、主体（個人）ごとに、認識している環境や文化が少しずつズレている、すなわち、それぞれの個人はそれぞれ主観的な「場所」の意味を生成しているために、コミュニケーションのなかで、ときに食い違いや対立、衝突が生じる。そのようなコンフリクトの顕在化を、まちづくりのプロセスというものは、そもそも前提としている、という認識に立つべきだろう。階上地区では、防潮堤の議論で生じかけたコンフリクトを、直

接的衝突によって解消すること避けて、結果的にまちづくりを前進させた。衝突が避けられたのは、逆説的であるが、そもそもそこに衝突が発生していなかったから、つまり、賛成か反対かという対立は、本当は存在しなかったからであろう。多くの住民が、実質的なまちづくりを優先させるという、消極的推進という立場に立ったことによって、結果的に、「誰も進めたくはないけれど、結果として進んでいく計画」が導出された。そうした、部分的な痛みを内包しながら、まちづくりは進んでいくことが浮き彫りになった。

　また、今回の計画策定、そして、計画推進のなかでは、多くのキープレイヤーが、それぞれに重要な役割を果たした。各主体（個人）のもつ役割とネットワークにスポットを当てることは、ともすれば、その個人が存在しなければまちづくりが成り立たなかった、という事実の裏返しにもなる。個人に依存したまちづくりは、あくまでもその地域のみで起きた出来事の記述にすぎず、ほかの地域では有用ではない、との批判もあるだろう。しかしながら、当然のことだが、個人不在のまちづくりは有り得ない。個人が、まちづくりのなかで役割を担うとき、それは、その個人が、地域のなかでもともとそのような役割を担っていたという以上に、個人がまちづくりの過程で、自らの役割に目覚めていった、と考えるべきではないだろうか。裏返せば、まちづくりとは、個人が地域のなかで、自らの役割に目覚めていく過程と言えるのかもしれない。そして、個人の集合体であるまちもまた、まちづくりの過程のなかで、まちとしての役割に目覚めていく。例えば、震災遺構の議論において、階上地区に偶然立地していた気仙沼向洋高校を地区のシンボルとして位置付けていくなかで、階上という場所が、どのような歴史をもち、また、気仙沼市というより大きな地域のなかで、どのような地域として振舞ってきたのか、そして、今後どのように振舞っていくべきなのか、それが繰り返し問われてきた。階上地区の人々は、その問答を通して、階上という地がもつ意味に気付いていった、と言うことができる。

　ところで、外部からやってきた筆者のような専門家もまた、地域のなかで何らかの役割を担うことになる。その役割とは、総じて、地域に対して情報（専門的知見、行政による事業計画、地域住民による個別のアイデアを含む）の出し入れを調整する弁のような機能に集約される。いま、この情報社会において、

表面的な情報を入手することは、専門家でなくても容易い。行政の事業計画は、行政のホームページを閲覧すれば、誰でも入手できる。しかしながら、自らの住む地域の問題を考えるとき、さまざまな利害関係の生じるなかで、自身の利になる情報に重きを置いてしまいがちである。専門家は、ここで、利害の絡まない立場を生かし、利害関係者に適切に情報を配分する力量が求められる。アドバイザーにとって最も難しいのは、深入りをしないことであろう。本来、地域住民が担うべき役割を専門家が担ってしまえば、その専門家が不在になった場合、間違いなくまちづくりは停滞してしまう。専門家が担えるのは、あくまでも問題の所在を発見し、それを整理するまでであり、対処方針を決めるのは住民自身に委ねなければならない。

　さて、それでは、階上地区のまちづくりから見えてきた課題とはいったい何だろうか。思いつくままに列挙するならば、まず指摘すべきは、人的疲労の蓄積だろう。まちづくりの取り組みは、コミュニケーションの連鎖であり、それは、膨大な回数の会議、報告会、ワークショップと引き換えに実現するものでもある。そして、そうした負担は、まちづくりのキープレイヤー達を確実に磨耗させていく。さらに、階上地区においては、毎年繰り返される人員の流動と、それに伴う、流動する人員以外の固着化が、その傾向に拍車をかけてきた。人的資源の脆弱性はまちづくりの疲弊に直結しており、継承の方法論を早々に確立していかなければならない。次に、地域内のまちづくりに関わる者とそうでない者の間の温度差も、大きな問題を孕んでいる。地域に住む人々にとっては、一人一人、いまこのときにおける問題関心事は異なっている。その感覚の時間的ズレが、結果的に、まちづくりが注力している事象と、地域の住民の多くが問題視している事象が噛み合わない事態を生じさせ、まちづくりへの無関心へと繋がっていく。これは、動員や広報といったまちづくり過程のフィードバックアプローチでは根本的な解決に結び付かない、根の深い問題であり、住民一人一人が無意識のうちにまちづくりに参画しているような全く別の次元からの仕掛けが求められてくる。最後に、隣接地区との関係の流動性、あるいは、より広域なまちづくりとの整合性の問題も指摘しておきたい。まちづくりは、地区内で完結させることができる施策のほうがむしろ少なく、周辺環境からの不可避な影響力にさらされ

ることが常である。周辺の地域は、とくに経済的な意味においては競争相手であるケースが多く、まちづくりの場面だけ都合よく協働しましょう、というわけには一朝一夕にはいかない。お互いに利を生むような案件を通じてのみ、協働は可能になるかもしれない。

　楽観的ではあるが、このような未だ解決策を満足に見い出せていない難題を乗り越え、さらに力強くまちづくりを進めていく地域の潜在力が、まだ階上地区には眠っているはずであると信じてやまない。筆者自身、微力ながら、引き続き今しばらくのあいだ、同地のまちづくりに寄り添い続けたいと考えている。

第**10**章
'地域計画'がより'地域'に近づくために

① はじめに

　「地域計画」とは概ね基礎自治体である市町村エリアからコミュニティにかけてのレベルを対象に、多角的な見解を収斂させ、将来に向かって新たな自画像を描き、今後の広範囲な'地域づくりと持続的経営'への施策立案の基礎となる計画を指す。その全体は'総合計画'…名称には'振興'、'長期'等もあるが…を軸に、'地域社会'の課題性を反映してそれぞれ根拠法等にも沿った計画群も加わって形成される。

　その帰結は政治や行政過程の指針をともなってゆくが、遡って策定の経過の全体は広く住民サイドも含めた'日常の暮らしや環境の総見取り図作成への議論を生み出す大きなイベント'であり、また成果の総体は'地域社会を考え、元気づける広い視野からの優れたソフトウェア提案リスト'でもあるとの思いが強い。そこに生まれるあらゆるプロセスと作業は、それだけに行政や限られた人々による'密室の壁'に閉塞されず、地域社会の全ての人々に開かれ、'地域づくり'の現実への適合性を担保し、将来への有効性と創造性に適う存在として位置づけられよう。

　中でも近年の著しい'情報・通信メディア活用による情報流通とコミュニケーションの革新'の波は'関連情報量の増大と質の高まり'そして'多様な分野と立場の各層住民の参加・協働の広がり'への極めて有効な拍車として時代潮流に即した'地域計画のエポック'への新たな道筋を開くのに大きく寄与するものと期待される。

　ところで、こうした今日の'地域計画づくり'に於いて当然視され、最重視すべき'地域の主権者である住民の視野に立つ内側からの発想や姿勢'の議論にあって、近年の多くの'地域計画づくり事例'から判断に迷いや危惧を感じているのは'外側、つまり上位とされる国、都道府県、広域圏等から

‘暗黙の拘束力’として「地域計画」に課される前提的な課題や条件の多さ’とこれらに対しての‘地域自体の向き合い姿勢’を巡ってであろう。

　確かに国際関係にまで広がる‘地域連関の拡大と強化’や‘国家のレベル等に対応を依拠せざるを得ないスケールの出来事’の頻発にその必然性も容認されるが、問題はそこに生じる‘異次元的課題への地域からの理解・読み取りとポリシー’の確立の有無であり、時にはそれらが不透明な位置づけのままアプリオリに‘当該地域の課題群’に混入し、強いプレッシャーとして働くことがかなりの気懸りとされている。これらにも勿論それぞれのケースによって当該地域なりの‘外部経済的効果’としての予測が見出されようが、少し立ち入って考えてみると、そこには当初からの‘当該地域の自立・自律的計画づくり志向’への‘負のバイアスとなる外在的な磁力’とも言うべきベクトルの働きも見出され、その強い影響は時には‘本来的な地域づくりの文脈’が求める‘地域サイドの歩み方への熱意や物語性の妨げ’になることも多いように思われる。加えて地元サイドでもそうした傾斜への必然化、常習化を当然視する言い訳にもされ、結果として‘地域主体の計画づくりのトーン・ダウン’を招く原因にもなっていると考えることも稀ではない。

　「地域計画」の今後にとってこうした見方は‘単なる思い過し’であればと願っているが、その回避には矢張り「地域」を‘国土や都道府県等の広い土俵上での小さな単位と見なす外側からの視力’に先んじて‘主語によって語られるべき具体の暮らしの場’として確信する地元側での「地域計画」を巡る位置づけと方法論の一層の進化こそが‘地域の住民・行政そしてプランナーの誰しも’に求められるのではないかとの強い思いを持っている。

　如何なる「地域」にも「他の地域」との繋がりや交流の多元的・複合的回路が増しつつある昨今、それだけ否応なく日常の暮らしにとって語り掛け得る「地域計画づくり」の前提は膨らんで行くが、中でも重視すべきそこでの‘最も適切で、好もしい磁力と磁場の所在と選択’を如何に把えるのか、そうした議論の‘きっかけ’けとなる基本的な論点を取り上げておきたい。

② ‘地域の主語性’ と ‘計画への負荷’ を考える

　時代は少し遡るが、思い返すと国内各地方の ‘大都市’ から ‘小市町村’ にまで渉って実に数多くの多様なタイプの「地域計画づくり」に携わってきた。今多くの場所での経験を冷静に見直してみると、概ねその大半で依頼方から提示された初期条件の中 ‘具体の地名と対象地域の範域、策定年度・期間’ こそは違え、‘構成内容、調査と検討の手順等々策定の枠組み・中身と方法’ と言った正に ‘核心部分’ の殆どは予算の枠内での ‘従来からの通例的な市町村計画’ に沿ってのステレオタイプを超えるものではなかったことが思い起こされる。

　その足許ではより広く語るべき ‘地域の風土や歴史についての深い読み’ や ‘時代状況や環境変化への緊張感’ 等が議論される余地があったが、それらについての示唆や提案が加えられるには余りにも僅かな隙間しか残されず、‘地域固有の本当の顔つき’ を知り、‘その地なりの創造性’ に確信を得るのは稀であったとの記憶も多い…但しそうした部分が相手側の優れたスタッフや造詣深い住民の方々に受け止められ、別のメディアを通しての成果を見たことも多かったが…おそらくその理由としては、当時からの ‘住民・職員の参加’ や ‘情報活用’ 等の著しい進展や所謂 ‘プログラム・カテゴリー’ の改革等への意欲的取り組みの反面、‘地域計画’ が依然 ‘計画の建前の維持’ に重きを置き、‘地域と云う言葉の概念’ からの ‘本当の負荷’ を正面から議論せず、外在性の強い ‘役所仕事’ への直結に重心を求める我が社会の通念と慣習故と理解しており、今日も尚そこには再考を要する所が多く残されているとの強い印象が消えない。おそらくそこには「地域計画」と云う中で ‘計画’ 以前に ‘地域’ の方の意味について、即ちその ‘計画化’ にとっての ‘明確な視線’ と ‘取り扱い方の次元’ の共有を図り ‘計画づくり作業’ に還元することの大切さへの心配りの欠除があったのではないであろうか。

　我が社会での「地域」の使い方は極めて広く、日常的であり、それは何処にでも誰にでも通用する汎用性を持つが、同時にその曖昧さも著しく、例え

ば多くの関連図書文献や論文等のタイトルでの使用に於いて対象が極めて大まかで不明確な例が数多い。それは「地域計画」でも同様であり、まず必要な‘計画関係スタッフ間でのその主語性についての定義とイメージの共有努力’こそが‘言葉とその使い様’の間を明瞭にし、多様な「地域計画」での‘明確な主体からの体系的提案としてのリアリティ’に輪郭を与えて行くのではと考えている。

　しばしば指摘されるが、英語の世界での‘地域’とそこに連なる表現には、例えば‘何らかの特定の対象となる地域一般は area’、‘特定的政策対象には district’、‘地方自治は Home Rule、地方自治体は Municipality’等々と論者の‘課題・目的意識’に適う表現も多彩であり、自ずと議論は合目的的に進むべくある。それを「地域」と云うタイトル一つで合意の成立を捉え、主旨・目的に適う収斂点を明確にして行くに当っては、何よりもまず「地域」への眼差しを共有する道筋発見への努力を期待したい。

③　‘地域計画’に働く‘磁力の働き’を見極める

　この間我が国の多くの地域は一時の‘地方分権’を措いて‘グローバル化、情報化、経済のソフト化等’に伴う‘地域間での移動や交流’はじめ、広域的ダイナミズム重視への論点移動に当面して‘中央政治や広域行政への依存度’を高める傾向にある。特に弱小な市町村にとってそれは‘自らの地域づくり’に於ける‘計画づくり’への財政や環境政策、そして住民の暮らしにまで及ぶ殆ど‘自地域での自力振興以上に可能性を持つ将来に向かっての外在的な所与の前提’として働くのではとの夢に結びついて行くようにも見える。こうした事態には既にかつて全国を席巻した‘リゾート開発ブーム’の際にも多く見られたように、将に「地域計画」の主軸となり、それを支配する存在としての位置を占めることにもなり兼ねないとの不安を抱く。

　「地域計画」ではこうした動向は短期、長期に拘らず、それなりのウエイト付けによって‘将来的与件’として位置づけられるが、実は有形、無形既に計画され、着手にさえ及んでいるメニューも多く、それらは周辺地域まで含んで広域的にも正面から受け止め広く当該地域での議論に付さねばならな

い存在とされねばなるまい。言い換えれば今日の「地域計画」では、その総体を規定する‘内外二つの磁場からの磁力の働き’を‘ブレークダウンされる行方不明な外在的な計画メニュー’として位置付けるのではなく、‘自らの位置と視座を通して主体的に解釈し、ボトムアップ論理’から評価を下して行くべきものであり、逆にこうした努力は「地域計画」を巡っての‘磁場、磁力の位置と効果の明確化’を促し、場合によってはシビアーな評価を結果するかもしれないが、その後の‘住民参加のエンジン’として、また‘自治体行政の真剣なマネジメント・マインドへの契機’を内蔵しているとも考えられよう。

　現代の「地域計画」には、如何なる場所であろうと否応なく‘広狭・内外’双方からの視点による今後への戦略や方向性についての示唆が、時には複合して組み込まれて見えて来るに違いない。とは云え‘主体となる基本的な語り手の立場’は常に当該地域そのものである限り如何にすればそれらが‘主たる磁場の役割’を担い‘他からの磁力’に対しイニシャティブを発揮し得るに及ぶのか。「地域計画」のこれからの議論を巡って、敢えて‘計画策定’に先立ち‘地域の概念とその位置，そして力学の関係’に拘った所以である。

④　‘地域の存在感’を確かめつつ「地域づくり」の途を探る

　画期的な‘情報・通信技術とシステムの発達と普及’が今後の「地域計画」の世界に、中でも‘計画づくりのシステムや技法’の面で計り知れないプラスと進化をもたらすに違いないであろう。そうした動きとも関連しつつ本稿では寧ろ‘地域への自らの視角’からの情報力の大切さに注目して議論を進めて来た。とはいえ何かにつけ‘地域間の関係や連携’に広がりが生まれ、強まりつつある昨今、如何なる場所に於いても自らの行方に選ぶ方程式への‘外側からの磁力’との闘いは止むを得ぬことであり、それは‘地域’自体の概念に従来とは異なる広い視野への配慮の必要をもたらすに違いあるまい。然し「地域計画」とはあくまで‘自治・参加・協働に基づく主権者による我が地域の自画像’であり、そうである限り‘磁場と磁力’の主たる創

造と発信は最大限自らが担うべきであり、そこに重心を求めれば、一体如何なる‘地域像’を生み出し、描き得るのか、こうした不安を認めつつ問題提起をして来た訳である。

ここに窺えるように、「地域計画づくり（策定）」とは常に想定される‘将来的地域像’の場面に相応しい‘課題’と‘方法論の選択’を前提として論じてきた筈であり、そうした点を極めてラフではあるが、我が国の近現代史を振り返って見て、改めて長期的に次のような伏流が読み取れるかも知れない。

それは明治30年代に始まる‘町是・村是’であるが、その官製的方式に柳田国男等からの批判はあったものの、個別に町・村を選び、‘模範村の指定’と言った事業も含む‘地域振興計画づくり’を目指す嚆矢として戦前期に於ける「地域計画」の一つのモデルとされてきたものである。そこから一挙に戦後に飛ぶが、国土全体の復興から「地域」がその単なる部分ではなく具体的存在として見えて来るのは所謂‘高度経済成長期’の昭和40年代にスタートする‘全国総合開発計画（全総）’を契機とする。然しそれは拠点と目される地域の開発と振興には大きく貢献するものの、実態は引き続く‘一国レベルでの基幹産業経済機能の地方分散政策’と加えて幾つかの‘公害発生地域’の出現などに結果し、そこにはプラス・マイナスとしての‘国土や広域的な視点と地域の視点の相克・矛盾’が指摘される結果を生む。これら両ケースともに、多分時代的にも、主体としても、そして結果的には評価の次元での大きな違いはあるが、実は先から触れて来た‘磁場の単純さと一方からだけの方向性’が顕在化し、そこには広く‘計画段階’での‘受け手サイドの参加と議論によるヒューマンで精緻なコミュニケーションの磁場・磁力の構築への努力’の欠如が見出される。

ここまで拘ってきた「地域計画」を始めとして「地域づくり」でのさまざまな動きを支えたり、時には逆に阻害に廻るなど、幾つかの方向に作用する‘磁場・磁力’。現代の地域社会に必然的に被さり、潜在意識の中に作用するこの存在の‘地域主体’による選択と意味づけについて触れる所が多かったが、もう一つ「地域・地域計画」が最も拘るべき大黒柱となる磁場・磁力が在る。これについては成果としての「地域計画」についてばかりでなくその

‘策定過程での組織体制、デシジョンやマネジメントの在り方’に充分意を用いることへの要請である。それは言うまでもなく‘住民参加’や‘協働’の概念についてであり、実際には実体的意味の不明さに悩む場合も多いが、矢張り議論の軸は‘主権者’たる人々への信頼に委ねることが強く望まれよう。単純に「地域計画」とは‘最も具体の成果を伴うべきリアリズム’に於いて初めて‘有意義なもの’になり、そこでこそ‘必要不可欠とされるものごと’としての重さが明示されるからに他ならないからである。いずれにせよ、特に‘大合併時代’の混乱を経た後の時代にあって、市町村それぞれでの変動と今後を探る中で、`磁場・磁力’への変化と影響を如何に捉えるか。それを‘計画論’として、今後に如何に繋げて行くかについての積極的な議論を広げたいものである。

5 おわりに

　何故それ程に「地域計画」の議論に於いて‘地域’に拘るのか。
　それは第一に最近の成果事例を眺め、‘計画技法’の進化の著しさに比べてことの本質であり、主題である筈の‘地域の概念’を巡っての議論の薄さに対する危機感によるものである。例えば適切な比較では無いが、総合病院での‘健康診断’の際、日頃関わりの薄い‘専門単科のお医者さんからの特定部位の詳細な‘診断カルテ’に感じるに近い‘何か不調和さ’に似て、極めて多くの要素とダイナミズムから成り立つ‘複雑系有機体として在る地域’へのこの存在認識の重さであり、‘地域計画には一体何が求められているのか’との問いに他ならない。そこには夥しい努力と時間の累積に裏打ちされながら、とかく‘役所文書’の一つとして生命を終えるのは余りにも勿体ないのではとの気持ちの鬱積も否めまい。
　第二には一昨年に始まった国の「地方創生プロジェクト」への関わりからの印象に他ならない。まずその発足の動機や目的、そして現在の進行の実際には寧ろ評価すべき点も見出しているが、その一方国家の誘導の下に矢張りこれを「地域計画」のジャンルの一つとして位置づけるならば、それに対する主として‘地方・地域からの我先にとの対応姿勢’を巡って聊かの課題性

を指摘しておく必要を感じている。おそらくそこには‘当施策からの個別地域にとっての磁力の強さ’とそれに並行する‘地域産業経済の解体・再編への危機感に向き合う地域の自主・自立への感性の弱体化’が窺われるような気がしてならない。‘地域’とは単なる‘過度に燥ぐ経済産業モデル’では無く、本来‘豊かな文化モデル’として在る‘主体的な舞台・場所’に他ならず、これからの「地域計画づくり」にはそうした自覚の再確認の道具立てとしての存在を主唱し得る意欲的な議論を期待したい。

事項索引

あ

アーカイブ写真 …… 88, 103
アテラーノ ……………… 197
アドボカシープランニング
………………………… 193
アリーナ ………………… 144
暗黙知………………………… 168
暗黙の拘束力…………………… 246

い

意思決定………………………… 2
──プロセス …………………72
一物多価格………………………51
イニシアチブ …………………… 146
イノベーション …………… 151
意味の世界…………… 11, 28
イメージの底力…………………93
インターネット ………… 101
インターフェース ……… 171
インタラクティブ …………34

う

ヴァーチャルコミュニティ
…………………………… 132
海と生きる………… 27, 214
海の恵み………………………… 119
ウルフラム …………………36

え

NPO,NGO 連絡会 …………27
SECI モデル …………… 168
SNS…………………………87
エコリージョン ………… 153
エリッヒ・ヤンツ…………43
演繹的方法………………………… 4

お

大谷地区………………………14

オ

オートポイエティック………47
オートマトン ……………36
オープン ………………… 9
大谷海岸………………………15
オリバー・オースティン……85

か

解釈フレーム …………… 149
開放性………………………… 136
カオス ……………………36
──の縁………………………38
画一的価値観…………………46
学際的統合 …………… 154
学習システム …………………58
拡張的コミュニティワーク
………………………… 142
過去の蓄積………………………89
可視化………………………… 128
価値選択………………………… 3
価値創造………… 10, 41
環境社会………………………32
環境認知………………………… 4
環境のモデル ………………… 3
環境保護運動………… 141
感性の平坦化………… 150
管理的機能…………………71
官僚組織………………………10

き

稀少性………………………49
機能………………………72
帰納的方法……………………… 4
キャパシティ …………… 145
教訓の歴史………… 122
競合状況………………………26
共生………………………34
行政計画………………………63
共通意識………………………… 132
協働………………………51

く

──の都市計画……… 158
共同主観モデル ………… 4
巨大防潮堤………………… 229

く

クラウド化 …………………50
クラウドファンディング……50
グランドデザイン構想 ……70
グローバル・シティ …… 169

け

計画行為………………………… 3
計画情報モデル ………… 147
計画の実効性…………………72
計画プロジェクト …………65
景観シミュレーション … 206
経済計画………………………68
形式知………………………… 168
経路依存性………………… 163
気仙沼市震災復興会議… 214
権限委譲………………… 208
減災社会………………… 126
原寸ワークショップ …… 207
建築制限………………… 215

こ

行為規範的機能…………………71
合意形成………………… 231
──機能…………………72
公益信託制度………… 190
公共………………………… 107
──の意識………………… 127
公共財………………… 104
公共精神………………… 138
合成過程………………………42
神戸市街づくり条例…… 182
向洋高校………………………22
合理性の曖昧さ … 152, 155
合理的包括計画理論…… 152

254 事項索引

コーディネーター ……… 185
コート ……… 144
国土強靭化計画………74
国家計画………68
こどもファンド ……… 199
個別計画………68
コミュニケーション ………12
──チャンネル………22
コミュニティ ……… 108, 131
──エコノミー……… 161
──オーガニゼーション
……… 140
──開発会社……… 145
──開発金融機関…… 145
──ガバナンス……… 143
──デザイン活動 …… 192
──ファイナンス ……… 145
──ワーク……… 139
コラボレーティブプランニング
……… 141, 146
コンサルタント ……… 108
コンテクスト ………98
コンテンツ制作 ………88
コンフリクト ………33
──状況………23

さ

災害危険区域…………… 215
再回帰的…………… 133
災害公営住宅…………… 215
災害廃棄物…………… 216
再開発事業…………… 183
再帰的な活動…………40
催事カレンダー ……… 223
サイバーオーガナイザー… 135
サイバースペース … 50, 135
参加情報流……………64
参加のデザイン道具箱 … 189

し

GNP信仰 …………64
シェアリング …………42
資源…………… 170
自己強化的…………35

自己更新…………42
自己生成…………… 175
自己組織化…… 43, 175
システマティク・メソッド
……… 155
システム ………… 9
自然哲学…………42
シチズンシップ ……… 148
実践コミュニティ ………57
シノプティック・プラン
……… 154
市民情報流……………64
市民的公共性…………… 194
社会構築主義…………… 143
社会の学習 …… 145, 171
社会の環境…………… 174
社会の実体…………… 132
社会の排除…………… 163
社区営造…………… 184
写真資産…………94
重層的非決定…………… 137
修復型まちづくり ……… 183
住民参加方式…………… 183
縮小社会…………70
主体の利害…………26
小広場整備…………… 183
情報 ………… 6, 66
──の価値…………39
──の質…………… 168
──の陳腐化…………… 150
情報処理プロセス ………73
情報端末…………50
情報マネジメント …… 26, 80
情報量…………37
初期値…………40
自律的…………34
──生成…………34
──地域…………28
人為災害…………… 116
振興会…………14
振興協議会…………19
人工知能…………50
震災遺構…………… 223
震災復興計画…………… 13

震災復興市民委員会…… 214
人的疲労…………… 243
親和性…………90

せ

生活環境の領域………… 131
政策情報…………66
生成秩序…………35
生成と消滅…………41
制度改革…………… 208
世田谷区街づくり条例… 182
絶対的な同一性…………42
遷移状況…………24
遷移ルール…………40
先見性…………66
専門家コミュニティ ……… 135
専門知…………50
戦略的都市計画………… 157

そ

相互依存性…………… 132
総合計画…………68
相互情報量…………37
相互矛盾…………… 133
創造活動…………34
創造性 ………… 66, 163
創造的階級…………… 170
創造的相乗効果………… 165
創造的都市論………… 151
創発 ………… 34, 35
ソーシャル・イノベーション …
151
ソーシャルエコロジー…… 142
ソーシャルキャピタル……58
ソーシャルビジネス ………56
ソーシャルワーカー ……… 140
ソーシャルワーク ……… 139

た

大域的秩序…………35
大学間ネットワーク ………27
大規模防潮堤…………15
代弁都市計画………… 156
対話型都市計画………… 152

事項索引　255

多元的共存……………………49
脱構造…………………………55
脱中心…………………………55
脱領域…………………………55
縦割り………………………108
多様性…………………………34
多様な価値……………………52
断片化……………………12, 29

ち

地域…………………… 132, 247
　——のイメージ………………93
　——の概念………………251
　——の文脈……… 26, 174
地域共生のいえ………………189
地域計画………… 10, 68, 245
地域資源…………… 108, 218
地域住民委員会………………125
地域主体………………………25
地域力………………………171
地域デザイン…………………22
地区振興会……………………21
知識創造……………………168
秩序…………………………34
中間的な計画………………155
庁内情報流……………………64

て

定式化…………………………24
定性的な価値………………120
データ…………………………6
データ化社会…………………7
適応性…………………………66
デジタル化……………………87
伝達手段………………………87

と

東京市区改正条例… 181, 182
当事者意識…………………122
同類性………………………132
都市社会工学………………156
都市整備……………………107
都市デザイナー………………185
共約…………………………32

トランザクティブ・プランニン
　グ…………………………158
ドローン………………………98

な

ナレッジコミュニティ…… 135

ね

ねじれた対立軸……………234

の

遊牧民………………………137

は

ハイエク………………………45
階上地区………………………18
階上地区復興まちづくり計画
　…………………………221
階上まちづくり大綱………22
場所……………………………9
　——のガバナンス……………65
パッツィ・ヒーリー……………64
パブリック・コメント …154
バリオ………………………112

ひ

非決定的………………………45

ふ

ファシリテーター ………185
フィールド……………………97
フォーラム…………………144
不可避的無知…………………45
複雑系…………………………35
複雑適応系……………………35
複層的…………………………32
復興…………………………27
プラクティカル・メソッド
　…………………………154
プランナー …………………108
プランニング・セオリー
　…………………………152
プランニングエイド制度
　…………………………193

プレイパーク …………195
プロファイリング ………146
文化……………………………9
文化的固有性…………………2
文化的実践……………………94
文化的社会的価値……………57
文脈化………………………163
文脈性………………………149
分離過程………………………42

へ

ヘテラルキー …………………40
ベネズエラ…………………109
偏在化………………………12

ほ

防災集団移転………………215
防潮堤…………………………74
防潮堤建設事業……………216
保持継承………………………38
ボランティア ………………139

ま

前浜地区………………………16
まちづくり……… 2, 107, 182
まちづくり協議会… 22, 183,
　220
まちづくりセンター …… 186
まちづくりファンド …… 187

み

ミスマッチ ………… 65, 74
密集市街地…………………183
南三陸商工ネット……………18
ミュンヒナーフォールム… 193

む

矛盾…………………………32
無秩序…………………………38

め

恵みの資産…………………128

256 事項索引

も

モルフォリージョン ……154
問題解決プロセス …………72

ゆ

ユビキタス化 …………133

よ

横割り………………108

ら

ラングトン ……………36

り

リアルコミュニティ ……132
リテラシー ………………89

る

ルーマン ………………47

れ

レジリエンス …………147
レファレンス ……………72
連続的交替………………42

ろ

ローカルコミュニティ……135

わ

ワークショップ …………18

A-Z

ITO ……………………50
mobilities………………53
Nature's real face ………114
Sense of ownership ……115
Sense of place…………114
stigmergy ………… 40, 55
twitter…………………86

執筆者一覧 （[　] 内は執筆分担）

土 方 正 夫（ひじかた まさお）［第1章］
　　早稲田大学名誉教授、修士（工学）（早稲田大学）、元
　　早稲田大学社会科学総合学術院教授（情報システム
　　論・地域情報論・情報化社会論）、英国ブライトン大
　　学・英国ニューカッスル大学訪問教授、早稲田大学
　　オープン教育センター所長を歴任

熨 斗 隆 幸（のし たかゆき）［第2章］
　　特定非営利活動法人はらっぱ（障害者福祉 NPO）理
　　事、NEC 社友、修士（学術）（早稲田大学）、元 NEC
　　㈱官公営業本部マネージャー

髙 木 昭 美（たかぎ あきよし）［第3章］
　　芝浦工業大学工学部・建築学部非常勤講師（地方自治
　　論）、博士（学術）（早稲田大学）、元千葉県庁勤務

佐 藤 洋 一（さとう よういち）［第4章］
　　早稲田大学社会科学総合学術院教授（空間映像研究）、
　　博士（工学）（早稲田大学）

中 西 佳代子（なかにし かよこ）［第5章］
　　㈱ランドスケープアンドパートナーシップ代表取締役
　　（まちづくり事業）、一般社団法人ノオト所属（まちづ
　　くり事業）、MUP 修士（都市計画）（ハーバード大
　　学）、元建設省住宅局・都市局等勤務

早 田 　宰（そうだ おさむ）［第6章］
　　早稲田大学社会科学総合学術院教授（都市・地域計
　　画・居住環境論）、博士（工学）（早稲田大学）

齋 藤 　博（さいとう ひろし）［第7章］
　　大東文化大学社会学部准教授（まちづくり）、PhD
　　(Urban Planning)（英国ニューカッスル大学）

卯 月 盛 夫（うづき もりお）［第8章］
　　早稲田大学社会科学総合学術院教授（建築・都市デザイ
　　ン）、早稲田大学参加のデザイン研究所所長、元世田谷
　　まちづくりセンター所長、博士（工学）（早稲田大学）

藤 原 　整（ふじわら ひとし）［第9章］
　　早稲田大学社会科学総合学術院講師（社会情報学）、博
　　士（学術）（早稲田大学）

田 村 和 寿（たむら かずひさ）［第10章］
　　元桐蔭横浜大学スポーツ健康政策学部特任教授（都市
　　計画）、㈱都市計画連合アトリエ代表

（掲載順）

地域計画情報論

2018年 5 月20日　初版第 1 刷発行

編 著 者　　土　方　正　夫

発 行 者　　阿　部　成　一

〒162-0041 東京都新宿区早稲田鶴巻町514番地

発 行 所　　株式会社　成 文 堂

電話 03（3203）9201　Fax 03（3203）9206
http://www.seibundoh.co.jp

製版・印刷・製本　藤原印刷　　　　　　　　検印省略
© 2018 M. Hijikata　　　　　　　Printed in Japan
☆乱丁・落丁本はおとりかえいたします☆
ISBN 978-4-7923-3376-8　C 3036

定価（本体3000円＋税）